# 渋沢栄一伝
# すぐれたものの魂を真似よ

北 康利

PHP文庫

○本表紙図柄＝ロゼッタ・ストーン（大英博物館蔵）
○本表紙デザイン＋紋章＝上田晃郷

——乃公《だいこう》出《い》でずんば蒼生《そうせい》を如何《いかん》せん（『世説新語』劉義慶編）

# 文庫版まえがき

なぜ今、渋沢栄一なのか？

それは彼が、今の我々と同じどん底の状態で先人からバトンを引き継ぎ、この国を見事欧米列強に肩を並べる水準に引き上げた立役者だからだ。

この国には四〇年の周期があると私は考えている。

長い太平の世が終わり、江戸幕府が倒れたのが一八六七年。まさにどん底であった。本書の主人公渋沢栄一は植民地化の危機という未曾有の国難の中、資本主義をバネにして近代化に着手。四〇年後の一九〇四年には日露戦争に見事勝利するまでの国力をつけた。

だがその四〇年後、調子に乗ったわが国が一九四五年の敗戦を迎えたのはご存じの通りだ。その四〇年後にはアメリカと肩を並べる経済大国として復活したものの、バブル崩壊により四〇年で再びどん底に戻って今がある。

勝ち方を忘れてしまっている日本人は、今こそ渋沢栄一に学ぶべきなのだ。

——優れたものの魂を真似よ

とは、渋沢の言葉だが、すぐれた偉人の共通点は、ある種の真理をつかんでいることである。

自然科学上の発見は「第三者の実験による再現性」があって初めて認められるが、偉人の見出した真理もまた、その多くが再現性を持っている。プロシアの大宰相ビスマルクの名言「愚者は経験に学ぶ、賢者は歴史に学ぶ」は間違いなく真理なのだ。


渋沢栄一は、制度が整備されていない環境下であるにもかかわらず、連続して起業を行なっていった。今風に言えば「連続起業家（シリアル・アントレプレナー）」であろう。それだけではない。社会課題の解決のために起業を利用して解決していく「社会起業家」でもあったのだ。

渋沢栄一の力の源泉はすぐれた情報収集力であった。

彼は帰国した海外留学生のために、しばしば豪華な帰国歓迎会を開いてやったが、目的は彼らの新知識を吸収し、渋沢人脈の一員とするためであった。

同郷の林学者本多静六《ほんだせいろく》もその一人だった。

彼を使って豪雪地帯の鉄道に防雪林を作り、秩父に植林をして帝都の水道の質を改善させ、水力発電所を整備し、秩父セメントで不燃化を進め、日比谷公園を作り、明治神宮に永遠の森を築き、街路樹を植えて緑化を進めた。

本多は渋沢より二六歳も年下だ。「老人は青年に会い、青年は老人に会うよう努めよ」とは福沢諭吉の言葉だが、年老いてからの渋沢にはその美徳があった。

安田善次郎や岩崎弥太郎は峻厳で近寄りがたいが、なんとなく愛嬌のある渋沢には自然と人が集まった。人が集まると情報も集まる。人と人を結びつけることもできる。貧富の差が問題となった米騒動の頃にも、無政府主義者の暗殺リストに彼が入っていなかったことは特筆に値する。

岩崎弥太郎のような覇道ではなく、徳による王道を目指した。「徳は孤ならず必ず隣あり」という論語の言葉は、まさに渋沢のためにあると言っていいだろう。

渋沢は、現代人に必須のアンラーニングする力を持った人物でもあった。アンラーニングとは、身につけた常識から自由な発想をすることである。言葉を換えれば、君子豹変できる力であり、環境変化に順応する力である。

当初は尊皇攘夷の志士だった彼が、敵側である一橋家に仕官し、幕臣になり、明治政府に仕えたという君子豹変ぶりは、軽佻《けいちょう》浮薄《ふはく》さとは異質のものだ。臨機応変に立場を変えていかなければ、環境変化に応じながら問題解決することはできない。

彼は情に流されない強さも持っていた。それは井上馨との関係にもうかがえる。

発信力も学びたい点だ。渋沢のように大きい仕事をするためには啓蒙し、説明する力が必要になる。当時はテレビもインターネットもなかったが、それでも頻繁に講演会を開き、国民の共感を得ようとした。

一人で金儲けしようと思ったら、巨万の富を築けただろう。しかし彼は社会全体が豊かになる道を模索した。それは国境さえ越えた人類愛とでも言うべきものであった。その志の高さと無私の精神が、彼に求心力を持たせ、彼の起こした渦を大きくしていったのだ。

慈善活動にもこだわりがあった。彼が大きい金額を寄付して終わりにしてしまっては、国民の間に公共心が醸成されない。そのため、わざと彼は少額で広く寄付を募ることにこだわり、国民一人一人に彼の行動を真似る人が出てくることを期待した。

渋沢は欧米列強の無批判な模倣はせず、彼らの欠点も熟知していた。

先進国の失敗を避ける方便が、彼の掲げた「論語と算盤」というスローガンだった。そのことは、資本主義の先進地ロンドンに赴任した渋沢敬三（栄一の孫）が、「功利主義が蔓延しているこの地には『論語と算盤』の精神はありません」と報告していることでもよくわかる。

そして彼が避けようとしたのは、貧富の差による国内対立と、急速な勢力伸長による海外との対立。すなわち内戦と対外戦争であった。過去、彼ほど貧しいものに目配りをし、民間外交に力を尽くした財界人はいない。

最後に評伝を読む意義として、想像力を身につけることができる点を挙げておきたい。想像力はあらゆる社会活動を円滑にする源泉である。

身近な例で言えば、親の気持ち、同級生の気持ち、先生の気持ち、自衛官の気持ち、政治家の気持ちなどになって考えてみることはきわめて大切だ。ＳＮＳなどで無責任な批判をする前に、一歩立ち止まって考える癖が身につく。

そもそも今、この国に圧倒的に欠けているのは、先人の苦労を想像して共感し、彼らに対する感謝や尊敬の気持ちを抱くことなのだ。それは人生の目標を与え、人間を成長させる。先人の苦労を考えると謙虚になる。

天然資源を持たないこの国にとって最も大事なのは人的資源だが、それは国民のモラルや教養の高さであり、国民が自国に誇りを持っているという数字に表れない簿外資産である。この簿外資産こそが、個人の、企業の、そして国家の強さの源泉なのだ。

今のこの国の置かれている現状は、渋沢が明治新政府に入った頃よりもむしろ深刻だと言えるかもしれない。

少子高齢化による労働生産人口の低下は待ったなしだ。エネルギー自給率も食糧自給率も低い。企業エンゲージメントが低く、生産性も低い。台湾有事も噂されているが。国民はこの国を守る気概を持っていない。

まさに問題山積。今この国に必要なのは、渋沢栄一の「俺がやらねば」という「乃公出でずんば」の気概と改正掛なのではあるまいか。

執筆当時とほとんど同じ問題意識を、文庫版まえがきでも書かねばならないのは残念だが、読者の皆さんに筆者の焦燥感をわかってもらえればと願うや切である。

令和七年一月六日

初孫誕生に胸躍らせつつ

北　康利

渋沢栄一伝　すぐれたものの魂を真似よ　目次

第三章　明治政府出仕　155



第四章　近代資本主義の父　209



第五章　国家は国民が支える　335

写真提供

渋沢史料館（Ｐ28、40、63、113、115、119、122、124、172、213、219、297、299、352、369、386、405、413、431、450、481、483、491、499）

松戸市戸定歴史館（Ｐ85）

越生町教育委員会（Ｐ110）

三井文庫（Ｐ141）

長崎大学附属図書館（Ｐ201）

東京経済大学（Ｐ251）

東亜建設工業（Ｐ304）

日本女子大学成瀬記念館（Ｐ342）

澁澤倉庫（Ｐ419）

国立国会図書館（Ｐ90、157、161、165、175、181、206、220、259、285、295、312、327、343、365、435）

プロローグ

# 俺がやらねば誰がやる

かつて福沢桃介《ふくざわももすけ》という破天荒な男がいた。

慶應義塾の塾生あまたいる中、かの福沢諭吉がこの塾生なら是非娘を嫁がせたいと、海外留学のニンジンまでぶら下げて娘婿にした青年である。彼が見こんだだけのことはあって、後に〝電力王〟と呼ばれる大実業家となる。

その福沢桃介は無類のへそ曲がりであった。『財界人物我観《がかん》』という著書の中で財界人一七人を採りあげているが、誰もがいの一番にあげるであろう渋沢栄一に一章を割かなかった。

最初は彼も財界の先達として畏敬していたが、誰もが渋沢さん渋沢さんと持ち上げるもので、だんだん彼の中のへそ曲がりの虫が頭をもたげてきたのだ。

そもそも福沢は一人一業主義の信念を持っており、渋沢が多くの企業に関係しているのが気にくわなかった。そのため彼は前掲書の中で〝千手観音〟のようだと、決して褒め言葉でない表現で揶揄《やゆ》している。

だが、福沢は知らなかったのだ。渋沢が次のような言葉を残していることを。

「丁度片田舎の荒物屋が必要上何でもかんでも売っているように、私は明治のはじめから一人でいろいろな仕事を引き受けさせられてきた。草分け時代だったからやむを得ない。しかし一人一業が本当だ。一つ仕事をやりあげるのだって、容易なことではない」

一人一業が本当だとわかっていてなお、渋沢はいろいろな仕事を引き受け続けたのだ。

渋沢の盟友に明治の元勲の一人井上馨《いのうえかおる》がいるが、彼らには似た点があった。好奇心旺盛でどんなことにでも頭を突っ込み、口を出す。要するに無類のお節介だったのだ。

「貴公（渋沢）はあまりに世話をやきすぎる」

と言ってきた井上に、

「伯爵（後に侯爵）も世話をやきすぎます」

と返し、二人して呵々大笑《かかたいしょう》したという逸話が残っている。

彼らは決して、

（誰かがやってくれるだろう……）

とは思わなかった。

それはまさに〝俺がやらねば誰がやる！〟という心意気ゆえだったのである。

ひるがえって今、この国の現状はどうだろう。

国家の運営は政治家と官僚が何とかしてくれる。災害や有事の際には自衛隊が出動してくれる。それでもだめならアメリカが何とかしてくれる。そんな他人任せの風潮が蔓延している。

この国は過去何度も存亡の危機に立たされてきたが、何とか乗り越えられたのは、危険を顧みず〝乃公出《だいこうい》でずんば〟の意気で立ち上がった人間がいたからだ。

中でも明治維新がそうであった。だが明治新政府は発足直後、財政が火の車になってしまう。〝富国強兵　殖産興業〟という言葉を掲げてはみたものの、彼らは滑稽なほど金儲けの方法を知らなかった。いや頑《かたく》なに知ろうとしてこなかったのだ。それは武士たちが〝金儲《かねもう》けは下賤《げせん》な業《わざ》〟という教育を受けてきたからである。

そんな彼らの前に救世主のような男が現われる。それが渋沢栄一だった。

すぐれた文明評論家として知られる山本七平は『渋沢栄一　近代の創造』の中で、〝渋沢栄一こそ江戸時代の実質的幕引きを行い、この国の近代化をなしえた人物〟と位置づけている。

彼はこの国を急速に豊かにするため革命的手法を用いた。それが資本主義の導入だった。彼はこの国に産業革命を起こし、社会発展のギアチェンジを行ったのだ。

資本主義を導入し株式会社を設立すると宣言するだけではなかなか株主は集まらな

い。だが〝渋沢栄一〟という名前の持つ社会的信用が資金を呼び、新会社設立を容易にした。そして高確率で成功を収めたことから、次の会社設立においても出資者が集まった。

京セラ創業者稲盛和夫の名言に〝渦の中心になれ〟というのがあるが、彼は次々に大きな渦を作り、この国の近代化の先頭に立ち続けたのである。

渋沢は日本人のメンタリティーを根本的に変えようとした。

商売は私利を追うだけのものではなく公益につながることを熱く語った。そして儒学が金儲けを下賤な業だと教えたのなら、その最高の経典である『論語』の言葉をもって商道徳を説き、人々を導こうとした。この発想は秀逸だ。おかげで〝論語と算盤〟というスローガンが渋沢栄一の名をさらに高からしめることとなった。

商道徳の大切さを念頭に置いているのとそうでないのとでは雲泥の差がある。魂を入れなければ資本主義は金儲けの道具になり、まさに下賤な業に堕《だ》してしまう。そのことを彼は強く戒め、〝道徳経済合一説〟を唱え続けたのだ。

実際には、維新後に食い詰めた元武士が慣れない商売をはじめて資産を失い、〝武士の商法〟なる言葉が広まった。だが彼は武士の魂を持ったままでも商売はできると言って彼らを鼓舞した。いやむしろ、積極的に武士の魂を胸に商売をするべきなのだと説いた。

──昔、菅原道真は和魂漢才《わこんかんさい》ということを言った、これに対して私は常に士魂商才《しこんしょうさい》ということを唱道するのである（『論語と算盤』渋沢栄一著）

ここで彼の言う〝士魂〟とは、社会的責任を忘れないリーダーの高い志である。

現代のビジネスマンに多くの信奉者を持つ経営学者P・F・ドラッカーは渋沢を高く評価していることで知られるが、彼は名著『マネジメント』日本語版序文の中で次のように述べている。

──率直にいって私は、経営の『社会的責任』について論じた歴史的人物の中で、かの偉大な明治を築いた偉大な人物の一人である渋沢栄一の右に出るものを知らない。彼は世界のだれよりも早く、経営の本質は『責任』にほかならないということを見抜いていたのである。

ドラッカーのこの言葉は、渋沢栄一の思想と行動が世界に通用する先進性と普遍性を持っていることを雄弁に語っている。

だがその風貌からは、内に秘めた強靱な精神力を感じ取ることは難しい。

同時代の岩崎弥太郎、大倉喜八郎、浅野総一郎といった商魂たくましそうな財界人とは異なり、色白で丸顔、一見して市井《しせい》の人という印象だ。昭和三八年（一九六三）の新千円札採用の際、伊藤博文とともに候補に挙がったが、顔に特徴がなく髭《ひげ》もないため偽造しやすいとして伊藤に軍配が上がった。身長は一五七センチ少々なのだが、足が短いので座っていると大きい人に見える。小太りで、大病をした時でさえ痩せなかった。

無限の体力の持ち主でもあった。徹夜でトランプなどに興じた際も、みながへばってきた夜明け近くなって粘り勝ちを見せ始め、ニコニコ笑顔になることから〝明けの大黒様〟という異名を取った。

実際、大黒様のような福々しい表情で、晩年になると中性的になり、翁なのか媼《おうな》なのかわからなくなる。だが男性的なところが少ないかと言えばその逆で、大変な艶福《えんぷく》家《か》であった。

福沢諭吉が『文明論之概略』の緒言《しょげん》の中で自分の人生を振り返って〈一身にして二生を経るが如く、一人にして両身あるが如し〉と書いているように、幕末の人間は大きな時代の変化を味わったが、渋沢の人生は天保、弘化、嘉永、安政、万延、文久、元治、慶応、明治、大正、昭和と一一もの元号にまたがり、仁孝、孝明、明治、大正、昭和と五人の天皇の時代を経験している。

農家に生まれ、藍《あい》商人、攘夷《じょうい》の志士、一橋家の家臣、幕臣、大蔵省の役人、銀行家、実業家、男爵、子爵へと目まぐるしくその立場が変わっていき、振り返ってみれば彼は士農工商のすべてを経験して、華族にまでのぼりつめた。まさに〝一身にして二生〟以上のものがあったと言っていいだろう。

結果として彼の影響下にある企業群ができたが、大株主として会社を支配しようという考えはなく、経営が安定したと見るとさっさと役員から降り、値上がりが期待できる優良株式であっても惜しげもなく売却。その資金で新たな企業の設立に取り組んだ。豊富な資金で大倉喜八郎、浅野総一郎、古河市兵衛といった大事業家の支援者にもなった。

政府にすりよって利益を得る政商の道を選ばなかった。むしろ政府を支える姿勢こそ彼の一貫した生き方であった。時に裏切られることがあったとしても。

彼は自らの行動で、社会性を伴った経営からしか永続的経済発展は生まれないことを示し続けた。成功者の器量は金儲け以上にカネの使い方に出る。

――カネは働きのカスだ。機械を動かしていればカスがたまるように、人間もよく働けばカネがたまる。

彼はそう語り、社会事業に力を入れた。

済生会《さいせいかい》、東京慈恵会《じけいかい》、東京養育院（現在の東京都健康長寿医療センター）、日本赤十字社、聖路加《せいろか》国際病院などの社会福祉・医療事業のほか、一橋大学や早稲田大学、日本女子大学、同志社大学などの教育機関の整備にも力を尽くした。設立支援した公益団体は営利企業の数よりも多いと言われている。

渋沢は人並み外れた行動力の人であり、強い意志の人であり、情の人であり、常識や国境にとらわれないスケールの大きな人物であった。才能あるものの活動を制約する階級制度を憎み、持論を曲げて君子《くんし》豹変《ひょうへん》することを恥とせず、新知識の吸収に熱心であるだけでなく、実践することを心がけた。

言いっぱなしの愚痴にも似た批判など時間の無駄と考え、具体的提案をもってそれに代えた。皇室や主家を敬愛し、利他を第一に考え、女性関係以外の道徳に厳しく、弱者に優しく、国際平和を旨とし、情に流されない理知の人であった。

そんな渋沢の人生には数多くの人間群像が登場する。

本書では彼らにもスポットライトを当てながら、〝大黒様〟のようにこの国の富をみるみる増やしていった奇跡のようなその人生を振り返っていくことにしたい。

# 第一章

# 両親から学んだ商いの道と慈愛の心

## 強情っぱりの少年

渋沢栄一は天保一一年（一八四〇）二月一三日（新暦三月一六日、明治五年の太陽暦採用まで本書内では旧暦にて記載）、関東平野の中程に位置する武蔵国榛沢郡血洗島《むさしのくにはんざわぐんちあらいじま》村（現在の埼玉県深谷《ふかや》市血洗島）に、父渋沢市郎右衛門《いちろうえもん》、母栄《えい》の子として生を享《う》けた。市郎右衛門は養蚕《ようさん》と藍玉《あいだま》で財をなし、質屋、金貸しなども営み、名字帯刀《みょうじたいとう》を許された豪農であった。

栄一の生まれたこの年、中国ではアヘン戦争が勃発している。帝国主義国家による植民地化の波がアジアにまで押し寄せ、大国である清国をも飲み込もうとしていた。文豪にして稀代の教養人だった幸田露伴は『渋沢栄一伝』の中で彼を〝時代の子〟と表現しているが、この男の子が成長した後、植民地化に対抗するべく尊皇攘夷運動に身を投じ、帝国主義国家に肩を並べるべくわが国の近代化に邁進《まいしん》するのも、そこに大きな時代の流れがあったからであろう。

幼名を市三郎といったが、当時のこととて頻繁に名を変えている。六歳（本書内ではすべて満年齢）の時に母親の名前を取って栄治郎と改名したのを皮切りに、美雄《よしお》、栄一郎と名を変え、一七歳の時、従兄の尾高新五郎（後の惇忠《あつただ》、号は藍香《らんこう》）に相談し、正式に栄一と名乗った。その後、篤太夫《とくだゆう》、篤太郎と名乗った時期もあったが、維新後はまた栄一に戻している。本作では最も知られた名前である栄一で統一していくこととしたい。

兄弟姉妹は一〇人以上いたようだが、無事成人したのは栄一と五歳年上の姉なか、一二歳年下の妹てい（貞）の三人だけである。名前が三（市三郎）→二（栄治郎）→一（栄一郎）となっていったのも、最初は三男として生まれたからで、兄たちが次々と死んでいき、男子として一人残った彼は跡取り息子として大切に育てられた。

血洗島とはまたおどろおどろしい地名だ。由来についてはいくつも説があるが、栄一自身の解説によれば、その昔、赤城《あかぎ》の山の神が他の山の神と闘って片腕をもがれ、あふれ出す血潮を洗った場所とされる。隣に手計《てばか》という村があるが、そこは腕を埋めたところと伝えられ、昔は〝手墓〟と書いた。これまたすごい地名だ。

二キロほど北を〝坂東太郎〟と称される関東一の大河である利根川が悠々と流れ、川向こうは上州《じょうしゅう》（現在の群馬県）である。

村の近くの中瀬河岸《なかせかし》は船着場として栄え、物資のほか、船客の乗り換え場でもあったため、江戸の文化や経済の情報がいち早く伝わった。五キロほど南には中山道の宿

渋沢喜作

場町深谷がある。こちらも交通の要衝であり、商売をするにはまたとない場所だった。

栄一は還暦を期に編まれた『雨夜譚《あまよがたり》』という自伝のほか、『青淵《せいえん》回顧録』上下巻や講演録の類いが膨大に残されており、幼い頃のエピソードにはこと欠かない。

まだ乳離れしていないような子どもの頃、来客があって障子をしっかり閉めずに帰ろうとすると、

「また障子を閉めずに行ったぁ！」

と大きな声で言って客を赤面させた。

そのため、栄は客が帰ろうとするたびにはらはらせねばならなかった。三つ子の魂百までで、長じて後も几帳面な性格は変わらず、閉まっていない障子を見ると、いちいち閉めるのを常としたという。

栄一には兄弟のように育った従兄がいた。二歳年上で父方の従兄（市郎右衛門の兄文左衛門の子）の渋沢喜作《きさく》である。喜作がいると機嫌がいい。いないとご機嫌斜めになる。

栄一は数えで七つの時、疱瘡《ほうそう》にかかって周囲を心配させたが、なおりかかるといの一番に喜作と遊びたいと言いだした。栄からすれば、病み上がりだから静かに寝かせておきたい。呼んでもらえないとわかった彼は知恵を出した。

「喜作兄さんを呼んでくれなければ食事しない！」

今で言うハンストだ。

これには栄も困り、やむなく喜作を呼びに行かせた。

彼はすぐに来てくれ、おかげで栄一の機嫌は嘘のようによくなった。病も癒えるとすぐに喜作の後ろをついて歩き、同年代の子どもたちと野山を駆けまわる人一倍丈夫な子どもに育っていった。

血洗島からは、赤城、榛名《はるな》の連山や、遠く浅間、日光男体山《なんたいさん》、筑波山まで見晴るかすことができる。さえぎるものがないから、寒い季節には名物の〝赤城おろし〟が吹き抜ける。

栄一の家の裏手には〝一六文田《もん》んぼ〟と呼ばれる開けた場所があった。一六文出して酒を一杯ひっかけても、そこを通ると風の冷たさにたちまち酔いがさめてしまうところからついた名だ。

江戸時代は物価が極めて安定した時代だった。寛文八年（一六六八）に一杯一六文と決められた二八そばは、慶応年間に入って二〇文に値上げされるまで二〇〇年近い間値段が変わらなかった。一六文田んぼで言う酒も二八そばと同じ値段だったということだろう。もっとも黒船来航後のインフレで、こうした平和な時代にも終止符が打たれることになるのだが。

稲刈り後の冬の田は子どもたちの格好の遊び場だ。

ところが子どもを次々に亡くしている栄は心配でならない。

「そんな格好していると風邪を引きますよ！」

しばしば栄は、走り回っている彼のあとを羽織をもって追いかけた。だが走り回っている子どもにとって、そんなものは暑いだけ。ようやく追いついて羽織を着せても、またすぐ放り出して駆けだしてしまう。親の心子知らずであった。

幼い頃から強情さは人一倍だ。

ある時、両親と姉が連れ立って市郎右衛門の実家に行くことになったが、幼い彼はお留守番を言い渡されてしまう。自分も連れて行って欲しいと母の着物のたもとにしがみつき、泣きわめいてだだをこねたが結局置いていかれた。

使用人がいるので一人ぼっちにされたわけでなく、近所に出かけただけだから大した話ではないのだが、それでも自分の渾身の要求を無視されたことが許せなかった。

彼は幼い頭で考えた。

（そうだ、困らせてやれ……）

そうっと人気のない奥座敷に忍び込むと押し入れの中にもぐり込み、蚊帳《かや》をかぶって隠れてしまった。やがて雨がしとしと降りはじめた音が聞こえてきたが、泣き疲れていた彼はぐっすりと寝てしまい、気づいたら朝になっていた。

周囲の様子をうかがってみると、市郎右衛門が大声で使用人に指示しているのが聞こえてくる。みな徹夜で彼を捜し回っていたのだ。そこにひょっこり彼が顔を出した。

烈火の如く怒った市郎右衛門は彼を叱りつけ、温厚な栄は、

「この子の強情にはあきれかえった」

とため息をついた。

だが叱られながらも栄一は、内心してやったりと思っていたという。

知恵があるだけでなく度胸もあった。幼い頃、上の姉のなかが夜便所に行った帰り、真っ青な顔をして栄一にこう訴えた。

「誰かが裾を引っ張った気がしたのよ」

広い旧家は夜になると子どもにとってはお化け屋敷だ。当時の灯りと言えば菜種油の燈台かロウソクくらいしかない。暗い上に炎はゆらぐ。一二、三の女の子には闇の中に何かがいる気がしたのだろう。

すると栄一が、

「お化けなどいるはずがない。僕が見てきてあげるよ」

と言って便所に行き、けろっとした顔で戻ってきた。

「何もなかったですよ。おおかた戸に裾を挟まれでもしたのでは」

迷信などまったく信じなかった。

ある時、なかの縁談が破談になったことがあった。先方の家に精神面で遺伝上の問題があるというので市郎右衛門の父親が強く反対したのである。相手の人を気に入り、すっかり乗り気であった彼女はショックを受け、今で言うノイローゼ状態になってしまう。

血洗島の〝島〟が川の中州を意味していることからもわかるように、このあたりは利根川の氾濫原で、栄一の家の裏には深い淵があり、青みがかった水をたたえていた。栄一の生家のあたりはその淵の崖の上にあり、彼の雅号〝青淵〟はここからきている。

ノイローゼになったなかは、しばしば淵のほとりにきて物思いにふけり、時折涙をはらはら流したりするようになった。身投げでもされたら一大事だ。

姉思いの栄一はぷっつりと遊びに行くことをやめ、彼女の側をつかず離れず、危ないと思ったら袖を持ったりして常に目を配るようになった。

青淵由来之跡碑（筆者撮影）

姉はそんな弟をうるさがり、時にはののしったり手をあげたりもしたが、栄一は心傷ついた姉を思いやってそれに耐え、常に優しく接していた。近所の人たちは、そんな栄一を感心して見ていたという。

この時代、こうしたことは狐憑《きつねつ》きの仕業などと言われ、祈祷師を呼ぶことが多かったのだが市郎右衛門は祈祷を好まない。代わりに彼が考えたのは、療養を兼ね、彼女を気分転換の旅に連れて行くことだった。

　現在の群馬県高崎市にある、最澄が開いたとされる古刹《こさつ》大福寺には脳病に効くとされる霊泉「独鈷泉《どっこせん》」がある。市郎右衛門はそこを目指し、なかを連れて出かけていった。

　すると市郎右衛門の母が栄を説得し、彼の留守をみはからって修験者を家に呼んだ。

　一室にしめ縄を張り、御幣《ごへい》を立て、使用人の女性を霊媒にしてなにやら祈祷していたが、そのうち彼女がトランス状態となり、

「この家には金神《こんじん》（陰陽道《おんみょうどう》の方位神）と井戸の神のたたりがある。無縁仏のたたりもある」

と霊言を口にしはじめた。

　栄一の祖母はしたり顔で、

「その昔、お伊勢参りに出かけたまま、帰ってこない人があったそうよ」

などと相づちを打つ。

　修験者は祠《ほこら》を建ててお祓いするべきだと言いだした。

そのときである。突然栄一が、

「その無縁仏がでたのは何年ほど前ですか？　供養するにも年代がしれないと困りますので」

と質問したのだ。

一瞬しーんとなった。この時、彼はまだ一五歳である。

仕方なく修験者が改めて彼女にお伺いを立てると、

「およそ五、六〇年前なるぞ」

と、ややうわずった声が響いた。すると栄一は間髪入れず質問した。

「その時の年号は？」

「天保三年ごろなるぞ」

「天保三年は今から二三年前に当たります。五、六〇年など経っていない。無縁仏のたたりまで見通す方が子どもでもわかる年代を間違えるのはおかしい。信用できません」

栄一は論理的に追い詰めていく。困った修験者は、

「今のは大方、野狐《やこ》でも乗り移ったのであろう」

と言い訳を口にした。

「野狐ならなおのこと、祠など建てて供養する必要などありません」

とどめをさされた修験者は祈祷を中止してそそくさと道具をしまい、栄一を憎々しげににらみつけながら帰って行った。

なかはその後、病気は全快し、吉岡為三郎と結婚。子どももでき、幸せに暮らした。

## 藍で学んだ商いの基本

血洗島や手計村は大正四年（一九一五）に埼玉県最初の砂防指定地が設けられるまで、しばしば洪水に見舞われていた。そのため、この地方には今でも土盛や石垣が多くみられる。

収穫期に来る台風で冠水し、稲はへたすると全滅しかねない上、氾濫原の土は肥えてはいるが砂礫《されき》を含むため米作にはあまり向かない。そのため畑作が盛んだった。

日本一の生産量を誇る深谷ネギは有名だ。麦も作っていた。冬小麦はちょうど秋にまいて初夏に収穫するから台風シーズンを回避することができるからだ。

それで麺を打ち、深谷ネギをたっぷり入れた〝煮ぼうとう〟という郷土料理が栄一

再建された現在の中の家（筆者撮影）

の好物であった。故郷というのは懐かしいものである。後年、功成り名を遂げてからも村の鎮守である諏訪神社の祭りの日になると、多忙にもかかわらず伝統の〝ささら獅子舞〟を見に帰ることもあったという。

血洗島村は五〇戸ほどの小さい村だが、そこに一七軒も渋沢を名乗る家がある。ややこしいので家の位置や特徴で呼びあった。栄一の生家は〝中の家《なかんち》〟、村一番の大富豪で名主だった渋沢宗助の家は〝東の家《ひがしんち》〟で、喜作の家は〝新屋敷〟と呼ばれていた。

もともと中の家が渋沢一族の宗家《そうけ》だと書かれたものが多いが判然としない。中の家は代々〝市郎右衛門〟を名乗っていたが、男子が絶えたことから二代目宗助（政徳）の末子（三男）であった栄一の父元助が、東の家から婿養子に入って市郎右衛門を名乗った。

中の家は家産が傾いており、その立て直しが市郎右衛門の使命だったが、彼は見事期待に応えた。実家の東の家から金を借りて人手に渡っていた田畑を買い戻し、養蚕や藍商を軌道に乗せて急速に豊かになり、栄一は幼い頃から何不自由ない暮らしができていた。

それでも東の家のほうが資産は圧倒的である。

初代宗助は〝榎屋《えのきや》〟という屋号で荒物屋（雑貨店）を営み、肥料の干鰯《ほしか》や藍を扱いながら財をなした。二代目も商売上手であったが、優秀だったのが市郎右衛門の兄の三代目宗助（政厚）で、養蚕において現代の専門書でも取り上げられる画期的手法を用い大成功を収めた。一時はバス停三つ分くらいの土地を所有していたという。

ひいきの相撲力士を家に呼んだり、旅学者に私塾を開かせたり、寛永寺の高名な書家を呼んで書道を習ったり、日本画家を連泊させて二〇〇幅ほど絵を描かせるなど、スケールの大きい行動が目立った。ちなみに東の家の末裔《まつえい》にはフランス文学者の澁澤《しぶさわ》龍彦《たつひこ》がいる。

栄一の伯父はまだしも、祖父である二代目宗助には専制君主的な振る舞いが多かった。先述した栄一の姉なかの結婚を反対したのも、この二代目宗助だ。

姉が精神的に追い詰められた恨みは深かった。ただでさえ叛骨心の強い栄一は、かねがね東の家がえらそうにしているのが気にいらず、それが後々早く故郷を出ようと思うきっかけになったとも言われている。

繁栄を極めた東の家は、順養子（弟を養子にすること）だった四代目の宗五郎が明治期に栄一が設立した蛎殻町《かきがらちょう》の米穀取引所で米相場に手を出して大失敗する。この時、栄一は一切彼らを助けようとせず、その結果、東の家は破産する。

宗五郎のほうも、

「舌が腐っても子どもの教育を栄一に頼むようなことはしない」

と言っていたそうだ。両家の間の感情的しこりは根深かったのだ（『渋沢栄一　近代の創造』山本七平著）。

市郎右衛門は質素倹約を旨としながらも、子弟の教育には意を用いた。彼自身学問好きだったこともあるが、栄一が幼少時からことのほか利発な子どもだったからである。

五歳になると自ら論語の素読を教えはじめたが、七歳になったところで従兄（市郎

晩年の尾高惇忠

右衛門の姉の子）の尾高新五郎（惇忠）に師事させ、一キロほど離れた下手計村にある彼の学塾に通わせた。

渋沢一族には驚くほど傑物が多いが、尾高惇忠もその一人である。

晩年の写真を見ても、鼻梁高く彫り深く、ただ者ではない雰囲気は十分感じ取ることが出来る。栄一は人格的にも多大な影響を受け、〝藍香ありてこそ青淵あり〟と評された。

東の家が自宅で私塾を開かせていた菊池《きくち》菊城《きくじょう》から漢籍を学び、若くして自らも塾を開いた。栄一より一〇歳年上にすぎないから、小学校二年生が高校生に勉強を見てもらっていると考えるとわかりやすい。

惇忠の母は二代目宗助の娘で、栄一の伯母にあたる。惇忠の父尾高勝五郎は下手計村の名主であった。

尾高家は〝油屋〟という屋号からもわかるように菜種油を扱ったほか、養蚕と藍はもとより中瀬河岸に近かったことから荒物屋も営み、渋沢家以上に手広く商売をやっていたが、そのやり方がなっていないと二代目宗助から厳しい注意を受けていた。いたたまれなくなった惇忠の母は、子どもたちを置いて一時実家に帰ってしまったほどだ。東の家に対する激しい不満を抱いているという意味でも、栄一とは気があったに違いない。

塾での学習の中心は、身分を問わず基礎教養とされた四書五経である。なかんずく栄一が熱心に取り組んだのは孔子の言行録『論語』であった。幼い頃から親しんだ『論語』がのちに、彼の代名詞となるわけだ。まさか後年、塾へ通った道が〝論語の道〟と呼ばれ、惇忠の塾があった下手計村一帯が〝論語の里〟と呼ばれるようになるとは思いもしなかったことだろう。

惇忠は型にはまった勉強法に固執せず、乱読を奨励した。そんなこともあって栄一は『日本外史《がいし》』といった歴史物から『里見八犬伝』などの通俗物まで幅広く読書を楽しんだ。

栄一が一二歳になった正月のこと、父の名代で本庄町（現在の本庄市）まで年始回りに出かけた。読書好きの彼は同町の貸本屋からよく本を借りて読んでいたが、その本屋に返す本があったのでそれを読みながら歩いていると、途中で溝に落ちてしまった。晴れ着はだいなし。普段優しい栄からきつく叱られ、この時は市郎右衛門がとりなしてくれた。

漢詩を作るのも好きで、めきめき文章力をつけていく。後年彼の書いた文章に名文が多く、演説も格調高かったのは、若い頃からの精進の賜物だった。

嘉永六年（一八五三）五月、栄一は父親に連れられ、はじめて江戸に出た。ペリーの黒船来航の二ヵ月前のことである。血洗島から半日歩けば江戸に行ける。江戸は彼らにとってけっして遠い場所ではなかった。

初めて見る江戸の町は輝いて見えた。

この頃の日本の人口は約三〇〇〇万人だが、そのうちの実に一〇〇万人超が江戸の町に集まっていた。今の東京二三区を考えてはいけない。新宿区や渋谷区、北区、足立区、江東区、江戸川区といった周辺の区は江戸に入っていない時代のことである。

大名屋敷や参勤交代の列に威勢のいい市場の様子など、そのいなせな様子はめくるめく刺激的な光景だった。彼はその翌年にも、叔父の保右衛門に江戸へ連れて行ってもらっている。当時の一般家庭ではありえないほど、若いうちから広い世界を知ることができた。

先述したように、血洗島周辺は秋になると冠水することが多いが、桑の木や根のしっかりした藍は被害に遭いにくい。ここで養蚕と藍という、渋沢一族に大きな財力をもたらし、栄一に商売の基本を教えてくれた産業について触れておきたい。

まず養蚕に関してであるが、これはどちらかと言えば東の家の独壇場であった。市郎右衛門の長兄である三代目宗助は『養蚕手引抄』（安政二年〈一八五五〉）という指導書を残している。養蚕技術に改良を加え、この地方の武州絹《ぶしゅうきぬ》を全国に知られるようにした立役者であった。

それまでは天保の大飢饉で絹織物の需要が減り、織機の生産で知られた川越などは火が消えたようになっていたが、幕末になって再び養蚕が盛んになりはじめたのには、地球規模でのある出来事が関係していた。一九世紀半ばから後半、ヨーロッパ最大の養蚕国フランスからイタリアにかけて、カイコの幼虫の伝染病（微粒子病）が蔓延していたのだ。

ヨーロッパが壊滅的な影響を受けた結果、日本の養蚕は息を吹き返した。安政六年（一八五九）の横浜開港と同時に、紙に産卵させた蚕種《さんしゅ》（蚕の卵）紙や絹製品が堰を切ったようにヨーロッパへと輸出されていき、めざとい藩の中には横浜に輸出窓口を設けるところもあった。

越前福井藩はその一つで、福井藩横浜商館の角の蔵で生まれ、周囲に外国人が多かったお陰で英語に堪能だったのが岡倉角蔵（覚三）、後の美術家岡倉天心である。

武蔵国渡瀬村（現在の埼玉県児玉郡神川村）の富裕な農家だった原善三郎（三渓《さんけい》）も開港の三ヵ月後に横浜に出て生糸商となり、今も横浜に三渓園などを残す大実業家になっている。それと同様、このチャンスに目をつけて巨富を得たのが東の家の宗助一族だったというわけだ。

彼らは東北地方などから蚕種紙を広く買い集めて輸出した。国内価格の四、五倍にあたる一両二分で売れたという。東北では一両二分で娘の身売りも行われていた時代である。

あの有名なパスツールが微粒子病の原因を突き止め、蚕種輸出フィーバーは明治七年（一八七四）頃には一段落するが、その後、絹製品市場におけるヨーロッパの地位が完全に復活することはなく、日本が相当部分とってかわることになった。

後述するが、ここで大きな役割を果たしたのが栄一である。

明治に入って栄一が殖産興業の最前線で富岡製糸場を模範工場として立ち上げ、その初代工場長に惇忠を任命し、近代的な製糸技術が日本中に伝播していくのである。そう考えると、渋沢一族の果たした役割の大きさには驚嘆するほかない。彼らは日本にいながら、すでに世界を見つめていたのである。

そして養蚕と共に彼らにとって大事な商品作物が藍であった。

栄一は成功した後も、自分は武州で藍を商いしていた農家の出身だと語っている。父市郎右衛門もそうだったが、彼らは出自を飾ることにおよそ関心を持っていなかった。

——青は藍より出でて藍より青し

という言葉があるが、藍は鮮やかな青色の出る染料である。栄一が青淵と号したのもこの青色を意識してのことだろう。

藍染めは奈良時代に始まり、殺菌作用もあることから珍重され、江戸時代には全国に広がっていた。ラフカディオ・ハーン（小泉八雲）は日本を〝藍の国〟と表現し、東大で化学を教えたイギリス人教師アトキンソンは日本の藍を〝ジャパンブルー〟と呼んだ。現代のサッカー日本代表のチームカラーである〝サムライブルー〟にもつながっている。

徳島名産の阿波藍が有名だが、関東では現在の埼玉周辺でとれる武州藍が良質とされた。九十九里浜でとれた鰯《いわし》を干した干鰯《ほしか》や〆粕《しめかす》（鰯やニシンやサンマから搾油し乾燥させたもの）が利根川を遡《さかのぼ》ってこの周辺にもたらされ、それを肥料としていたからである。

渋沢家でも藍を栽培していたが、自分の栽培分だけでは大きな商売はできない。近隣の藍農家を回って大量に藍葉を仕入れ、それらを発酵熟成させて藍玉を作った。

乾燥させた藍葉をむしろの上に積み重ねて水をかけ、その上にさらにむしろを載せて八〇日ほど寝かしておく。これを再び乾燥させると青く発色する。これでも染料になるのだが、運搬しやすいようにもう一手間かける。灰汁《あく》を加えて臼でつき、直径二〇センチほどの黒い餅のように加工する。これで藍玉のできあがりだ。

明治期になって安価なインド産が輸入され、化学染料が発明されるまで、国内の藍は大変な金銭価値を持っていた。

この当時、朱子学の影響により商売は〝下賤な業〟とされていた。

幕府の勘定奉行も幕臣の中で比較的家柄の低い者がなり、蔵屋敷で働く各藩の勘定方も下級武士と相場が決まっていた。当時、士農工商という言葉は明示的には使われていなかったということで、最近の教科書にこの用語は載っていないが、江戸時代を通じ確固たる身分制が存在していたのは厳然たる事実であり、右から左へ売買して利ザヤを稼ぐ商売は農工業のような〝ものづくり〟よりも低い評価だった。

ちなみに士農工商のさらに下に〝穢多《えた》〟〝非人《ひにん》〟という身分もあったが、明治四年（一八七一）八月二八日、「穢多非人等の呼称を廃して平民籍に編入する」という太政官布告を出して、このような非人道的身分制度に終止符を打ったのは、大蔵省改正掛長であった渋沢栄一その人である。

若き日の栄一は藍葉の仕入れを手伝っているうち、商売というものが並外れたノウハウや創意工夫の上に成り立っており、何より人情の機微に通じていなくては大成できないものであることを身をもって知ることとなる。

そして何より、商業の発展は社会を安定させる。

豪農で一般的なビジネスモデルは、小作人をたくさん雇って農作物の収穫を増やし、それで得た金を高利で貸して土地を増やし、さらに小作人を雇って大きくなっていくというものである。しかしこれでは小作人を搾取する構図になりがちだ。一方の渋沢家は、商品作物の栽培と加工によって今で言う企業経営を行い、富を増やした。そのためこの地には、抑圧された小作人による百姓一揆が起こらなかったという。

見よう見まねで知識を身につけた彼は、母方の祖父只右衛門《ただえもん》とともに藍葉の買い付けに行かせてもらうことになった。只右衛門は中の家の前当主である。すでに老いているし、中の家の没落を指をくわえて見ていたような人だから商才などない。栄一は一緒に回るのが嫌になり、祖父に無理を言って途中から一人で回りはじめた。

いくら何でも無謀である。若すぎて相手になめられるのは目に見えている。そこで彼は一計を案じた。

父親の口ぶりを真似し、

「肥料が足りていませんね。それにメ粕を使っていないのでは？」

「乾燥のさせ方が良くないですね。それに茎の切り方が悪い」

などと藍玉を吟味しながら、わかっている風を装ったのだ。

この作戦は見事に当たって、すごい目利きの少年が来たと評判が立った。すると向こうもとっておきの葉を出してくる。行く先々でいい商品を仕入れることが出来、意気揚々と帰宅した。

市郎右衛門が喜んでくれたのは言うまでもない。それからというもの、しばしば彼に任せてくれるようになった。

実は学問の師である従兄の惇忠も藍を扱っていた。いやそれどころか、明治期に入ってジーンズの染料などに用いられるインディゴの製造法（「藍靛《らんてん》製造法」）で特許を取っているくらいに卓越していた。安政五年（一八五八）の冬、栄一は彼と一緒に信州まで足を伸ばして藍葉の買い付けに行ったりもしている。大好きな漢詩を互いに作りながらの旅は実に楽しいものであった。

出発前に市郎右衛門から、

「詩作に夢中になって商売を忘れるな」

と忠告されたというから相当なものである。

それでもこの時に作った詩を二人でまとめ『巡信記詩《じゅんしんきし》』なる詩集を編んでいるから、商売を忘れないにせよ、詩作は熱心にしていたようだ。天保生まれ以前の教養人とはこうしたものだったのだ。大正年間に新聞から漢詩の投稿欄が消えていったが、それは天保生まれの老人がこの世から去っていったためだと言われている。

ちなみに二人が信州を旅したこの安政五年には、悪名高い〝安政の大獄〟が起こっている。こうした世の動きに、やがてこの二人は激しい義憤に駆られていくのである。

実は惇忠は幕末の貨幣改鋳やそれが引き起こすインフレの弊害についても正しく把握しており、明治期に入って栄一が円を単位とする通貨制度の改革を行う際、欧米の貨幣理論が惇忠の指摘していた点とことごとく合致していることに感動したというほどの見識を持っていた。

渋沢栄一が後世の大をなしたのは、まさにすぐれた周囲の人のお陰でもあったのである。


母親からも大切なことを教わっている。

母栄は慈愛に満ちた心優しい女性であった。幸田露伴は『渋沢栄一伝』の中で、養子を迎えた当時の〝家つき女〟はえてして傲慢だったと、伊能忠敬《いのうただたか》が台所で使用人のように食事をさせられた逸話を引用しているが、栄は傲慢などという言葉とはおよそ縁のない女性だった。人が困っているのを見るとじっとしておられない性分で、よく近所の貧しい人にものをあげていた。

何でもあげて、しまいに沢庵《たくわん》のしっぽまであげているのを見かねた市郎右衛門が、

「お前は沢庵の腐ったのまで人にやる女だ」

と言って叱った。

「腐った沢庵でさえ食べられない人もいるんですよ。そもそも旦那様のすぐ人を叱りなさるのは悪い癖です」

「叱る気はないが、あんまり分からなすぎるから叱るのだ」

そんなたわいもない夫婦げんかがしばしば見られた。

栄には有名なエピソードがある。中の家の隣に、栄より少し年上のハンセン病にかかっている女性がいた。周囲から疎《うと》まれているのを気の毒がり、例によって栄はいろんなものを与えた。

すると彼女もぼた餅などを作って栄に持ってくる。栄は平気でそれを食べていたが、家族は気味悪がって手をつけない。

さすがの栄一も、

「情け深くていらっしゃるのは結構ですが、ああまで世話する必要はないのではありませんか。あの病気はうつると言いますからお気をつけください」

と忠告したが、

「お医者に聞いたらうつらないと言っていたよ」

と栄は一向に気にしない。

下手計村の鎮守である鹿島神社の境内にケヤキの大木があった。根元がうろになっていて畳を何枚か敷けるほどの空間があり、そこに井戸が掘ってある。その水は万病に効く霊水とされ、神社の境内にはその水を沸かした共同風呂（〝鹿島の湯〟）があって近隣から入りに来ていた。

現在は枯死し、根元のみ残る鹿島神社のケヤキの大木（筆者撮影）

ある日、栄が入浴していると例の彼女が入ってきた。そのとたんほかの入浴客は蜘蛛《くも》の子を散らすように逃げ出したが、栄だけは残って背中まで流してやったという。

栄一の息子秀雄は彼の著書『父渋沢栄一』の中でこのエピソードを紹介し、〈おえいの慈悲深さは確かに度をこしていた〉と書いている。栄一が晩年、癩《らい》予防協会（後の藤楓《とうふう》協会）初代会頭を引き受けたのは、亡き母を偲んでのことかもしれない。

いつの世も教育は家庭に始まる。これから述べようとしている渋沢栄一の人生と業績が、つまるところ父親の勤勉さと商いの道、母親の高い倫理観と慈愛の心に集約されるのを見るにつけ、家庭というものの大切さ、親というものの影響の大きさを考えずにはいられない。

彼の人生における基本姿勢は、すでに血洗島時代にできていた。その後は、さらなる向上と発展応用の連続であったと言えるだろう。

## 水戸学と尊皇攘夷思想

栄一の学問の師である惇忠は尊皇攘夷《そんのうじょうい》思想の持ち主だった。それは彼がかつて水戸を訪れ、水戸学に強い影響を受けていたためである。

水戸藩は二代藩主徳川光圀《とくがわみつくに》が『大日本史』編纂という大事業を行ったことで知られるが、そこで大切にされたのが権力の正統性であった。これまでの正史にこだわらず、独自の史観を提示した。壬申《じんしん》の乱で敗れた大友皇子を正式の天皇として帝紀《ていき》に加え、南北朝時代では南朝を正統としたのは一例だ。国家としてのあり方、大義はどこにあるかを突き詰めていく学風は、儒教を軸にしながら国学、神道をも加えて体系化され、やがて水戸学と呼ばれるようになる。ややもすると皇室を重んじるあまり幕府を軽んじることにつながりかねない危険思想であった。

そして幕末になって欧米列強による脅威が顕在化し、黒船来航で世の中は上を下への大騒ぎとなった。たまたまその直後に疫病の流行があり、海外から異人が〝穢《けが》れ〟

をもたらしたという考えが庶民の間で広まっていき、外国人は排除するべきだとする攘夷思想が盛んになる。

水戸学の泰斗《たいと》である藤田幽谷《ふじたゆうこく》とその子藤田東湖《ふじたとうこ》らはこうした社会情勢を踏まえ、従来の尊皇に加えて攘夷を目指す尊皇攘夷の考え方を明確に打ち出し、憂国の志士たちの精神的支柱となっていく。

もともと惇忠は温厚な人物で、栄一は後年、

「いまだかつて藍香に叱られたことを覚えない」

と語っているほどだが、そんな惇忠が過激な尊皇攘夷思想に染まっていくのを見て、栄一も信じるに足ると確信する。一緒に塾に通っていた喜作も同様で、彼らは砂に水がしみこむように惇忠が語る水戸学の思想を吸収していった。

そもそも血洗島周辺から上州にかけては、かつて源氏の流れをくむ豪族新田氏の荘園だったとされ、渋沢一族自体、新田氏を祖とするという説もある。尊皇の旗を掲げて鎌倉幕府を倒した新田義貞のことは幼い頃からしつこいほど聞かされていたはずで、尊皇という言葉には一種言い表せぬ憧れがあったのだ。

水戸学を信奉する者は、今の幕府の政治はなっていないと手厳しく批判した。水戸藩は御三家の一つであり幕藩体制の要《かなめ》であるにもかかわらず、である。この影響で栄

一も喜作も、いっぱしの幕政批判を口にするようになっていく。

「もし藍香の悲憤慷慨《ひふんこうがい》がなかったら、私も一生安閑として血洗島の農民で終わったかもしれない。私を故郷から出奔させたものは、藍香が水戸学に感化されたその余波である」

栄一は後にこう述懐している。

維新の原動力は、まさに彼らのような若者たちが共通の価値感を、生き方の軸を、美学を、水戸学の中に見出した結果だったと言えるだろう。そしてそれは、自らの命を賭けるに足るものだったのである。

そんな折も折、栄一は幕藩体制に激しく幻滅する体験をすることになる。

血洗島村は岡部藩の領地である。藩主は安部《あんべ》摂津守《せっつのかみ》信宝《のぶたか》で所領は二万石。譜代大名だが城持ちではなく、血洗島から一里ほど離れた岡部村に陣屋を構えていた。

領地のほとんどが摂津や三河にあり、飛び地の管理は難しい。岡部藩の台所は火の車だった。元服、嫁入りに法要と、何かあるたびに藩内の豪農から多額の御用金が徴収され、その代わり彼らに名字帯刀を許した。渋沢家もそれで名字帯刀になっていたわけだ。

安政三年（一八五六）の秋、お姫様が輿《こし》入れされるというので、例によって血洗島村にも御用金拠出の話が回ってきた。

名主見習いであった父市郎右衛門は陣屋に来るよう命じられていたが、あいにく当日、風邪のために寝込んでいた。そのため栄一が名代となり、町田村の今井紋七と矢島村の小暮磯右衛門という各村の代表と陣屋に出向いた。

部屋に通され、若森権六という代官が現われると一同平伏した。代官は大仰《おおぎょう》な態度で名主の宗助に一〇〇〇両、市郎右衛門に五〇〇両などと、それぞれの家の割り当て額を申し渡していく。その金額から、東の家の資産は中の家の倍と評価されていたことがわかる。

最後に今井と小暮は、

「承知つかまつりました」

と声を合せた。

ところがここで予想外の出来事が起こる。一番下座に座っていた栄一が、恐れながらと次のように言上したのだ。

「父からご用の向きをお聞きしてくるよう命じられてまかり越しました。一度戻りまして父と話した上で再度参上致します」

農民が武士から命じられた場合、一も二もなく了承するのが決まりである。代官は真っ赤になって怒りだした。

「たわけたことを申すな。お上に逆らうつもりか！」

だが栄一は屈しなかった。二人が袖を引っ張って諌めるが聞く耳を持たない。年に一万両ほども藍玉を売り上げる彼の家の財政から言えば、五〇〇両が納められないはずがないことはわかっていたが、筋を曲げるつもりはなかった。

すると代官はなだめすかす戦法に出た。

「お前も一七にもなれば女遊びの一つもするであろう。一人前の大人のお前が、なぜみなと同じくこの場でありがたくお受けすることが出来ん」

だがこれは逆効果だった。小馬鹿にされたと感じた栄一は頑《かたく》なになり、譲歩することなく陣屋をあとにしたのだ。

帰りの道すがら、あとの二人が汗をかきかき説教したが馬耳東風。栄一の頭の中を占めていたのは、幕府はもうダメだという思いだった。武士と言えば為政者のはず。だがこうして接してみると、代官ですら武士の身分を笠に着て威張り散らすだけ。無能なのが伝わってきて、政治向きなど任せておけないとつくづく感じた。

家に帰るなり市郎右衛門の前で、

「私はもう百姓などやめてしまいたいです！」

と吐き捨てるように言うと、興奮してしばらく手がつけられなかった。

市郎右衛門もかつては御家人株を買って武士になろうとしたこともあったくらいだ。だが名主見習いとして代官所との交渉ごとが増えていくうち、商人と武士の間に立ちはだかる身分の壁を痛感し、〝分限《ぶんげん》〟をわきまえる物分かりのいい大人となっていた。

「上様からの言いつけには逆らえぬ。理屈を通してもほかのことで意地悪されるだけのこと。ここはお受けするよりほかに道はないのだ」

日頃の言動から父親の反応は予想されたものだったが、歯がゆさを禁じ得ない。この出来事をきっかけとして、親に盲目的に従うことはやめた。

# 第二章

# 幕府瓦解

## 高崎城乗っ取り計画

この当時、若者たちの熱い思いは、剣術と結びついて増幅していく傾向を持っている。

剣術は武士の特権ではない。剣豪として知られた新撰組の近藤勇も土方歳三《ひじかたとしぞう》も、農家出身だが剣を究《きわ》めた。まして渋沢家や尾高家のように名字帯刀を許された家柄の人間にとって、剣術は武士に近づくためのたしなみでもあったのだ。

惇忠は剣を川越藩指南役の大川平兵衛（〝製紙王〟と呼ばれた大川平三郎の祖父）に学んだ。関東一円で流行していた神道無念流《しんとうむねんりゅう》である。江戸三大道場の一つに数えられた練兵館の斎藤弥九郎は特に名高い。高杉晋作や木戸孝允も神道無念流である。

そして喜作と栄一は、大川平兵衛の門人で練武館という道場を開いていた三代目宗助から教わった。例の養蚕で財をなした市郎右衛門の長兄である。栄一は祖父の二代目宗助だけでなく、この伯父ともウマが合わない。それでも必死に練習し、めきめきと腕を上げていった。だが面白いことに栄一の得意技は体当たりだったという。太っている体を武器にしたわけだ。

中でも惇忠の次弟である尾高長七郎は飛び抜けて強かった。栄一がかかっていっても子ども扱いである。小馬鹿にしたように、右手で竹刀を面の上に乗せるとくるくると回す。頭にきて打ち込もうとすると、長七郎は一瞬早く頭の上で回っている竹刀の柄を握り、上段から片手で見事な面を決めた。栄一より二歳しか違わないのに段違いの強さだった。

農閑期になると栄一は長七郎と他流試合に出かけたが、長七郎にかなう相手などどこにもいない。やがて長七郎は江戸に出て〝徳川三〇〇年屈指の大儒《たいじゅ》〟と称えられた海保《かいほ》漁村《ぎょそん》の門を叩いて漢籍を学びつつ、心形刀流《しんぎょうとう》の伊庭《いば》軍兵衛《ぐんべえ》の道場に通いはじめた。千葉、斎藤、桃井を江戸の三大道場と呼んだが、伊庭を加えて四大道場と称されるほどの名門道場だった。

有名な剣道場は志士のたまり場となっている。長七郎は彼らと国事を熱く語り、意気投合していく。人望のある彼の回りには人が集まり、何人もが下手計村の尾高家を訪ねてくるようになった。長州藩の多賀谷《たがや》勇《いさむ》や庄内藩の清河八郎なども親しく出入りし、尾高家はまるで〝梁山泊《りょうざんぱく》〟の様相を呈していく。

そのうち彼らは、老中安藤信正の暗殺と輪王寺宮公現親王《りんのうじのみやこうげんしんのう》を奉じて兵を日光に挙げるという企てを画策しはじめた。そのことが後に長七郎の身を危うくすることになるのだが……。

当然、栄一たちも影響を受ける。栄一は本腰を入れて藍の商売に注力しはじめた。資金を貯めていざという時に備えようとしたのだ。

栴檀《せんだん》は双葉《ふたば》より芳《かんば》しと言うが、彼は並外れた商売センスを持っていた。この当時、金持ちや酒蔵など、いろいろなものを相撲の番付表に見立ててランク付けすることが流行していたのだが、彼は藍の栽培農家をランク付けし、「武州自慢鑑《かがみ》藍玉力競《ちからくらべ》」なる番付表を作成した。行司役には彼の名前と共に宗五郎と喜作の名前も並んでいる。

競わせることは業績向上に結びつく。当時は今以上にメンツを重んじたからなおさらだ。宴席の席次もこの番付の順番にした。上席の人は得意顔だが、末席ともなると食事も喉を通らない。次の番付では上に行こうと、栽培農家は必死になって腕を競った。

いい藍葉が集まりどんどん儲かっていく。儲けのほとんどは父親に渡すのだが、密かに別にしておいた自分の蓄えも着実に増えていった。

――立志とは一生を有意味に終るようあらかじめ志を決定することである。

とは彼の言葉だが、もうこの頃から自分の志は国家の行く末を考えることであると決めていた節がある。

栄一が志士気取りになっているのは市郎右衛門にも伝わってくる。心配した彼は一計を案じた。結婚させることにしたのだ。家庭を持てば少し落ち着くだろうというわけだ。

こうして安政五年（一八五八）一二月七日、惇忠の妹千代と結婚する。栄一は一八歳、千代は一七歳であった。彼女は幼なじみである。なかなかの器量よしで、華奢《きゃしゃ》だがきびきびと動く働き者。女性に学問はいらないという風潮の中、大変勉強熱心であった。

まだ一二、三歳の頃、栄一らが惇忠の講義を受けていると、彼女も部屋の端で同じように耳を傾けていた。それだけでも珍しいのに、講義のあとに質問してきた。

「おなごがそんなことを知ってどうす

千代夫人

るのか?」

と言う兄に向かって、

「おなごといっても同じ人間です。人としてものの道理を学ぶことがどうしていけないのですか?」

と反論し、惇忠は返す言葉を持たなかった。妹のほうがよほど時代の先を行っている。

だが妻を迎えても、栄一の尊皇攘夷熱は消えなかった。

安政七年(一八六〇)三月、水戸浪士たちが中心となって桜田門外の変が起こり、大老井伊直弼が暗殺されると、幕府の権威は大いに失墜する。自分も何か行動に移さねばという思いが募った。江戸は混乱を極め、攘夷派と開国派に尊皇派と佐幕派が入り乱れているという。どんな状況か、この目で確かめてみたくなった。

翌文久元年(一八六一)、喜作とともに江戸に出ることを父に願い出る。

最初はやんわりたしなめられたが、言うことを聞く栄一ではない。根負けした父親は農閑期の二ヵ月間だけという約束で、渋々江戸遊学を許すのである。

妊娠中の千代を残しての江戸行きであった。二一歳の時のことである。

江戸に出た彼らは長七郎同様、海保塾で漢籍を学んだ。剣術のほうは〝千葉の小天《こてん》狗《ぐ》〟と呼ばれた北辰《ほくしん》一刀流の千葉栄次郎（周作の次男で後継者）が主宰する神田お玉が池の玄武館道場に通った。塾頭は真田範之助《さなだはんのすけ》である。多摩の豪農の出身だ。千葉道場は千葉周作が水戸藩に招聘されたこともあって志士のたまり場となっており、塾頭の真田と栄一たちはすぐに意気投合した。

ある日、浅草に出かけた栄一は生まれて初めて外国人を見かけた。おおかた土産物でも見ていたのだろうが、尊皇攘夷思想にかぶれていた栄一は〝腰間《ようかん》の宝刀躍《おど》り出でんと欲す〟と物騒な漢詩を詠んでいる。

塾で道場で交遊し、議論をし、ますます栄一たちの尊皇攘夷熱は高まっていった。

文久二年（一八六二）一月一五日、老中安藤信正を襲撃する坂下門外の変が起こる。それは長七郎が謀議に加わっていたこともあって、栄一たちにとって身近な事件だった。

もっとも長州藩の主流派が公武合体派になってしまい長州藩の面々が参加できなくなったため、多賀谷や長七郎も襲撃参加は見送っていた。おまけに宇都宮藩の藩儒大橋訥庵《おおはしとつあん》たち宇都宮の同志は事前に幕府によって捕縛され、結局、水戸浪士六名だけで安藤の登城途中を襲撃することになった。

桜田門外の変以降警備は厳重になっており、行列の五〇名に阻まれて安藤を暗殺することは出来ず六名は全員闘死してしまうのだが、安藤の失脚には成功した。当然、幕府の追及は謀議に参加していたものにも及ぶ。長七郎はしばらく京に身を潜めることとなった。

風雲急を呼ぶ文久二年、栄一に長男市太郎が誕生する。中の家は跡継ぎが生まれた喜びに沸いた。だがこの頃、村々で麻疹《はしか》が流行しており、渋沢家も千代をはじめ次々と罹患《りかん》。哀れ市太郎はわずか六ヵ月で幼い命を散らせてしまうのである。栄一の兄弟姉妹たちも薄命であったが、自分の子どもも同じ運命かと天を仰いだ。

その後も尊皇攘夷の志士たちの血をたぎらせる事件が続いた。

天皇から攘夷を迫られた将軍家茂《いえもち》は文久三年（一八六三）五月一〇日を攘夷の日と約束していたのだが、結局、動かなかったのだ。

長州藩は約束を守り、馬関海峡を航行中の外国商船に向けて砲撃を行った。その結果、報復を受けて藩存亡の危機に陥るリスクを負ったにもかかわらずだ。薩摩藩も薩英戦争を起こし、英国艦隊を敗走させたものの城下を火の海にしている。

志士たちの怒りは、行動を起こさない幕府へと向かった。惇忠や栄一、喜作たちも同様だ。彼らは自らの力で弱腰の幕府の尻を叩き、攘夷決行の旗を揚げることを考えはじめた。江戸にはかねて思いを一つにしている同志たちがいる。

そこで栄一と喜作は彼らとの謀議のため、再度の江戸遊学を父親に願い出るのである。

そこは血のつながった親子。市郎右衛門もそれとなく様子が変だと気づいていた。この時も話し合ったが、栄一の気持ちは変わらない。

またも根負けした市郎右衛門はため息をつきながら、

「子どもを一人亡くしたと思い、改めて稼業に精を出すことにしよう。だが、くれぐれも人の道を踏み誤ってはならぬぞ」

そう言って送り出してくれた。

市郎右衛門という父親は変わっていた。栄一に意見はしたが命令はしなかった。一人前の大人として彼の考えを尊重した。厳しいことも言ったが、その陰で経済的援助を忘れなかった。栄一はそんな大きな愛に包まれ、若くして独立心を持って多くの経験を積むことができた。そのことが、後年の彼の大成につながるのである。

江戸に出てみると思った通り同志たちも憤激しており、決起しようということで意見は一致した。だが江戸は幕府の目が光っている。そこで細かい計画立案は村に帰って行うこととし、喜作とともに八月初め血洗島村に戻ってきた。

彼らは一年前に横浜で起きた生麦《なまむぎ》事件のことをすでに聞いている。島津久光の行列を馬に乗ったまま横切った英国人商人三人を、薩摩藩士が無礼だとして殺傷した事件である。外国人数人を殺傷しても攘夷にはならないし、幕政に何の影響もない。

（もっと大きな事件を起こさねば…）

尾高家の二階で惇忠を中心に、知恵を出し合って毎晩作戦を練りはじめた。この時の栄一たちは、完全に今で言うテロリストだった。

練り上げた計画は、高崎城を乗っ取って武器を奪い、同志を募って横浜を焼き討ちした後、長州藩と連携して攘夷を行うというものだ。高崎城は深谷に近く、幕府内の要職を務める大河内《おおこうち》松平家八万二〇〇〇石の居城である。ここなら相当な武器を奪取できると踏んだ。そして最後の長州藩との連携は多賀谷に頼むつもりだった。

大将は惇忠で、喜作と栄一と長七郎が参謀。参加者は郎党を含む渋沢一族、行動を共にすると誓い合った同志たちで総勢六九名。自らを天朝組と称した。この時、上州で志士として知られた桃井可堂という人物がいた。栄一の祖父の弟にあたる儒学者渋《しぶ》沢仁山《さわじんざん》の弟子という縁がある。彼は慷慨《こうがい》組を組織し、惇忠たちと呼応して赤城山で兵を挙げようと企てていた。

決行は冬至の日と決めた。この時期は風が強く火のまわりも速い。一陽来復《いちようらいふく》の縁起のいい日でもあった。

惇忠は計画実行に先立って「趣意書」を書き上げていたが、その内容の先進性には目を見張る。簡単にかみ砕けば、それはおおよそ以下のような内容であった。

「まず何よりも国家の制度を根本から変え、公平、公明な政治を行うべきだ。そのためには封建制ではなく郡県制とする。身分制をなくし能力主義とする。地方の役人がその地方の実情を知らず、勘定奉行が算盤を知らないようでは国家は立ち行かない。さりとて大老や老中を殺害しても国家制度の変更は成し得ない。制度変更と富国強兵を実現すれば攘夷も鎖国も可能であろうし、時代の流れで開国を余儀なくされたとしても、外国と対等の外交ができるはずだ」

当時の市井の知識人でさえこれだけのことを考えていたことこそ、明治維新が成功した鍵なのだろう。

この惇忠の「趣意書」があったからこそ、栄一も本気になれた。だが実家に累《るい》が及ぶことは避けたい。そこで市郎右衛門に勘当を願い出た。

そんなことを簡単に了承してくれるはずもない。栄一と喜作それに惇忠を前にして市郎右衛門は徹夜で話し合ったが、議論は平行線のまま。

「わしはこの年になるまで、親孝行というものは子が親にするものとばかり思っていたが、親が子にさせるものだということを今日初めて悟った」

市郎右衛門はため息交じりにそんな繰り言を口にしたが、翌朝になると頭を切り替えてくどくど説教することはなかった。勘当もせず、黙って栄一たちを送り出した。心の中で手を合せ、栄一は喜作とともに江戸に向かった。

まず顔を出したのは、かねて親しくしていた神田柳原《やなぎわら》（現在の千代田区神田岩本町）の武器商梅田慎之助のところである。武具調達をするためだ。資金を貯めてはいたがそれだけでは足りず、無断で実家から一五〇両ほどの金を持ち出していた。どこまでも親不孝である。

日本銀行金融研究所は一両の価値を米価から換算すると、江戸中、後期で四万円から六万円、幕末で約四〇〇〇円から一万円ほどと算定している（日本銀行金融研究所貨幣博物館HP「お金の歴史に関するFAQ」）。そう考えれば、代官に献金を命じられた五〇〇両は二〇〇〇万円、家から無断で持ち出した一五〇両は六〇〇万円とざっくり算定してもいいだろう。

山本七平は『渋沢栄一　近代の創造』の中で明治期の大政治家星亨《ほしとおる》の上の姉が一両二分で品川の女郎屋に売られていた事実に触れ、渋沢家の財力は途方もないものであったと評している。その財力がテロ計画を支えていたのだ。

当時は〝入鉄砲に出女〟と言われ、幕府は鉄砲の移動に目を光らせていたから、栄一たちが購入したのは槍や鎖帷子《くさりかたびら》の類いである。それでも当時の幕府の情報網はあなどれない。ことに関八州（上野《こうずけ》・下野《しもつけ》・常陸《ひたち》・上総《かずさ》・下総《しもうさ》・安房《あわ》・武蔵・相模《さがみ》）は勘定奉行支配下に関東取締出役を置き、治安維持に力を入れていた。大量に武器を購入した人間がいることは、梅田がしばらく隠してくれていても早晩露見する。

もう後戻りはできないと覚悟を決めた。


この時、思わぬ出会いがあった。

喜作が一橋家の御用談所頭取《ごようだんじょとうどり》（対外折衝を行う部署の長）川村恵十郎《かわむらけいじゅうろう》と知り合いになったのだ。一橋家と言えば御三卿《ごさんきょう》の一つ。将軍も出す家柄である。まさに栄一たちが今から襲撃しようとしている幕府の要ではあるが、一橋家は水戸藩主徳川斉昭の七男慶喜が継いでいる。水戸の出身なら尊皇攘夷運動に理解もあるに違いないと当初は思っていた。

この出会いは偶然ではない。

川村は一橋家家老並筆頭側用人の平岡円四郎という人物から有能な人材の発掘を頼

まれ、江戸の町の有名な塾や剣道場などをあたっていた。その中で喜作たちの名前が挙がり接近してきたというわけだ。

今では渋沢喜作のことなどほとんどの人が知らず、世の渋沢栄一伝は当然のことながら栄一を中心に描かれているが、明治になるまでの間、喜作と栄一のどちらが世の中で認められていたかと言えば、明らかに年長の喜作であった。

文久三年（一八六三）九月一八日、喜作は栄一と共に川村と会い、川村はその夜のうちに平岡に二人を家臣とするよう強く推奨してくれたことが川村の日記からわかっている。

平岡は早くも九月二三日、根岸御行《おぎょう》の松近くにあった平岡邸で二人と会った。この出会いが彼らの人生を大きく変えることになる。

平岡は栄一より一八歳年上である。切れ者としてすでに世に知られた存在であった。

平岡の父親はかつて勘定奉行であったが、老中水野忠邦の命に従わず左遷された気骨ある人物だ。息子の平岡も人と群れることを嫌い孤高の風があった。学問所の頭取を務めるなど聡明さは万人の認めるところで、外国奉行に勤務するとロシアとの交渉で辣腕《らつわん》を振るった。

慶喜は一橋家に入るにあたって父斉昭に優秀な人士を乞うたが、外国奉行だった川《かわ》路《じ》聖謨《としあきら》が水戸藩の藤田東湖に平岡の優秀さを話したことで一橋家仕官につながった。平岡を召し抱えた慶喜はすぐに彼の力量を見抜き、筆頭側用人として政務全般を任せたのだ。

ところが平岡は貴人の近習など望んでいなかった。本当は父親のように勘定奉行のような経済官僚を目指していたのだが、断り切れずに出仕したのだ。時として慶喜の給仕もしたが、そんな小姓のような仕事はやりたくない平岡はいつもぞんざいな仕事ぶりだった。

そのため慶喜がため息をつきながら、

「給仕というのはこのようにするものだぞ」

と、自らご飯をよそって見せたという逸話も残っている（『渋沢栄一伝』幸田露伴著）。

当時の幕府における経済官僚は身分が低い。この点でも平岡は変わっているというか、時代の先を行っているというか、ともかく栄一とウマの合いそうな人物であった。

その優秀さについて栄一は後年、こう評している。

〈私を一橋家に推薦して慶喜公に御仕へ申すやうにして呉《く》れた人は平岡円四郎であるが、この人は全く以て一を聞いて十を知るといふ質で、客が来ると其顔色を見た丈《だ》けでも早《は》や、何の用事で来たのか、チヤンと察するほどのものであつた〉(『実験論語処世談』渋沢栄一著)

栄一は自身がとびきり優秀なこともあろうが、よほどのことがないと人を褒めない。これは最大限の賛辞であった。

人材を集めるのに全力を傾けるのは優秀な指導者の共通点だが、平岡には事情があった。要するに彼はよそ者であったから家中に敵が多かったのだ。そこで優秀な側近を求めていた。川村も甲州の関所番の家柄だったが、剣の腕前を見こまれて抜擢されたのだ。

仕官を前提にした面接であることは栄一たちにもわかったはずだ。普通は緊張でこちこちになる場面だが、若い頃、代官の命に従わなかったことでもわかるように、栄一の中には権威に対する叛骨心が宿っている。この時も臆することなく、堂々と尊皇攘夷の必要性や幕府の失政について述べ立てた。

幕府の失政について納得してもらえるとは思わないが、尊皇攘夷の必要性については大いに賛同してもらえると思っていた。

ところが平岡は、

「攘夷は無謀な考えである」

と、驚くほどきっぱり断言したのだ。

栄一たちは目を丸くして顔を見合わせた。

彼らは知らなかったのだ。平岡は越前藩の橋本左内と思いを同じくする開国論者であり、慶喜も平岡の言を容れて開国主義者となっていたことを。もっと言えば、八月一八日の変で慶喜たちは薩摩藩と手を組み、朝廷に勢力を伸ばしていた尊王攘夷派の長州藩を一掃していた。

栄一たちは中央の政情に疎かったのだ。

いずれにせよ、自分たちと思想が違うと分かったからには、もはやこれまでだ。一〇月二〇日、再び二人は平岡邸を訪れたが、それは暇乞いをするためだった。

平岡は栄一たちの計画を知らない。

「近く上様とともに京に上る。ついてはお前たちも家臣としてともに来ないか」

そんな温かい言葉をかけてくれたが、翌月には決起しようとしている二人は言を左右にして明確な返事をしなかった。

それでも寛容なことに、

「では後にでも来るがよい」

と言ってくれた。

血の気の多い喜作は一橋家重臣が開国論者であることにまだ憤慨していたが、ここまで評価してくれては悪感情の起きるはずもない。栄一は少し後ろ髪引かれる思いで血洗島村に戻っていった。

この時、惇忠から謀議に加わるよう手紙をもらっていた長七郎は、身を潜めていた京から帰っていた。彼が急ぎ帰郷してくれたことが、結果として栄一たちの命を救うことになる。

そして運命の一〇月二九日の夜がきた。

尾高家の二階に惇忠をはじめ栄一、喜作に長七郎らが集まり、いつものように決起の打ち合わせが始まったのだ。階下では惇忠の末弟である平九郎が見張りをしている。惇忠は「神託」と墨書された檄文《げきぶん》を前に、計画の最終的な確認を行うことを宣言した。

ところが、である。長七郎がいきなり計画に異議を唱えはじめたのだ。

「この計画は暴挙である。中止すべきだ！」

この一言で大騒ぎとなった。

「今さら命が惜しくなったか！　卑怯者！」

栄一は相手が年上であることも忘れ、大声で怒鳴っていた。頭に血が上り、計画が外に漏れないよう小声で話さねばならないことなどすっかり忘れている。あまりの騒ぎに、二階にいた平九郎が心配してのぞき込む事態となった。

これまで計画を引っ張ってきた惇忠も、弟の発言に面目丸つぶれである。だが長七郎は信念のある男だ。誰一人賛同しない中、理路整然と思うところを述べた。

「たとえ高崎城を乗っ取ることが出来ても、横浜へ向かうまでに幕府や近隣の藩が討伐の兵を挙げるに違いない。彼らは最新式の装備を備えている。高崎城にある武器などしょせん刀や槍。こんなものでどうやって応戦するんだ。それに肝心の長州藩が今は京を追われていることを知らないわけではあるまい。そんな中で決起しても百姓一揆同然に見なされ、天下の笑いものになるだけだ！」

先述したように、文久三年八月一八日に起こった政変で長州藩ら尊皇攘夷派は一掃され、慶喜たち公武合体・開国派が力を握っている。

そもそも栄一たちの計画は最終的には長州藩頼りだ。ところが頼みの綱の長州が力を失っているのだ。その政変の直前に大和国で決起した天誅《てんちゅう》組も、孝明天皇に近い攘夷派公卿中山忠光（明治天皇の叔父）まで擁立したにもかかわらず勢いを削がれ、幕府によって鎮圧されていた。

冷静に考えれば長七郎の言うとおりなのだが、一度火がついてしまっているからみな容易に納得しない。

「そんなことを言っていては、いつになっても大事は成し遂げられない。たとえ我々が斃《たお》れても、同志が幕府を倒す礎《いしずえ》になる。決して無駄死にではない！」

口角泡《こうかく》を飛ばしながら反論した。農民であるがゆえに、武士以上に勇猛果敢でありたい。志を高く持ち、身命を賭して大義に生きたいという思いがあった。

だが長七郎は腹をくくっていた。

「お前たちに犬死にはさせない。もしやりたかったら俺を斬ってからにしろ！」

彼の頬は涙に濡れていた。『新藍香翁』塚原蓼州著によれば、はらはらと涙をこぼす様子はまるで精神に異常を来したかのように〝余程変わって見えた〟という。実際、長七郎は維新の動乱の中で神経が持たなくなり、精神の平衡を崩してしまう。奇異にも映るその激情は、実は悲劇の予兆だったのかもしれない。

それまで黙って議論を聞いていた惇忠だったが、刺し違えても止めてみせるという彼の言葉を聞いて口を開いた。

「もう一度改めて協議することにしよう」

ひとまずこの場を収めたのだ。それが計画中止を意味することを、栄一も喜作も理解していた。

もし大将である惇忠が、

「それでも断固としてやる！」

と言ったなら、当然それにしたがっただろう。そして長七郎は、あるいは本当に刀を抜き、流血の修羅場と化したかもしれない。

しかし惇忠は、弟の言っていることは筋が通っていると冷静に判断したのだ。

後年、栄一はこう述懐している。

「長七郎の命を張った反対がなく、予定通り計画を実行していたならば、間違いなく同志全員が討ち死にしていたことだろう」

まさに若気の至りだった。

「栄一とはいい名だ。まさに孔子の言われた『一以貫之（一もってこれを貫く）』だな」

栄一は一七歳の時、惇忠からこう言われた。

それから惇忠を名付け親とし、栄一という名前を大事にしてきた。しかし、この高崎城乗っ取り中止の一件以降、変えてはいけない信念については彼本来の頑固さで守ったが、環境によって自説を変えることを恥としなくなっていく。まさに〝君子は豹変す〟である。

彼は自伝『雨夜譚』の中で、この尾高家の二階での一件に続けてこう語っている。

〈自分の身の上は、あたかも蚕が最初卵種から孵化して四度の眠食をかさね、それから繭になって蛾になり、再び卵種になる有様で、二十四、五年間に、ちょうど四回ばかり変化しています〉

この〝変化〟のたびに彼は人生の階段をかけ上がり、明るい未来が開けていくのである。

## 人生の転機となった一橋家仕官

決起を踏みとどまった栄一たちは、声をかけていた同志に頭を下げ、準備していた資金を分配することでなんとか納得してもらおうとしたが、それでも何人かに「腰抜け！」と罵倒されたであろうことは容易に想像がつく。

実際、同志の多くは心の中の燃えるものを抑えきれず、水戸藩で起きた天狗党の乱に参加して命を落とす。

栄一たちと行動を共にしようとしていた千葉道場の塾頭真田範之助は、江戸に潜伏しているところを幕府の新徴組に包囲されて斬殺され、慷慨組の桃井可堂は仲間の裏切りに遭って川越藩に自首し、牢内で食を断って獄死した。いずれも凄惨な最期であった。

栄一たちにも危険が迫っていた。

惇忠は父の後を継いで名主になっており、村を出るわけにはいかない。長七郎はしばらく村で剣道を教えることにし、とりあえず栄一と喜作は村を離れ、平岡のいる京に向かうことにした。仕官の約束を果たしてくれるかいささか不安ではあったが、京に行って長七郎の目にしてきた政治状況をこの目で確かめたいという思いもあった。

そこで伊勢神宮に参拝に行くという妙な口実を作って出立した。八月に千代は長女歌子を産んでいる。最初の子を亡くしているだけに、しっかり育ってくれるか心許ない。不安げな千代をよそに、またも栄一は旅立とうとしていた。

出発前に、父親にだけはこれまでの顚末《てんまつ》を打ち明けた。

市郎右衛門はやはりと眉をひそめたが、思いとどまってくれたことに安堵し、一〇〇両（現在価値にして五〇〇〇万円ほど）もの金を路銀として持たせてくれた。何があろうと、息子は息子だった。

だが京に向かうには通行手形が必要になる。そこで二人はまず江戸の平岡邸に赴いた。

門を叩くと、留守を預かっている奥方が出てきてくれた。

「渋沢さんたちが家来にして欲しいと訪ねてきた場合、すぐにそれを許し、京の屋敷に来させるよう承っております」

彼女はそう言って、一橋家の家臣としての通行手形を手渡してくれた。地獄に仏とはこのことだ。平岡の誠実さに感激する二人だった。

ともあれ、追っ手に捕えられることもなく、一一月二五日、無事京に入り、茶久《ちゃきゅう》という三条の高級旅館で旅装を解いた。本当なら一二三日に例の襲撃計画を実行し、早々に命を落としている頃だが、計画中止により一二月には本当に伊勢神宮にも参詣できたのである。

この期に及んでも喜作は、

「倒幕だと言っていた手前、一橋家に仕官するとあっては同志に合わせる顔がない」

と仕官を渋っていたが、逆に平岡の耳にまで決起計画のことが届いて問い詰められる始末。これではほかに選択肢はない。

「変節漢とののしられようがよいではないですか。我々が一橋様の家来になれば、同志がみな打ち首という事態は避けられようというもの」

という栄一の言葉に、喜作はようやく気持ちの整理をつけた。

だが栄一もただでは仕官しない。生意気にも、一橋家はこうあるべきだという建白書を提出した。

城山三郎は渋沢栄一を主人公とする小説『雄気堂々』の中で、彼の生き方は知識を吸収する吸収魔、絶えず提案する建白魔、人と人とを結びつけてやまない結合魔の〝三魔〟につきると指摘している。

特に建白魔という部分は渋沢栄一という人物を特徴付けるものだ。何事に対しても、改善策はないかと考える。リスクを取ってでも自分の意見として出す。そのことが、彼に人生のチャンスを与え続けるのである。

栄一は後にこう語っている。

――習慣はただその人の一身にのみ附随するものでなく、他人にも感染し、ついに一郷一国の習慣ともなるものであるから、習慣には常に深い注意を払わなければならない。

評論家的な批判ばかりが横行する昨今、彼の〝三魔〟がわが国の〝一郷一国の習慣〟になればどんなに素晴らしいだろうと思わずにはいられない。

平岡は意見書をしっかり読むと約束してくれたが、栄一は調子に乗ってもう一つ条件を付け加えた。

「仕官するとなれば、是非お殿様にお目にかかりたいのですが」

これには、さすがの平岡も顔を曇らせた。当時は〝お目見え以上〟という言葉があり、殿様への目通りがかなう身分とそうでないものに峻別されている。栄一の申し出はそう簡単なことではなかったのだ。

だが平岡はうまい策を思いついた。二、三日後に彼らを呼び出すと、こう言い渡したのだ。

「近々殿様は馬で遠乗りをされる。ついてはそのほうたちは馬の前を走れ」

当日、二人は必死に馬の前を走った。栄一は小太りで短足だから走るのは得意ではない。調子に乗るのではなかったと、汗をかきかき少なからず後悔した。おまけに後ろを振り返ることなどそうそう出来ない。だが顔をちらっと見ることが出来た瞬間、そんな思いは吹き飛んだ。貴人のオーラを感じとることが出来、十分満足した。

後に江戸幕府最後の将軍となる慶喜は晩年の趣味が写真であったため、同時代人の中でも突出して肖像写真の多い人間であるが、自分の写真を撮りたくなるであろうほど眉目秀麗な貴公子である。後に薩摩藩の西郷隆盛や大久保利通をも振り回す知謀の主であることは、その秀でた額からもうかがい知ることが出来る。

こうして文久四年（一八六四）二月、栄一と喜作は晴れて一橋家の家臣となり、栄一は篤太夫、喜作は成一郎と名乗ることとなった。ちなみに喜作は明治に入って喜作に戻しており、本作では喜作のままにしたい。

ナポレオン三世から贈られた軍服姿の徳川慶喜

二人は奥口番《おくぐちばん》という役職を命じられた。御用談所の下役で、川村の配下として上洛した諸藩の幹部や留守居役との交渉や情報収集が主な仕事である。下士だった西郷隆盛が薩摩藩主島津斉彬《なりあきら》に抜擢された際、お庭番という似たような役目を任されている。身分は低いが能力を最大限発揮すれば主君の秘書的な役割を担え、各藩との人脈も作れる。

一方で、組織に宮仕えの厳しさはつきものだ。

同役が詰めている部屋に入ってすぐ、

「筆頭の者より畳の目が上になっているではないか！」

と、末席のくせに筆頭の人間より前に座っていると言ってどやされ、首をすくめた。

問題は日常生活だ。御用談所脇の古い長屋をあてがわれたが、豪農の子弟である彼らには自炊経験がない。悪戦苦闘の日々が続いた。

長屋にはネズミも出てくる。

「食べたらこりこりして意外とうまかった」

後年、栄一は当時を思い出して懐かしそうに話をし、娘たちのひんしゅくを買った。

市郎右衛門からもらった一〇〇両を使い果たした後は一橋家側用人の猪飼正為《いがいまさため》から二五両ほど借りていたが、給金は月に四両一分しかない。二人は一組の布団に背中合わせに寝るなど倹約に努め、四、五ヵ月ほどで返済している。

この当時、金を借りても返さない輩が多かっただけに、猪飼は大変驚いた。それだけではない。栄一は苦しいときに金を貸してくれた恩を忘れなかった。猪飼の息子の正雄が大蔵省に勤めると何かと面倒を見てやり、正雄の子どもの名付け親にもなっている。

そうこうするうち、栄一は平岡から密命を受けた。薩摩藩の動静を探るという難しい任務だ。

当時、幕府を守る立場の平岡が最も危険視していたのが、薩摩藩の実質トップである島津久光だった。大藩であり軍事力もある。何としてもその動きを封じ込めておきたい。

ところがその久光が、禁裏御守衛総督《きんりごしゅえいそうとく》と摂海《せっかい》（現在の大阪湾）防禦《ぼうぎょ》指揮の役職を狙っているという驚くべき噂が平岡の耳に入ってくる。今で言えば禁裏御守衛総督は皇《こう》宮《ぐう》警察本部長、摂海防禦指揮は大阪海上保安監部といったところだ。どちらも朝廷から直接に命じられる職務だけに、もし就任されると、同じく朝廷から任命される将軍と肩を並べることになる。

そこで栄一は、その真偽を確かめるよう命じられたのだ。

元治元年（一八六四）二月初旬、まず薩摩藩出身の蘭学者折田要蔵《おりたようぞう》（年秀）の内弟子として潜り込んだ。折田は幕府に召し出され、摂海防禦御台場築造掛《がかり》（大阪湾における砲台建設担当）として、大砲を八一〇門、砲台を一四ヵ所建造するよう命じられていた。折田家にいれば出入りする人間から情報を聞き出せるにちがいない。そう考えたのだ。

ここでも栄一は見事な手腕を見せる。技術を早期に習得して折田の信頼を得ることに成功するのである。

思ったとおり、折田家には薩摩藩関係者が頻繁に出入りしていた。

西郷隆盛もその一人だ。折田の幕府出仕は藩に対する背信行為だと腹立たしく思っていた彼は、折田邸にあがりこんでしたたか酒を飲んだ上、折田と取っ組み合いの喧嘩をした。腕力では勝てないと思った折田は、負けじと西郷の腕を噛んで反撃したと伝わるが、栄一が書き残していないところを見ると、その現場を見ることはなかったようだ。

ただ三島通庸《みしまみちつね》（後の警視総監、孫寿子は栄一の孫阪谷希一に嫁す）や川村純義《かわむらすみよし》（後の海軍卿）といった優秀な薩摩藩士たちと懇意になり、折田が久光に、薩摩藩が摂海防禦に積極的に取り組んでいることを世に広く知らしめるよう進言しているとの情報を得た。それは摂海防禦指揮就任に近づくことを意味している。

これを聞いた平岡は先手を打った。

元治元年（一八六四）三月二五日、慶喜は将軍後見職を辞し、禁裏御守衛総督と摂海防禦指揮の職に就く。見事、久光を出し抜いたのだ。

――天下の権、朝廷にあるべくしてあらず幕府にあり、幕府にあるべくしてあらず一橋にあり、一橋にあるべくしてあらず平岡にあり

能吏《のうり》平岡円四郎の名は天下にとどろいた。しかしこの時代、優秀であればあるほど身の危険を伴うことを栄一は間もなく思い知ることになる。

## 平岡暗殺

無事任務を果たした栄一は五月初、大坂から京に戻り、平岡からねぎらいの言葉をもらった。

ところが顔色を見ただけで人の心を読む平岡ならお見通しだったかも知れないが、栄一は心ここにあらずだった。

三月二七日に水戸藩の藤田小四郎率いる天狗党が元家老の武田耕雲斎《たけだこううんさい》を総大将に担ぎ上げ、幕府に攘夷を促すため筑波山で決起したという報が届いていたからだ。小四

西郷隆盛

郎はあの水戸学の泰斗藤田東湖の四男である。栄一は後年、〝一を聞いて十を知る〟秀才として、平岡と並び藤田の名を挙げている。そんな藤田が先頭に立ち、少し前まで自分たちがやろうとしていたことを決行したのだ。かつての同志たちも加わっている。気にならないはずがない。

だが政情は風雲急を告げている。栄一は再び平岡に呼ばれ、相国寺境内の薩摩屋敷にいる西郷隆盛へ書面を届けてくるよう命じられた。この時西郷は軍賦役《ぐんふえき》。薩摩藩の軍事司令官である。

西郷は会った人間がすぐに引き込まれる不思議な魅力の持ち主だ。栄一もすぐに打ち解けて話し込んでいるうち、昼になった。豚鍋をご馳走してくれるという。

当時の人は仏教の不殺生戒を守り、肉食は一般的ではない。牛や豚は外国人が食べるものと思っている栄一が躊躇していると、西郷は大声で笑いながらこう言った。

「同じものば食わんと、異国の人といくさしても勝目はおわさん」

西郷によると、慶喜も横浜から豚の肉をとりよせて食べているという。そのため世間で慶喜が〝豚一〟（豚を食べる一橋）と呼ばれていることを、栄一は不覚にも知らなかった。この明るく陽気な西郷が、やがて慶喜の前に立ちはだかり、この国を大きく動かしていくことになる。

六月になると、また別の仕事がきた。喜作とともに関東人選御用に任じられたのだ。一橋家の所領は全部で一〇万石ほどだが、八つの国にまたがっている。関東では武蔵、下総、下野にあり、二人の役目はこれらの所領で新兵を募ること。土地勘があることを買われての指名だった。

京を出立する際、平岡から昼食に招かれた。言わば壮行会である。この仕事の重要性ゆえであった。だが栄一たちの表情は暗い。彼らが募る兵たちが天狗党平定のためのものだということが明らかだったからだ。

故郷には家族のほか惇忠たちが残っている。どうしているか心配でならない。安否確認の手紙を書き送っていたが返事が遅く、気をもんでいた。

出発する直前になって、手紙がようやく届いた。不安は的中する。天狗党の人間が尾高家に出入りをしていたことから一味と疑われ、惇忠は捕らえられて牢に入れられ、平九郎も手鎖をはめられて宿預かり（座敷牢）になっているという。

栄一と喜作はいても立ってもいられない。なんとか連絡を取りあい、それぞれの父と妻沼《めぬま》（現在の埼玉県熊谷市）の宿で再会を果たした。栄一は深谷の宿近くの親類の家で、千代と歌子にも会うことができた。ただし公務中でもあり、会えたのはわずかな時間である。

幼い歌子が不憫《ふびん》だったが、まさかこのあと四年も会うことが出来なくなるとは、この時は思いもしなかった。時代の大きな流れの中に、栄一も千代も知らず知らずのうちに巻き込まれていたのである。

そんな中、悲劇が起こる。元治元年（一八六四）六月一六日、平岡円四郎が暗殺されたのだ。犯人は何と水戸藩士だった。

公武合体・開国派の中心に慶喜がいるという図式は、尊皇攘夷派の総本山である水戸藩にとって許しがたい状況だった。だが主君筋をそしるわけにはいかない。そこで怒りの矛先は平岡へと向かった。彼らにとって平岡は慶喜をたぶらかす〝君側《くんそく》の奸《かん》〟以外の何者でもなかったのだ。危機が迫っている予兆はすでにあった。前年の一〇月二三日、側用人の中根長十郎が暗殺されていたのだ。栄一たちも心配していた最中の出来事だった。

平岡暗殺の犯人は、禁裏を警護していた水戸藩士の江幡広光や林忠五郎たちである。犯行現場は京都町奉行所与力《よりき》長屋の外。この時、平岡と一緒にいたのが、喜作と栄一を平岡に引き合わせてくれたあの川村恵十郎である。彼は新撰組の近藤勇と同門で、天然理心流の遣い手だ。

襲撃の瞬間、江幡たちは平岡と同時に川村にも襲いかかった。川村はいきなり顔面を斬られたが、それでもひるむことなく立ち向かい、その場で林を斃《たお》し、江幡にも致命傷を負わせた。日光東照宮の宮司時代と思われる晩年の川村の写真を見ると、額から口にかけて斜めにざっくりと深い傷跡が残っており、暗殺現場の凄惨な様子が伝わってくる。

だが残念ながら平岡は即死だった。顧みれば、栄一と平岡の付き合いはわずか九ヵ月にすぎなかった。一年にも満たない期間に、実に濃密な時間を過ごした。栄一たちを士分に取り立ててくれた大恩人だった。

平岡の死によって側用人の職は、英才の誉れ高い原市之進へと引き継がれた。あの藤田東湖の従弟である。

原が渋沢という名を聞くのはこれが初めてではなかったはずだ。長七郎が安藤信正の暗殺と日光挙兵を企てていた際、彼は多賀谷とともに水戸に出向いて原に会い協力を持ちかけている。この時、原は応じなかったが、尾高、渋沢といった深谷周辺の志士たちの名は胸に刻まれていたに違いないのだ。

原も以前は攘夷派だったが、平岡の感化によって開国の必要性に目覚めていた。その原もこの三年後、同僚の幕臣に襲われ落命することになる。

栄一たちも決して安全だったとは言えない。まさに政治信条が命にかかわる時代だった。

栄一たちには平岡の死を嘆いている心の余裕はなかった。お家の大事が次々と起こっていたからである。

彼の死の一ヵ月後の七月一九日、まだ栄一たちが新兵の募集をしている時に禁門の変が起こっている。京を逐《お》われていた長州が失地奪還のため再び京に兵を上らせ、御所の蛤御門《はまぐりごもん》などで激しい戦闘を展開したのだ。一橋家も兵を出して長州軍を迎え撃った。この時は西郷率いる薩摩藩の奮戦で何とか長州軍を撃退することが出来たが、すぐに第一次長州征伐が始まり、一橋家の軍備増強は焦眉の問題となっていく。

栄一と喜作は九月初、新兵を連れて京に戻った。だが彼らは結局、農民兵四〇人を含む五〇人ほどしか集めることが出来なかったのだ。有能な彼らにしては珍しいことだ。どうしても気乗りしなかったのではないかと推察する。

そして栄一たちが心配していた天狗党のその後についてである。

天狗党は水戸藩士が中心であったにもかかわらず、水戸藩は討伐軍を出さねばならなかった。こうして身内同士、血で血を洗う戦いが繰り広げられていくのは維新史の悲劇の一つである。

一橋家も事情は同じだ。天狗党は上洛を試みるが、禁裏御守衛総督の慶喜は彼らを入京させるわけにいかない。一二月三日、自ら討伐軍を率いて海津《かいづ》（現在の滋賀県高島市マキノ町）へと向かった。海津は湖北に位置する。天狗党を決して入京させないという意思表示でもあった。

この時、栄一は天狗党の動きを探る斥候《せっこう》役を命じられている。辛い仕事だ。

慶喜が討伐軍を率いて出陣してきたことは、天狗党の面々に今はこれまでという思いを抱かせるに十分なものがあった。天狗党は北に転進し、加賀藩領に入ったところでついに投降する。

彼らに対する処分の苛烈さは栄一の想像を超えた。武田や藤田小四郎など三五二人は切腹ではなく斬首となり、その他の者も流罪や追放処分を命じられた。

予想したとおり栄一たちの集めた新兵は天狗党討伐において大いに役立ち、藤田たちが処刑された元治二年（一八六五）二月、栄一は小十人並《こじゅうにんなみ》に昇格する（並は次席の意）。複雑な思いであったろう。

天狗党の乱は水戸藩に致命的なダメージを残した。人材が払底した結果、維新の精神的支柱を示した藩であったにもかかわらず、明治新政府においてまったく存在感を示せなかった。

歴史の皮肉である。

## 阪谷朗廬との出会い

元治二年二月末、栄一は歩兵取立御用掛を命じられる。今度は喜作と一緒ではない。栄一だけで西日本の飛び地をまわり、新兵を集めてくるよう命じられたのだ。明治の世がはじまる三年前のことである。

この時の栄一が明治の世の到来を見越していたとは思えない。いやこの国の誰が、将来何が待っているか、まったく想像できない混沌《こんとん》の中にいたはずだ。そうした場合にできることは〝今〟を生きることに集中すること。今回は同志への遠慮もない。栄一は与えられた仕事に全力を傾注していた。

最初の目的地は備中の後月郡《しつきぐん》西江原村（現在の岡山県井原市）である。当時のこととて、一橋家家臣としての体面を保つべく、槍持などの従者を従え、長棒の籠に乗っての旅であった。

渋沢栄一という人は、銅像になったりすることを決して嫌がらなかった。無邪気なばかりの自己顕示欲を持っていた人であり、この時も、ものものしい様子で出張に行けたことをおそらく心から誇らしく思っていたに違いない。

西江原村に到着してみると、代官を始め領内の庄屋たちが挨拶にきてくれたものの、どうしたわけか妙によそよそしい。だがいきなり高圧的な態度には出なかった。それでは岡部藩の代官と変わらない。探りを入れてみることにした。

まずは、地元の名士である儒学者の阪谷朗廬《さかたにろうろ》（通称希八郎）を訪問した。阪谷の名は天下に鳴り響いている。以前から一度会ってみたいと思っていた人物だった。

大塩の乱で知られる陽明学者大塩平八郎に師事した阪谷は、幼くしてその英邁《えいまい》さを大塩から賞嘆され、江戸に出て昌平坂《しょうへいざか》学問所に学んだ。だが郷土愛の強い彼は地元の代官所が郷校興譲館《こうじょうかん》を設立すると郷里に戻り、初代館長に就任して後進の指導に当たった。すると全国から彼を慕《した》って多くの若者が集まってきていたのだ。

学問を究めた者への敬意は知識人の基本である。栄一は訪問する際、礼を尽くした。いきなり門を叩くのではなく、次の日に興譲館を訪ねたい旨の書状に漢詩を添え、清酒一樽を贈ったのだ。籠に乗る身分になっても、天狗になるような彼ではなかった。

謙虚な態度に阪谷は好感を持った。喜んで彼を迎え入れ、贈ってもらった清酒を酌みかわしながら、初対面とは思えないほど胸襟《きょうきん》を開いてくれた。そもそも阪谷は儒学者にありがちな頑迷固陋《がんめいころう》な人物ではない。維新後には福沢諭吉たちと明六社《めいろくしゃ》を立ち上げ、エスペラント語運動に先駆けて世界共通語を作ろうと唱道したほど進取の気性に富んでいた。

阪谷が開国論者だったのには驚かされた。そんな儒学者など聞いたことがない。栄一も平岡の影響で開国派に傾きつつあったが、即時開国にはまだ慎重な意見を持っていた。

話題は開国の是非にとどまらない。どんな話題でも深い示唆をくれる阪谷の該博な知識に感嘆させられた。〝野《や》に遺賢《いけん》あり〟とはこのことである。まことに気持ちのいい出会いであった。

縁は異なものである。この時、話をしている二人に近寄ってきた阪谷の子どもがいた。かわいい盛りのその子を、栄一は招き寄せ、膝に乗せながら話を続けた。当時二歳だった阪谷家の四男芳郎は長じて後、栄一の次女琴子と結ばれることになる。

次に栄一はこの地の剣術家を訪ね、関根という道場主と懇意になった。是非手合わせをと申し入れたところ、申し訳ないことに勝ってしまった。

狭い土地だけに噂はすぐに広がる。

「今度来た渋沢とかいう一橋家の家臣は、学問にも武芸にも秀でた大した方だそうだ。だから農民出身でここまで出世されたのだ」

すると効果てきめん。若者たちが次々に召し抱えて欲しいと申し出てきた。

そのうち、代官が若者を出さないよう裏で圧力をかけていたことがわかった。生産の担い手たる若者を徴収されてしまっては困るという代官の気持ちも分からないではない。栄一は責めはしなかった。ただ相手の面子を潰さない程度に、企みがばれていることをそっとほのめかしたのだ。

すると慌てて協力的になり、栄一の評判も加わって二〇〇名余りの農兵が集まった。その後、播磨、摂津、和泉と領地をまわり、四五〇人もの新兵を集めることに成功する。

彼は与えられた仕事だけをする人間ではない。

商人の視点が身についている彼は、領地をまわりながら自然とそれぞれの土地の産業に目がいった。すると非効率なところや工夫の余地にすぐ気がつく。〝建白魔〟の血が騒いだ。五月中旬、京に戻った彼は領地に適した産業振興策を立案し、建白書にまとめて提出した。

この頃になると、家中でも栄一の名は知られ始めている。建白書はすぐに回覧され、吟味され、採用された。その中には、阪谷を是非取り立てるべきだという意見も含まれていた。

慶喜は阪谷の上京を促し、六月七日、早くも謁見している。

熱心に領民の教育にあたってくれていることに謝辞を述べ、褒美として銀五枚を与えようとした。すると阪谷はやんわりそれを断り、

「私にではなく興譲館の教師に賜れませんでしょうか」

と願いでた。

そして京にある一橋家の文武館教授に任用したいという申し出にも、

「あくまで私は郷土で人材育成にあたりたいと考えております」

と固辞した。

世に無欲ほど強いものはない。阪谷の高潔な人格と在野精神は慶喜にも深い感銘を

与えた。

さて栄一が提出した建白書の産業振興策の部分についてである。

高い評価を得たが、難しすぎて実行不可能だとさじを投げられた。そこで慶応元年（一八六五）秋、彼は勘定組頭並に抜擢され、自分でやってみろと摂津、播磨への出張が命じられる。

いよいよ藍の売買で身につけた商才が役立つときが来たのである。

まず着手したのは、年貢米の現金化を効率的に行う改革だ。これまでは兵庫の蔵宿に任せていたが、栄一は灘の酒蔵の間で入札させてみることにした。するとどうだろう。二割も高く売れた。

これはまだ簡単な改革だ。ここからが本番だった。播磨特産のさらし木綿販売で見せた制度改革こそ、仕組みがややこしくて彼にしかできないとみながさじを投げたものであった。

これまでは領内の住民がそれぞれ大坂へ売りに行っていた。まとまらねば力は弱い。当然買いたたかれる。そこでまとめて販売し、売り方の立場を強くして価格を上げることを考えた。だが栄一の案はそれだけにとどまらない。当時、額面割れを起こしていた藩札の信用を高めることも狙ったのだ。

まず藩札の引換所として大坂の両替商五軒を指名し、彼らに計一万五〇〇〇両を貸し付けた。加えて領内の今市村（現在の兵庫県高砂市）にも藩札引換所を作り、ここにも一万五〇〇〇両を備え、それらを担保として合計三万両分の藩札を発行した。

そして木綿を藩札で買い集めて大坂の問屋に一括して売り、売上げは両替商に担保として納め、栽培農家や織物業者の運転資金を藩札で貸し付けた。担保があるから藩札は正貨の額面通りで両替される。藩札の価値が下がらない。

木綿はこれまでよりずっと高く売れた上、運転資金の面倒まで見てくれる。栽培農家も織物業者もやる気が出る。すると質が上がる。さらに買い取り価格が上がる。どんどんいい回転をしていき、貸付利息が一橋家の台所を潤した。

そんな夢みたいなことが本当にできるのかと栄一のことを疑っていた向きも、成果を出したことで見方をあらため、深い信頼感へとつながっていった。慶応二年（一八六六）には〝並〟がとれて、晴れて勘定組頭に昇進。一〇〇人を超える部下のトップに立った。

信頼されると仕事が増える。今度は長年の懸案だった勘定所改革を命じられた。

早速ヒアリングを開始し、現状行われている業務内容や仕事の進め方を徹底的に分析した。煩雑な事務は簡素化し、重複している業務は一つにまとめ、余剰人員は過去の職歴や希望を聞いて配置転換を考え、これまた得意の建白書にまとめた。

拙速に進めると現場から不満が出る。そこで上司の勘定奉行にまずは建白書を事前に読んでもらい了解を得た。人情の機微にも通じていてそつがない。渋沢栄一と言えば明治以降の功績が注目されるが、一橋家家臣としての経営改革の実績も目を見張るものがある。上杉鷹山《うえすぎようざん》や二宮金次郎、調所広郷《ずしょひろさと》や村田清風にも匹敵する、伝説の改革者の一人と言っていいだろう。

栄一が勘定組頭に昇進した時、喜作は軍制所調役《ぐんせいしょしらべやく》組頭に昇進している。軍制所は軍事部門である。金勘定は身分の低い者がやると決まっていたこの時代、経理総務担当だった栄一より格上の部署であった。

だがそのことが、喜作と栄一の将来を大きく左右することになるのである。

## 最後の将軍

慶応元年（一八六五）五月、将軍徳川家茂は江戸城を発って、再び長州を攻める準備をするべく西へと向かった。第二次長州征伐の始まりである。

栄一は御出陣中御使番兼帯《けんたい》（兼務の意）を申し渡され、出征する慶喜にしたがって西に向かうこととなった。この時、栄一は妻千代に手紙を書き、懐剣《かいけん》を添えて送っている。懐剣は武家の女性が持つ護身刀。武士の妻らしく振るまえという思いが込められていた。

ところがここで大事件が起こる。

慶応二年（一八六六）七月、将軍家茂が病に倒れ、大坂城で没したのだ。二〇歳という若さであった。

問題は、次の一五代将軍に慶喜が就任してしまったことである。

以前、慶喜に目通りがかなった折、幕府の命運が尽きかけていることを熱く語って忠告していただけに、栄一は思わず天を仰いだ。晩年の著書『徳川慶喜公伝』の中でも〈余は失望落胆、不平、不満やるかたなかりき〉と記している。

慶喜は歴代将軍の中で唯一皇室の血筋をひいている。彼の母は有栖川宮織仁親王《ありすがわのみやおりひとしんのう》の娘登美宮（後の徳川吉子《とくがわよしこ》）なのだ。そして孝明天皇から深い信頼を受けているという自負もあった。

ところが、なんと彼が将軍についてわずか二〇日後、天皇は突如崩御《ほうぎょ》される。岩倉《いわくら》具視《ともみ》による毒殺説がまことしやかにささやかれるほど、徳川幕府にとって痛恨の出来事であった。慶喜は運に見放されていたのである。

　慶喜が将軍になったことで栄一と喜作はついに幕臣となった。しかし彼らは幕府がすでに命旦夕《めいたんせき》に迫っていることを認識している。

（そろそろ潮時《しおどき》かもしれない……）

　そう思ったが、おめおめと血洗島には帰れない。喜作と相談し、あとしばらく辛抱してみようということになり、栄一は京都にある幕府の詰め所に通い始めた。

　あまりやる気もなく日々を過ごしていたが、ある時、ややこしい命令が降ってきた。ある人物を捕縛せよというのである。

　大沢源次郎という。見廻組《みまわりぐみ》隊士として禁裏の警衛にあたっていた幕臣だ。陸軍奉行並支配御書院番士というからそこそこの役職である。ところが薩摩藩士と気脈を通じ、なにやら陰謀をたくらんでいると噂がたった。そこで陸軍奉行は彼の捕縛を決めたのだ。

　大沢は腕が立つと評判だった。いくら栄一が腕に覚えがあるとは言っても、さすがに上司も彼一人で行かせはしない。新撰組に話を通してくれており、副長の土方歳三と五人の隊士をつけてくれた。

実は栄一は新撰組とは因縁がある。歩兵取立御用掛を命じられていた頃、新撰組の隊士と一人の女性を巡って恋のさや当てをし、勝ったのはいいが彼らが栄一のいる役宅に七、八人で乗り込んで来て、あわや血を見るかもしれない騒ぎに発展したことがあったのだ。

そのためかはわからないが、大沢の家を前にして栄一は妙なことを言いだした。

玄関に向かおうとする土方たちを、

「しばし待たれよ、逮捕の趣旨を説明してから捕らえるのが道理でござろう」

と言って押しとどめたのだ。

(こいつ、正気か？)

土方は怪訝《けげん》な顔だ。

罪状を説明しているうちに大沢が暴れだしたら命が危ない。普通なら何はともあれ新撰組さんどうぞとお願いしてくるところだ。

だが栄一はこう言い切った。

「おぬしたちは護衛。逮捕の申し渡しは正使である拙者の使命。もし大沢が斬りかかってくれば受けてたつ自信はある」

これには土方も感心し、

「渋沢殿のお言葉、武士としてお見事」

と引き下がった。もちろん泣きついてきたらすぐに加勢に入ってやるつもりである。

こうして栄一は大胆にも単身大沢の家にふみこんだ。

「陸軍奉行の名代で参った。御不審《ごふしん》のかどがあるゆえ、捕縛訊問するからさよう心得よ」

と言い渡すと、案に相違して大沢はすぐ縛《ばく》についた。

かくしてこの一件は一世一代の武勇伝となったが、強運の持ち主と言うほかはない。

そんな慶応二年（一八六六）一一月二九日、栄一は側用人の原市之進に呼び出された。

「殿のご内意により、フランスへ行ってもらいたい」

その言葉を聞いた瞬間、栄一の顔がぱっと晴れやかになった。

知識欲の固まりである彼にとって願ってもない話である。お暇をもらおうと思っていたことなどどこかに吹っ飛んで、一も二もなく引き受けた。

事情はこうだ。翌年開かれる第二回パリ万国博覧会に慶喜の弟で御三卿の清水家当主でもあった徳川昭武《とくがわあきたけ》が将軍の名代として派遣されることが決まった。だが昭武はまだ一三歳。幕府としての使節団とは別に、昭武の世話をするものを七名選抜することとなった。

そこで慶喜は、

「渋沢なら臨機応変に対応するであろう」

と栄一を推薦してくれたというわけだ。

役職は庶務会計を担当する俗事役である。なんとも無粋な役職名だが、栄一はそんなことにこだわりはない。むしろ慶喜の声がかりであることを素直に喜んでいた。同行する幕臣も下役になるほど家柄と関係なく優秀な人間が並んでいる。彼らとの交流も楽しみだった。

どんな服装をすればいいか教えてくれる人もない。黒羽二重《くろはぶたえ》の羽織《はおり》に緞子《どんす》の袴《はかま》のほか、洋装する必要があるかもしれないと思い、どんな貧乏な者でもはかないような靴と中古のよれよれの燕尾服の上着を用意した。後から思えば実に滑稽なことをして出発に備えた。

その頃、喜作は例の大沢を江戸まで護送してくれていたが、出発前に帰京し、直接報告することができた。

栄一の喜びは喜作の喜びでもある。わがことのように興奮してくれたが、別れ際、

「死ぬべき時には互いにいさぎよく死のう！」

喜作は急に厳しい表情になって熱い言葉を口にした。

軍事部門にいる喜作の場合、これから先、何が起こるか分からないという緊張感がより強くあったのだろう。そして彼の予想は的中するのである。

慶応三年（一八六七）一月三日、栄一は昭武とともに京を発つと、五日に幕府の軍艦長鯨丸《ちょうげいまる》に乗船し、九日、横浜港に着いた。

この日、血洗島村にいる妻千代に宛てて手紙を書いている。だが千代の元に届く頃には、もうすでに栄一はフランスに向けて出発していた。手紙をもらった千代の気持ちになると誠に切ないものがある。

手紙には、千代の末弟である尾高平九郎を養子にしたいと書かれていた。尾高家で高崎城襲撃の謀議を巡らせていた際、二階で見張りをしていたあの平九郎である。跡取りのない幕臣が海外に行く際、万が一の時のために〝見立て養子〟を置く制度があったのだ。

平九郎は眉のきりりと上がった凜々しい顔立ちで、現代でも十分通用する美男子

渋沢平九郎

だ。尾高家はみな背が高かったが、とりわけ彼は一七四センチあり、当時としては図抜けた長身だった。

尾高家で雑貨を扱っていたことは先述したが、彼が店番をしていると若い娘たちが争うように糸や菜種油を買いに来たという。文武両道で性格は温厚と非の打ち所のない好男子だったが、浮いた話はついぞなかった。

養子となった彼は、晴れて幕臣渋沢平九郎となったわけだが、その運命は維新の嵐の中で激しく翻弄されていくこととなる。

## パリ万博

一月一一日朝七時、使節団一行は雪のちらつく中、フランス郵船（M・M・ライン）

のアルヘー号へと乗り込んだ。一〇〇〇トンというから、今で言えば海上保安庁の巡視艇を一回り小さくしたくらいのサイズだろう。西洋船を見慣れない栄一には、船の内装は大層豪華なものに見えたという。

将軍の名代の出発とあって、老中小笠原長行《おがさわらながみち》や若年寄、海軍奉行などの幕閣をはじめ、フランス公使のロッシュも見送りに駆けつけた。そして九時半、アルヘー号は横浜港を静かに出港していった。

長崎で鳴滝塾を主宰したことでも知られるシーボルトの長男アレキサンダー・シーボルトがちょうど帰国の途に就くというので同船し、通訳を買ってでてくれたのは心強かった。だが最近の研究でアレキサンダー・シーボルトは実はイギリスのスパイだったことが判明している（『プリンス昭武の欧州紀行』宮永孝著）

これから後もこの使節団は、列強各国の思惑と国内政情の不安定さの中で、大海に浮かぶ木の葉のように翻弄され続けるのである。

一月一五日には最初の寄港地である上海に到着している。

アヘン戦争のあと、この地には英米の共同租界とフランス租界が設けられ、それらは清国の施政権が及ばない区域だった。フランス租界に行ってみて、その美しい町並みに圧倒された。夜はガス灯がまぶしいばかり。そこはもはやヨーロッパであった。

ところが中国人の住む地域に行くと正反対。道幅は狭く汚水が溢れており、町全体が生ゴミのような悪臭に包まれている。人々は大声で叫びあい、品性のかけらもない。日本はこうなってはいけないとしみじみ思った。

この旅は好奇心旺盛な栄一にとってこれ以上ないものであったが、一つ問題が発生していた。それは彼が船に弱かったことである。旅の間中、ずっと船酔いで苦しめられることとなった。

香港でさらに大型のフランス郵船アンペラトリス号に乗り換え、サイゴン（現在のホーチミン市）、シンガポール、セイロン（現在のスリランカ）と寄港していく。日本を代表する一行だけに、受け入れる国や地域も、事前に準備を整えて丁重に迎えてくれた。

後に栄一の娘婿となる穂積陳重《ほづみのぶしげ》は、明治になってすぐ文部省留学生として英国に渡ったが、日本を離れた途端、日本が地図上のどこにあるかも知らない無理解や誤解に直面している。

日頃沈着冷静な秀才の彼もイライラが募り、

「地理の教科書をもう一度学び直せ、この馬鹿野郎（フール）！」

と堪忍袋の緒が切れてしまったという。それほど日本は世界に知られていなかった。その点、使節団として派遣されていた栄一はストレスは少なかったと言えるだろう。

それでも訪問国によって対応は微妙に違っている。フランス領のサイゴンでは礼砲をもって出迎えられたが、イギリス領の香港やシンガポールでは特別な歓迎はない。幕府寄りのフランスと薩長を支援するイギリスの立場がそのまま反映された結果だった。幕府の威信が揺らいでいることを肌で感じた。

杉浦譲

栄一はこの航海で杉浦譲《すぎうらゆずる》という幕臣と気脈を通じている。五歳年上ながら友情を育み、維新後も深い関係が続いていくことになる。

杉浦は幕府の天領である甲府勤番支配下の同心の家に生まれた。ほとんど最下級の幕臣と言っていい。だが一八歳で漢学塾を開くほどの秀才だったことから、横浜でのフランス士官殺害の謝罪と横浜鎖港交渉を目的とする幕府の第二回遣欧使節団に選ばれている。ちょうど栄一が出国する五年前のことであった。一行がスフィンクスの前で撮影した記念写真は有名だ。彼の特徴は秀才らしからぬ優しげな目を持つことだ。一見して人の好《よ》さが伝わってくる。当時の武士たちの中にあってやや異質な印象を与える人物であった。

そして今回、杉浦はすでに渡航経験があることを買われ、外国奉行支配 調役並《しらべやくなみ》という下役ながら参加することになったわけである。

二月二一日、スエズに着いた。

スエズ運河がまだ完成していなかったことから（完成はこの二年後）、上陸して陸路を西に向かう。ここで初めて蒸気機関車に乗り、その力強さ、速さに欧米文明の底力を実感した。

車窓の外には数知れないテントが並んでいる。スエズ運河の建設現場だった。フランス人の元外交官レセップスの指導によるもので、公共事業として広く万民のために事業を行っているという話を聞き、深い感銘を受けた。栄一の公共事業に対する思い入れの原点とも言われている。

陸路カイロから地中海に面したアレクサンドリアに到着。汽車がピラミッドの近く

パリ万博派遣徳川昭武一行（マルセイユにて撮影、中央は徳川昭武、前列左端は通訳アレキサンダー・シーボルト、左から三番目は山高信離、栄一は後列左端、後列右から一番目が箕作麟祥、五番目が杉浦譲）

を通ったが、あいにく真夜中だったため見ることはかなわなかった。エジプトの博物館でミイラなどを見学したあと、フランス領事館に泊まり、二月二三日の朝、サイド号に乗り換えた。最後の船である。シチリア島に寄港した後、二九日の朝、目的地であるフランスのマルセイユに到着。祝砲が鳴り響いた。横浜出航から四八日間の長旅だった。

フランス政府の高官や市長、パリ万博の幕府側の責任者で栄一に多大な影響を与えることになる名誉総領事のフリュリ・エラール、幕府留学生などの出迎えを受けた。マルセイユで一行が写した記念写真が残っている。

喜んだのもつかの間、そのうち二ヵ月

先に到着していた薩摩藩の代表団が、まるで自分たちこそ日本の代表であるかのように振る舞っていることがわかってきた。おまけに肥前佐賀藩も出展するという。前途多難なものがあった。

昭武一行には、ナポレオン三世の招きでパリ万博に参加するという表向きの目的とは別に、フランスから大型の借款《しゃっかん》を引き出すという重要な目的がある。それは北海道を担保として六〇〇万ドルの借入を行うというものだったと言われている。これさえ成功すれば薩摩などにえらそうな顔をさせないという思惑があったのだ。

マルセイユから蒸気機関車に乗り、慶応三年（一八六七）三月七日の夕方、最終目的地であるパリのリヨン駅に到着する。

リヨンは絹織物で有名な土地だ。栄一も養蚕技術には自信があったはずだが、この地の絹織物を見たとたん、それは音を立てて崩れていった。

〈他邦の織物は醜婦の美人の側に在るが如し〉（『航西日記《こうせいにっき》』渋沢栄一、杉浦譲共著）

この時の悔しさが後に、官営富岡製糸場として結実することになる。

案内されたグランドホテル・ド・パリで旅装を解いたが、設備や内装に目を見張った。最新鋭のエレベーターを備え、客室にはバスタブがある。これまで見てきたどのホテルより豪華だった。それもそのはず、彼らが渡仏する五年前に完成したこのホテルは、もともと派手好みのナポレオン三世が外国の賓客をもてなすために建てた世界最高級のホテルだったのだ。現在もインターコンチネンタルパリ　ル・グランホテルとして五つ星の格式を誇っている。

それ以外にも、いろいろなことで驚かされた。たとえばナポレオン三世との晩餐会で出たアイスクリーム。あまりのおいしさに陶然となった。ホテルに残っている人たちにも食べさせてやろうと思った栄一は紙に包んで持って帰ったが、果たしてホテルに着くと溶けてなくなってしまっていたという失敗談まで残っている（『名士奇聞録』嬌溢生著）。

帰国後に杉浦とまとめた『航西日記』には、彼らの興味をひいた文物が山のように記されているが、彼は庶務会計を担当する俗事役だ。優雅に物見遊山ばかりしていられるはずもない。わずかな時間の間隙を縫って視察を繰り返していった。そして雑務をこなす中で、随員の中の誰よりも西洋を肌で感じていくのである。

実際、しばらくすると宿泊費の法外な高さに危機感を抱きはじめた。彼が惇忠に宛てて出した手紙によると、物価は日本の五、六倍だったという。

杉浦などはパリは二度目なわけで、物価の違いを知らなかったわけではなかろうが、今回は昭武がいる。彼の体面を保つため、ありとあらゆる経費が桁違いにかかっていた。このままでは滞在費は底をついてしまう。

せめて下役の者だけはと、杉浦らと語らってシャルグラン通りの借家に移ることにした。ホテルのある市の中心部からやや離れるが、その分、家賃はホテル代に比べ格段に安かった。

正式な通訳は使節団の上役の世話にかかりきりだから、自力で生活していかねばならない。安い下宿に入って浮かせた金で家庭教師を雇い、フランス語を習って日常生活には支障がないレベルになった。当面は自分たちに関係ない歓迎行事が続くことから、杉浦を誘って積極的に外出を試みた。その点、パリ滞在二回目である杉浦の存在は心強いことこの上ない。

下宿の周囲には今のパリと違わないものが一杯ある。少し歩けば凱旋門があり、さらに歩くとエリゼ宮殿があり、セーヌ川沿いに歩くとルーブル美術館やノートルダム聖堂に至る。万博会場も徒歩圏だ。夜になればブローニュの森にたたずむ娼婦たちに心ときめかせもした。

惇忠に宛てて出した手紙の中で彼は、〈婦人の美しいことは実に雪のごとく、玉のごとくで、楊貴妃や西施《せいし》にも負けないほどだ〉と絶賛している。

断髪直後の栄一

パリでちょんまげ姿の栄一

ところが、彼らはとにかく目立つ。ちょんまげに羽織袴姿で腰には大小を差しているのだから当然だろう。じろじろ見られるのには閉口した。

そのうち栄一はちょんまげを落としてしまう。それはある出来事がきっかけだった。

パリ滞在中、彼を感激させたのが商人の地位の高さだ。役人や軍人や政治家とも対等な関係にある。昭武の世話係となった軍人のヴィレット大佐など、銀行家である名誉総領事のエラールに一目置いているのがはっきりとわかった。官尊民卑の風潮や士農工商といった身分制度はここにはない。ビジネスにおける利益の追求は、卑しいどころか国家の繁栄に不可欠な社会貢献であると認識されていた。

感激に胸震わせた彼は、使節団の中でいの一番にちょんまげを切り、洋服姿になった。フランス社会に溶け込み、そのすべてを吸収してやろうと思ったからだ。

だが、そんな彼の心境の変化を故郷の人間は知るよしもない。

手紙に添えられた断髪姿の彼の写真を手にした千代は目を丸くして驚いた。武士の妻としての誇りと覚悟を持てと書いた手紙に懐剣を添えて送ってきた時から一年も経っていない。倒幕を叫んでいた彼が一橋家に仕官したのにもあきれたが、その後、ついに幕臣になり、今度は武士のしるしを切り落として西洋人になりすましている。

兄惇忠に、あまりにひどいと訴えると、

「その国のことを知るには、その国の人と親しくするのが肝要。外国人の中で侍姿ではうちとけられまい。それでは外国に行った甲斐もなくなるというものだ。姿はどんなに変わっても大和心を失う彼ではない。むだな心配は無用だ」

と諭《さと》された。

ちょんまげを落とした栄一は、銀行の役割や運営の仕方、株式や債券などの有価証券や為替などの具体的業務内容、果ては国の租税制度や貨幣制度についても学んでいき、わからないことはエラールに根掘り葉掘り質問した。

中でも銀行や企業が採用している株式会社制度に興味を引かれた。株式を発行することで広くあまねく資金を集め、事業リスクを分散するとともに返済不要な資本金によって安定的に事業を継続できる仕組みだ。

日本ではのれん（社会的信用）と財力をあわせ持つ豪商でないと大きな商売はできない。新規事業者がいきなり大規模な商売を始めることは難しいのが日本の商人の世界だ。だが、この株式会社制度を用いれば新規事業の立ち上げが容易になり、商売だけでなく、社会制度を根本から変えることができるかも知れない。

建白書のネタが山ほどある。みなを驚かせることができると思うと胸がわくわくした。

ここで、肝心の第二回パリ万博について触れておきたい。

当時の皇帝ナポレオン三世は初代ナポレオンと何かと比較され、偉大な伯父に何とか近づきたいと痛々しいほどに努力していた。彼は初代ほど軍事に秀でてはいなかったが、経済政策に力を入れ、大いに成功を収めていた。そんな彼はフランスの経済発展を万博を通じて世界に示そうと、安政二年（一八五五）の第一回パリ万博以降、約

パリ万国博会場

一〇年ごとに開催するほどこだわりをみせていた。そして今回は、日本使節団を招待したというわけだ。

会場は現在エッフェル塔が建っているセーヌ河畔のシャン・ド・マルス公園であった。エッフェル塔はこの二二年後の第四回パリ万博の際にフランス革命一〇〇周年を記念して建設されるので、この時はまだない。

だが第二回パリ万博もまた、大変規模の大きいものであった。

中央の温室庭園を囲んで七つの回廊が同心円状に広がる巨大な楕円形の会場が用意され、展示品が国別に並べられている。円の中心と外を結ぶ通路を歩けば、その国の出展品をまとめて見ることができるというわけだ。

それぞれの回廊は真ん中から順に芸術作品、文化教養などの展示品が並び、六番目の最大の回廊には最先端技術を駆使した機械工業品が並んでいた。ドイツのクルップ社は大砲を並べ、武器の見本市も兼ねていた。

水圧式エレベーターが設置され、屋上まで昇って全体を見渡すこともできる。会場の外には売店や遊園地、レストランなどが軒を連ね、お祭り的な雰囲気はその後の万博のモデルとなった。入場者は招待客を除いても九〇〇万人強にのぼったという。

日本コーナーには日本家屋の茶店が設けられ、かね、すみ、さとという三人の若い柳橋の芸者が和服姿で手まりをついたり、観客に日本茶やお酒をふるまったりして人気を博した。こんなものを幕府や薩摩藩が出すはずはない。これは血洗島村より少し東の武州埼玉郡羽生《はにゅう》村（現在の埼玉県羽生市）出身の商人清水卯三郎《しみずうさぶろう》が四人の手代を連れて個人資格で参加したものだった。

清水は蘭学を学んだ教養人で、商売上の必要もあって英語を話すことができた。そこを薩摩藩に買われ、薩英戦争後の交渉役に指名されたほどだ。清水は栄一たちと同行し、手代と芸者たちは前年に先発していた。

そして幕府にとって問題だったのが薩摩藩の参加である。彼らの政治力は幕府より一枚も二枚も上手だった。

二ヵ月前に現地に到着していた彼らは万博の担当者を接待し、フランスの外務大臣にも会い、持参した勲章を授与している。〝薩摩琉球国〟と彫られた勲章が今も尚古集成館に残されているがなかなか精巧なものだ。勲章を作成できるのは主権国家の証である。幕府と自分たちが同格だということを強烈にアピールした

パリで洋装の栄一

形だった。

それだけではない。万博会場で幕府は〝関東太守《たいしゅ》グーヴェルマン〟、薩摩藩は〝薩摩太守グーヴェルマン〟、佐賀藩は〝佐賀太守グーヴェルマン〟と紹介された。グーヴェルマンは政府の意味である。これをパリの新聞は見逃さなかった。〈かねて日本は連邦組織と聞いていたが、大君《たいくん》（徳川将軍）の政府はその中でやや広く、やや力があるに過ぎないことがわかった〉と書き立てたのだ。

（やられた……）

そう思った頃には時すでに遅し。

このことは、薩摩を支援するイギリスに対抗するべく幕府を支援してきたフランスの姿勢をも変えてしまう。昭武一行が目論んでいた借款の計画は白紙に戻され、これまでの努力は水泡に帰してしまった。


失意の使節団幹部をよそに、栄一は自分の持ち場で自分のやれることをしっかりと果たしていた。彼の会計担当としての貢献はめざましかった。ホテル代を切り詰めただけでなく、滞在費を賄うため、出品した文物の売却までしている。

確かに海外では日本の文物は珍しい上、物価の差もあって驚くほど高価に売れる。帰りの輸送代を考えるとここで売った方がいいと考えた栄一の商才に、使節団幹部も感嘆するほかなかった。

それだけではない。名誉総領事のエラールから得た知識をもとに〝資産運用〟してみせたのだ。まずは二万両でフランスの国債と鉄道社債を買ってみた。もちろん実際に買ってくれたのはエラールである。鉄道のようなインフラ銘柄なら間違いないと教えてくれたのだ。

急に帰国することになってこれらを処分した際には、五、六〇〇〇両の利益が出た。

今の貨幣価値にすれば、二〇億円の投資で一年に五、六〇〇〇万円ほど儲かったということで二・五～三%ほどの利回りになる。巨利を得たわけではないが、実地に得た知識の値打ちを考えると途方もなく大きい。

慶応三年（一八六七）五月二九日に万国博覧会が閉幕すると、一行は八月から約四ヵ月かけてスイス、オランダ、ベルギー、イタリア、イギリスを歴訪して回ることになった。この頃になると栄一はすっかり昭武の信頼を得ており、昭武の日記にも名前が頻繁に出てくる。

欧州歴訪の直前、杉浦はこれまでの状況を幕閣に報告する任を帯びて一足先に帰国の途についた。これまで杉浦は書記役として公務日誌を担当していたが、その仕事は栄一に引き継がれ、ただでさえ多忙だった仕事の負担がさらに増えることとなる。

その埋め合わせの気持ちもあったのだろう。杉浦は帰国後、栄一に宛てて頻繁に書簡を送ってくれ、そこには国内情勢のみならず血洗島まで足を運んで渋沢家の近況まで報告してくれていた。心遣いが胸にしみた。

仕事は忙しくなったものの、この欧州歴訪は実に有意義なものとなった。各国の為政者に会え、それぞれの国の自慢の産業の工場視察ができたからである。メモを取る手にも力が入った。

ベルギー国王レオポルド二世に謁見した際、国王がベルギー製の鉄鋼の輸入を勧めてきたのには驚いた。国王自ら率先して国富を積み上げようと努力している。大きなカルチャーショックを受けた。ちなみにこの五三年後の大正九年（一九二〇）一月、栄一はそのベルギーから王冠第一等勲章というとてつもない勲章を授与されることとなる。

イタリアのフィレンツェでヴィクトリオ・エマニュエル二世に謁見した際にはみな勲章を贈られ、栄一も五等勲章を授与されている。イギリスではウィンザー宮殿でヴィクトリア女王に謁見している。帝国主義時代を代表する伝説の女王であった。

この時、栄一はイングランド銀行も視察しているが、後年、自分が銀行業務に関係しようとは思いもしなかったに違いない。

彼は訪問する各地で外貨両替や日本からの送金受領をしていたが、ロンドンではそれを拒否されている。世界一の大国である英国が完全に薩長の側についていることをつくづく思い知らされた。

刺激的な毎日ではあったが、結局、栄一の欧州滞在は一年少々で終わる。一〇月一四日、慶喜は明治天皇に政権返上を奏上し、江戸幕府がその幕を閉じるという大事件が起こったからだ。いわゆる大政奉還である。

例によって時間差がある。大政奉還の報せがパリにもたらされたのは年が明け、昭武がナポレオン三世に賀詞を述べていた時のことであった。二ヵ月半遅れである。それを知った彼らの驚きは想像に難くないが、そうした中にあって、栄一はさほど驚かなかったと述懐している。ついに来たかという思いのほうが強かった。

慶喜は大政奉還後、共和制を目指し、自分もその一員として政務に加わることを考えていたが、西郷たちはそれを許さなかった。官軍と旧幕府軍は慶応四年（一八六八）一月三日に激突し、鳥羽伏見の戦いが勃発する。

この時、東征《とうせい》大総督に任じられたのは有栖川宮熾仁親王《ありすがわのみやたるひとしんのう》。慶喜にとっていとこの子にあたる。ちなみに親王は維新後、慶喜の妹貞子を妻としている。

旧幕府軍の戦力が圧倒的に上回っていたにもかかわらず、緒戦の敗北が勝敗の分かれ目だった。錦《にしき》の御旗《みはた》に力を得た官軍の勢いは止まらず、総大将である慶喜が大坂城を抜け出して江戸に逃げ帰ると、残った兵も士気阻喪《しきそそう》して潰走《かいそう》してしまう。

だが江戸には旧幕臣も数多く残っているし、最新鋭の武器もある。東北地方に旧幕府を支持する奥羽越列藩同盟が結成され、戊辰《ぼしん》戦争へと突入した。

最初はフランス人のヴィレット大佐でさえ誤報だろうと疑ってかかっていたが、続報が入るうち幕府の瓦解は事実だと認めざるを得なくなった。栄一は慶喜のことが気になってならなかった。

そして慶応四年五月、新政府から一行に対し帰国命令が出され、九月にマルセイユから帰国の途についた。

栄一はフランス土産をいろいろ買い込んでいた。その中のいくつか、ナポレオン三世皇后御用達の石けんやピストルなどが長い間、渋沢家には残っていたという。

ちなみに明治三四、三五年頃にそのピストルを見つけ、ふざけて引き金を引いたのが五男の正雄で、三〇年以上経ってもピストルは轟然《ごうぜん》と弾丸を発射して壁を貫き、誰も怪我しなかったからいいようなものの母親からこっぴどく叱られた。

帰国に際して栄一はいくつか逸話を残している。一つはちゃっかりパリジェンヌと恋仲になっていたことだ。

「今は公務で連れて帰れないが、後から日本に来て欲しい」

そう彼女に告げたところ、きっとした表情でこう言われたという。

「好きだと言うのなら、どんなことがあっても連れて行くのが道理。それを後から来いとはなんという言い草でしょう」

これにはぐうの音も出なかった。

そしてもう一つが、旧幕府留学生の帰国を助けてやったことである。

彼らは菊池大麓《きくちだいろく》、外山正一《とやままさかず》(二人とも後の東大総長、文部大臣)、林董《はやしただす》(外務大臣、逓信大臣)といったとびきりの秀才たちだった。

栄一とはまったくの別行動で、彼らを助ける義理などなかったのだが、幕府からの支援もなくなった彼らが、ドイツのロイド社に船賃後払いで荷物として船に乗せてくれと頼んでいると聞き、あまりに可哀想だとその〝荷物〟を引き取ったのだ。

そうは言っても彼らは定員外。帰国までは狭い部屋に雑魚《ざこ》寝させるほかない。

そのうち外山が、

「鷹は飢えても穂を摘まずと言います。こんな豚のような扱いは我慢ならない!」

と文句を言いだした。

その言葉を聞いた栄一は大声で叱りつけた。

「豚ならまだいいではないか! もし私が助けてやらなければ、お前たちは〝荷物〟として船底に積まれていたんだぞ!」

これには外山も恥じ入り、平身低頭謝ったという(「渋沢栄一菊池大麓等を買戻す」『名士奇聞録』嬌溢生著)。

往路は心躍るものがあったが帰路は暗い。香港で会津落城の報に接した。

そして船が上海に着いたとき、栄一は旧知の通訳立石斧次郎《たていしおのじろう》の訪問を受ける。スネル商会のヘンリー・スネルというプロイセン人も一緒である。武器商人ながら日本を愛し、日本人妻をめとり、米沢藩や会津藩の軍事顧問になった人物だ。彼らは新政府軍に最後の抵抗をするための武器弾薬の調達に来ていたのだ。

立石は会計担当のこの男ならわかってくれるかもしれないと、栄一にこう言ってきた。

「幕府の海軍は目下箱館（現在の函館）に結集されている。昭武様が箱館へ渡って総大将になってくだされば全軍の士気はあがる。スネル氏は鉄砲や弾薬を十分供給すると言ってくれているから、薩長の軍を破るのも難事ではあるまい。ぜひ一肌ぬいで欲しい」

しかし栄一は首を縦に振らなかった。

すでに勝敗は明らかである。今さら箱館に立てこもったところで何になる。昭武を戦争に巻き込むことを慶喜が望むとは思えない。

栄一はこの時、まさか喜作がその箱館に向かっているとは思いもしていなかった。

## 留守中の喜作たちと平九郎の悲劇

喜作は栄一がパリ万博に派遣されている間、奥右筆《おくゆうひつ》（機密文書を管理作成する役職）と御政事内務掛を兼務し、将軍慶喜の側近くで彼を支える重要な役職に就いていた。

鳥羽伏見の戦いで旧幕府軍が敗れ、慶喜が江戸に逃げ帰って上野に蟄居《ちっきょ》すると、江戸城内は恭順論が主流となっていく。喜作はそんな風潮に我慢ならず徹底抗戦を唱えた。以前栄一が新撰組の土方たちの前で自らの胆力を誇示したように、農民から幕臣になった喜作は先祖代々の旗本御家人たちに後ろ指さされないよう、幕府への忠誠をことさらに貫いた感がある。

喜作は浅草の酒楼《しゅろう》に同志を集めると彰義隊《しょうぎたい》を結成する。上野戦争を起こす、あの有名な彰義隊である。頭取が喜作で副頭取は天野八郎。同志は六七名を数え、惇忠も加わった。当時、喜作は渋沢成一郎、惇忠は榛澤新六郎《はんさわしんろくろう》と名乗っていた。

天野は農家の出身で幕臣ではないが、喜作と義兄弟の杯を交わした人物だ。農民出身者が頭取と副頭取だったという事実が、旗本八万騎とも言われた幕臣たちがいかに軟弱になっていたかを示している。

だが犬死にする気はない。喜作は江戸にとどまっての徹底抗戦は不利だと考え、要害の地日光に籠《こも》って再起を期すことを主張した。だが日光転戦は賛成者が少なく、次第に隊の中の人心を失っていってしまう。

そうこうするうち江戸城が無血開城となる。慶応四年（一八六八）四月一一日のことだ。慶喜が謹慎するため水戸に向かったのを機に、喜作は惇忠ともども彰義隊から脱退。新たに振武軍《しんぶぐん》を結成する。

総大将が喜作、参謀が惇忠。これに加わっていたのが栄一の養子平九郎であった。栄一の不在中、平九郎は江戸に出て神田本銀町《ほんしろがねちょう》に住んでいたが、自宅の障子に遺書を書き残し、喜作たちと行動を共にした。

一方の彰義隊は五月一五日の上野戦争に一〇〇〇名の兵力で臨んだが、午前七時頃にはじまった戦闘は午後五時には終結。戦死者二六六名を出してあえなく降伏する。

天野は潜伏しているところを密告によって捕らえられた。拷問にあいながらも五ヵ月耐えたが、『斃休録《へいきゅうろく》』という遺稿を残し獄死する。

『斃休録』には〝徳川氏の柔極まるを知る〟という言葉が遺されている。戦闘がはじまってしばらくすると旗本たちはちりぢりに逃げてしまい、突撃しようとして後ろを振り向くと誰もいなくなっていたという記述は哀れを誘う。

振武軍は彰義隊の残党を吸収し、総勢一〇〇〇～一五〇〇名ほどの勢力になった。青梅《おうめ》街道を北西に進み、五月一八日には飯能《はんのう》（現在の埼玉県飯能市）に入り、羅漢山（現在の天覧山）の麓にある能仁寺《のうにんじ》を本陣と定めた。喜作が栄一を連れて新兵募集に赴いた懐かしの一橋領だ。血洗島から南に二五キロほどの場所になる。ここなら糧食の供出など、領民の支援も期待できるはずであった。

鎮圧に向かった官軍は、広島藩等の西国諸藩に川越藩、前橋藩、忍《おし》藩を加えた九藩で、総勢二、三〇〇〇名。五月二三日未明、彼らは二手に分かれて振武軍に総攻撃を仕掛けた。世に言う飯能戦争のはじまりである。

彰義隊の轍は踏まないと意を決していたが、最新装備がある上、歴戦の強者ぞろいの官軍の前で振武軍は防戦一方。午前一〇時頃、早くも勝敗は決した。

惇忠は命からがら下手計村へと逃げ延びたが、喜作はまだ諦めきれない。戦場を離脱し、箱館へと向かった。そして榎本武揚とともに五稜郭に入城する。半年の間奮戦するも降伏を余儀なくされ、結局、捕らえられて獄につながれる。

栄一は明治新政府の高官になってから、なんとか彼を助け出すのだが、一方で哀しい事実を知ることになる。それは平九郎の壮烈な戦死であった。

まった。

　飯能戦争の後、敗残兵の掃討が行われる中、平九郎は喜作や惇忠たちとはぐれてし
　このあたりは山深い。大刀を捨てて脇差しだけを藁に巻き、山中を逃げ回って顔振《かあぶり》峠《とうげ》というところまで来た。するとそこに茶店があった。

　雰囲気で振武軍の兵だと察したそこの老婆が、

「こちらの道を逃げればいいよ」

と親切に教えてくれた。

　だが彼は礼を言ったものの、思うところあって違う道を選んだ。敗残兵の逃亡に手を貸したとなると老婆が後で追及される。そんな心遣いもあったのかもしれない。

　哀しいかな、それが生死の分かれ道となる。黒山村（現在の入間郡越生町《おごせまち》黒山）まで下りてきたところで、運悪く広島藩神機隊《しんきたい》の斥候《せっこう》三人と出くわしてしまったのだ。

「その方、飯能から参ったな」

　ほかの兵たちも何事だと近づいてくる。もはや進退窮まったが、そこは剣の道を究めた男。脇差しをさっと引き抜くと、またたく間に一人の片腕を切り落とした。

　だが逆に背後の兵士に右肩を斬られ、銃弾が腿《もも》を貫通する。今はこれまでと観念した平九郎は身を翻すと、路傍の岩の上にどっかと座り、躊躇することなく腹に刃を突

き刺して果てた。時刻は午後四時頃、享年二二だった。

その雄々しい死に様に感じ入った神機隊隊長川合鱗三《かわいりんぞう》は、彼が自刃に使った脇差しを形見として持ち帰った。

平九郎の遺体は首を斬られ、越生《おごせ》（現在の埼玉県入間《いるま》郡越生町）の法恩寺《ほうおんじ》の門前でさらし首となった。この時代、さらし首はごく一般的な刑罰である。新撰組の近藤勇もほぼ同時期、京の三条河原でさらし首になっている。

平九郎の首はその後、法恩寺の僧侶の手によって境内に埋葬され、残った胴体は黒山村の人達によって全洞院《ぜんどういん》に葬られた。全洞院の住職は位牌に〝大道即了居士　俗名知らず、江戸のお方にて候、黒山村にて討死〟と記したというが、大道即了居士（道ばたで即死した）とは何とも哀しい戒名である。

村人はさぞ空腹であったろうと思いやって命日にしゃもじを供え、〝脱走のお勇士様〟（だっそさま）と呼んで、首から上の病気の神様として崇敬《すうけい》を集めた。

ここまでなら栄一は平九郎の最期を知らないままで終わっただろう。だが話には続きがあった。

負傷兵から平九郎の最期を伝え聞いた現地の医師宮崎通泰はその話に感じ入り、一枚の絵にして残した。それから数年後、たまたまこの絵を見た榛沢郡中瀬村の斎藤喜平という人物が一見して描かれた武士が平九郎であると気づき、ただちに惇忠へ知らせたのだ。こうして栄一の知るところとなった。

明治六年（一八七三）、栄一は平九郎の遺骨を納め、谷中《やなか》の渋沢家墓地へと葬った。翌七年、全洞院に墓が建てられ、首の埋められた法恩寺や平九郎が自刃した顔振川畔の岩（〝自刃岩〟）にも碑が建てられている。

風の便りで元隊長の川合が彼の脇差しを大切に保管していることもわかり、明治二六年（一八九三）一二月、無事返却してもらうことができた。栄一は感謝の気持ちを込めて川合を自邸に招き、彼自身の口から平九郎の最期の様子が語られると、あらためて悲嘆の涙を流した。

平九郎の人生を多くの人に知ってもらいたいと考えた彼は、「振武軍」というタイトルで劇に仕立ててもらい、日本一の劇場である帝国劇場で上演して彼の顕彰に努めた。

（しっかり生きねば、平九郎たちに申し訳ない）

死者は生者を支え続ける。平九郎のことは栄一の心に哀しい記憶として残り、彼を叱咤し続けるのである。

## 三井の大番頭・三野村利左衛門

慶応四年（一八六八）五月、慶喜は徳川宗家の家督を田安亀之助（後の徳川家達《とくがわいえさと》）に譲ることを条件に家名の存続を許され、駿河・遠江を中心にした駿府（後の静岡）藩をあてがわれた。名目八〇〇万石、実質四〇〇万石から七〇万石への転落であった。

同年九月八日には明治と改元される。さらに一〇月一三日、明治天皇は江戸に行幸され、江戸はその名を東京と改めることになった。いよいよ明治新政府の手による近代国家建設が始まったのだ。

そんな明治元年一一月三日、栄一たちは無事帰国した。出発時と違って歓迎どころか新政府の役人に尋問される始末。予期してはいたが不愉快であった。

ヨーロッパ滞在中に長兄である水戸藩主慶篤《よしあつ》が死去し、昭武はその後を継ぐことが決まっていたことから、水戸藩からの迎えの使者とともに東京へと向かうことになっていた。ここでお別れである。昭武は駿府で謹慎している慶喜への手紙を栄一に託し、返事をもらってきてくれと頼んだ。それだけではない。水戸藩に仕官せよと言ってくれた。

感激の面持ちで昭武一行を見送った栄一はこの時、一人の商人風な男から声をかけられた。

「渋沢殿！」

それはなんと杉浦であった。

横浜港は新政府の役人が固めている。目立たないようわざわざ商人の姿になって迎えに来てくれたのだ。栄一の顔に満面の笑みが広がった。

実は杉浦は、彰義隊の戦いで上野黒門町にあった屋敷が焼けてしまい、あわてて両国吉川町の借家に移るなど大変な目に遭っていたのだが、そんなことはおくびにも出さず、栄一たちのために当面の宿の手配などいろいろと骨折りしてくれていた。地獄に仏の思いである。

杉浦の用意してくれた横浜の宿でとりあえず一泊し、久々の和食に舌鼓を打ちながら積もる話に時の経つのを忘れた。

だがゆっくりもしておれない。積んで帰ってきた船荷をしかるべき場所に送り届けねばならないからだ。栄一が依頼したのは有名な豪商大黒屋の榎本六兵衛であった。

それから三日間、横浜に逗留して残務整理をし、一段落したところで今度は東京での用事をすませるため、大黒屋のつてを頼って深川に出た。郷里から父市郎右衛門に出てきてもらい、帰国の挨拶をする段取りもつけていた。昭武から依頼された手紙は、急ぎなら飛脚に託せばいいだけのこと。急ぎの用のはずはないと判断した。横着なものである。

父親の到着を待っている間、得がたい出会いがあった。

「三井の番頭さんでなかなかの物知りがいらっしゃいます。付き合われれば必ず利益があるでしょう」

大黒屋の番頭からこう言われたのだ。

「そんな優秀な方なら是非会ってみたい」

と即答し、引き合わせてもらったのが三野村《みのむら》利左衛門という人物だった。三井と言えば日本最大の豪商である。商家はおしなべて番頭が実務トップだ。三井の場合、三野村がそれであった。つまり、当時の最優最強のビジネスマンとあいまみえたことになる。

(それにしては質素な身なりだな……)

栄一は意外な感に打たれた。

彼は知らなかったのだ。三野村は家庭では上から下まですべて絹だったが、外では木綿しか着なかった。武士の前ではなおさら粗服にしていた。それが彼らの処世術だったのだ。

後々深い関係を結ぶ人物なので、ここで少し人となりについて触れておきたい。

庄内藩士の家に生まれた三野村は、父親が浪人となったために諸国を放浪し、長じて後も職を転々とした。そのため学問を積めなかった。ひらがなしか読めず、字が書けなかったと言われており、何かを伝えようとする際には文章でなく図を書いて説明したという。すべてを彼は経験から学んでいった。たたき上げの商人だった。

三野村利左衛門

ある時、縁あって小栗忠順《おぐりただまさ》の中間《ちゅうげん》（雑用をこなす使用人）になった。小栗と言えば、勘定奉行や外国奉行等を歴任した稀代の能吏である。このことが三野村の運を開いていく。

中間としてよく働いているところを見ていたのだろう。勘定奉行所近くで油や砂糖を商っていた紀ノ国屋利八に見こまれ婿養子となる。しばらく金平糖の行商をやった後、両替商を開いた三野村は、小栗から天保小判一両を万延小判三両一分二朱に吹き替えるという情報を事前に入手。天保小判を大量に買い占めて巨利を得る。

ここからはまるでわらしべ長者の物語である。

両替商の中でも格の高い本両替である三井家に出入りするうち、小栗家とのパイプと商才を見こまれて三井家に雇われ、ここで働き始める。三野村という姓は三井の三、紀ノ国屋の姓である美野川《みのがわ》の野、利八の旧姓である木村の村から合成されたもの。これまでの恩を忘れないようにと名乗りはじめたものだった。

三井に入ると、いよいよ小栗との縁が生きた。三野村は小栗との関係をうまく使い、長州征伐の際の御用金の免除を受けることに成功している。これが三井家の財政にどれだけ寄与したか計り知れない。

やがて小栗は失脚してしまうが、三野村は人脈に頼ってばかりの人間ではなかった。薩長の世になる可能性を見越した彼は、幕府への上納を続けつつ薩長側にも資金提供するのだ。

資金難であった官軍側は助かった。薩摩の大久保利通は三井家から届けられた上納金の包みを、部下が見ている前で机に打ちつけて破いてみせたという。するとこぼれ落ちた小判がばぁーっと散らばる。天下の三井が自分たちについたことをわからせるパーフォーマンスだった。

幕末に多くの豪商が消えていく中、三井家が維新後まで生き残ったのは、実に三野村の時代の流れを読む嗅覚のおかげだったのである。

すでに新政府の時代となっている今、栄一と会うことにどれほどの意味を感じていたかはわからない。しかし彼ほどの男である。ひょっとしたら、このフランス帰りの旧幕臣が、新政府に抜擢される未来までをも見通していたのかもしれない。この当時、人と人がよしみを通じるのは簡単なことではない。実際〝知り合いである〟ことが、栄一にとっても三野村にとってもこの後大きな意味をもってくるのである。

そうこうするうち、市郎右衛門が栄一のいる深川の宿を訪ねあててきた。

栄一はパリ滞在中、万が一のため市郎右衛門に送金を依頼していた。市郎右衛門は早速、嫁千代、娘ていに買ってやろうと思っていた帯を二人にわけを話して我慢してもらい、送金する算段をつけていた。実際には急遽帰国することになり送金には及ばなかったのだが、残された家族は毎日栄一のことを思い続け、氏神である諏訪神社詣でを欠かさなかった。

ひとしきり互いの無事を喜び合ったが、父親の口から語られた近況に栄一の表情は曇った。

決起を命がけで止めてくれた長七郎は長い間獄につながれていたが、この年の夏、ようやく出獄したのもつかの間、精神を錯乱させた末にこの世を去っていた。養子の平九郎は行方知れず（実際には戦死）。箱館に向かった喜作からも便りがなく、生死のほどはわからないという。

父親には先に帰ってもらい、残務整理の仕上げにとりかかった。几帳面な栄一は今回の昭武の旅費一切、日常の茶碗や茶托の数に至るまで正確に数えあげていた。荷物はすでに送付したが、そのための手数料を支払った後に余った残金二万両ばかりと収支報告書を駿府藩勘定組に提出する準備に入ったのだ。

そしてその三日後、ひとまず血洗島に帰郷した。中の家は妹のていと夫市郎がしっかり守ってくれている。久々に母や妻子と会うこともできた。初めて見る父親にはにかんだ顔の娘歌子を力一杯抱きしめられたことは何よりだった。

故郷の風景も人も何も変わっていなかったが、栄一の内面は大きな成長を遂げていたのである。

## 駿府で試した合本法

三日ほど血洗島に滞在してまた東京に戻り、ようやく駿府に向けて出発した。着いてみるとそこは混乱のちまた。慶喜を慕って集まってきた旧幕臣であふれかえり、宿にも困る始末である。ともかく慶喜が謹慎している宝台院《ほうだいいん》という寺に顔を出し、帰国の挨拶と欧州視察の報告を行った。

粗末な古寺であるのに驚いた。通された部屋も薄汚い。火の気もなく寒気が足下からはい上がってくる。慶喜もやつれがひどく顔に生気がない。あまりの落魄ぶりに涙がにじんだ。

ともかくも昭武からの手紙を手渡し、

「返事をもらってくるよう言われております」

と言上して退席したが、むなしさだけが残った。

慶喜の返事を待っていると、そのうち駿府藩の藩庁から呼び出しがあり、意外なことを言われた。「勘定組頭を命ず」という辞令を渡されたのだ。

「水戸への返事はこちらで出しておくから、直接復命に行くには及ばぬ」

という。

「それは話が違います」

と抗議したが、後で聞くとそこには慶喜の深謀遠慮があったのである。栄一が水戸へ行けば重用されるに違いない。しかし水戸は天狗党の一件以来、殺伐とした空気が広がっている。栄一を平岡円四郎の二の舞にしたくない。駿府にとどめておいた方が彼のためだと気遣ってくれたのだ。

後からそのことを知り、深い恩義を感じた。帰国後の杉浦が静岡学問所の五等教授だったことを考えれば、勘定組頭というのは十分な厚遇でもあった。

こうして勘定組頭という一橋家に出仕していた時と同じ職名に就いた栄一だが、フランスに行く前の彼と帰ってからの彼とでは経理財政に関する知識量が格段に違っている。十分な殖産興業を行うだけの財力は徳川家には残っていなかったが、この窮地に彼は、フランスで学んできた知識を試してみようと思いつくのだ。

ちょうどその頃、新政府から諸藩へ〝石高拝借《こくだかはいしゃく》〟という通達が回ってきた。これはややこしい話なので少し説明が必要だろう。

新政府の財政は火の車だ。当面の倒幕の費用を豪商から工面していたものの、彼らも打ち出の小槌ではない。ここで奇策を思いついたのが三岡八郎（後の由利公正《ゆりきみまさ》）だ。「五箇条の御誓文」を起草したことでも知られる彼は、横井《よこい》小楠《しょうなん》の教えを受け、幕末の越前藩の財政再建に成功した財政家である。初代大蔵卿が越前藩元藩主の松平春嶽であったことから、大蔵省の参与兼会計事務掛に抜擢されていた。

三岡の建議したのが、いわゆる太政官札《だじょうかんさつ》（金札《きんさつ》）である。単なる紙幣ではなく、今で言う利付国債と考えればわかりやすい。〝通用一三年限〟とし、額面の一〇分の一相当金額を一三年間にわたり正貨で支払う。額面は一〇年で戻ってくるから残りの三年分は利子に相当するというわけだ。慶応四年（一八六八）四月より明治二年（一八六九）五月に至るまで、およそ四八〇〇万両が発行された。

だがこうしたものは政府の信用があって初めて流通するものである。果たしてすぐに額面割れを起こし、偽造太政官札も出回るに及んで、国内はもとより海外からも批判を浴びた。

三岡ほどの傑物でも後の栄一の働きには遠く及ばなかったのだ。

責任を追及された三岡は明治元年一二月に辞任し、代わって大隈重信がその手腕を買われ、外国官副知事のまま会計官副知事を兼任することとなった。大隈は、ある意味、三岡以上に大胆な施策を打ち出す。これが〝石高拝借〟だった。

各藩に対し、石高に応じて一万石ごと一万両の太政官札で払うと通告した。つまり駿府藩は石高が七〇万石なので七〇万両の割当になる。

ここからが問題だ。先述のように太政官札は一三年の分割支払いになっているので、初年度は利子相当分を割り引かれ、一三分の一〇にあたる五三万両しか交付されない。つまり新政府は藩から利子相当分の一三分の三、前借りしたのと同じことになる。それゆえ〝石高拝借〟と呼ばれたのだ。

ほとんどの者がちんぷんかんぷん。狐につままれたようになっている中、栄一だけは機敏に反応した。

(財政窮乏のツケを回そうというのだろうがそうはいかん。政府に目にもの見せてやる。この太政官札でひと儲けしてやろうじゃないか)

彼は凡夫の思いもつかないことを考えていた。それが株式会社組織での殖産興業だった。彼言うところの〝合本《がっぽん》〟である。そして例によって建白書を書いた。明治元年冬のことである。

駿府藩の藩政の実務者トップは、かつて若年寄だった大久保一翁《おおくぼいちおう》(後の東京府知事)である。英邁《えいまい》なことで小栗忠順や勝海舟と並び称された大久保は、栄一の建白書を高く評価した。そして早速、実行を命じる。

栄一の腕の見せ所である。

（日本中をあっと言わせてやろう！）

合本法（主義）を採用した先進的企業経営が、明治新政府の手によるのではなく、薩長に敗れた旧幕勢力の地静岡から始まるというのは痛快であった。

明治二年（一八六九）初、駿府の紺屋町《こうやまち》に事務所が設けられた。名付けて静岡商法会所。栄一は頭取として経営実務トップになり、勘定所の役人数名を掛員とし、この地方の主な商人一二名に用達を命じて出資を仰ぎ、銀行と商社を兼ねたような組織を作り上げた。日本初の株式会社とされるものは小栗忠順の兵庫商社などいくつかあるが、静岡商法会所は欧米流を忠実に再現したものとして画期的な試みであった。

仕事の内容は一橋家で試みたものに似ている。製茶、養蚕などをする生産者に商品を担保として資金を貸与し、預金を受け入れ、米穀、肥料等を商法会所でまとめて買い入れ、これを頒布・貸与するなどした。

一方で栄一は、元手となる太政官札を早く正貨（金）に両替しようと考えた。

そのまま持っていて利子相当分を受け取ろうという藩もあったろうが、各藩ともに財政状況が厳しいから一斉に太政官札の両替に動くことが予想される。両替比率が悪化する前に、一刻も早く正貨に両替したい。インフレになることも考えられる。

ここで問題となるのは、両替とは言え、先行き不透明な徳川家と大口の商取引をしてくれる相手がいるかだ。ここで培っていた人脈が生きた。

明治二年二月、栄一は上京し、三野村の所へ相談に行くのである。そして手土産代わりに、フランスで学んだ株式会社経営の概要（合本法）とそれを実地に移した静岡商法会所について話して聞かせた。

（三野村さん、きっと目を丸くして驚くぞ）

栄一は鼻膨らませ得意満面である。その上で、

「ついては太政官札を両替してくれませんか」

ともちかけた。

「それはすごい試みですね。是非ご協力させていただきましょう。ついてはいかばかり？」

という反応を待っていたが、ふんふんと聞いていた三野村は話が終わるとにやっと笑い、

「果たしてうまくいくかな。だって、あなたは素人じゃないですか」

と完全な上から目線で論評されてしまう。

　これまで抜群の商才を発揮してきた栄一も、百戦錬磨の三野村から見れば〝素人〟にすぎない。見事天狗の鼻を折られ、色をなして反駁《はんばく》した。

「素人にだってできないことはないでしょう。そもそも日本の商売のやり方は間違っているんです！」

　それでもまだ三野村はにやにやしていたが、ここはぐっと我慢して頭を下げた。結局、両替には応じてくれたが足下を見られ、両替のレートはすこぶる渋かった。

「安かった。二割くらいは安かった」

　そう栄一は述懐している。

　だが多額の太政官札を両替してくれただけでも感謝するべきであり、そのことは栄一もわかっていた。しかし卑屈な態度は取らず、

「私はこれからも事業を続けていくつもりです。何かありましたらご協力します」

と、あくまで対等の立場で付き合っていこうと胸を張った。

　この頃、栄一が三野村に協力できることなど何もなかったはずだが、この数年後、実際彼は三野村に協力できる立場に立つこととなる。

　三野村に両替してもらうと、栄一は早速動いた。

東京では〆粕、干鰯、油粕などの肥料を、大阪では米穀を買い入れた。相場をしっかりチェックし、思った通りインフレになっていくと市場で売却し、肥料は近隣の村々へ貸し付けるなどして収益をあげた。商法会所が順調にいっていることが広まると信用も増し、預金をしようと考える者も増え、事業に回せる資金は増加していった。

ところが、しばらくすると情けない話が降ってきた。

「商法会所として藩の資本で商業をするのは朝廷の意向にもとるからその名称を変えよ」

そう藩の幹部から命じられたのだ。仕方なく〝常平倉《じょうへいそう》〟と改称した。商法会所が〝商〟の字を使っていたことが問題となったのだ。商売というものが、いかに大きな偏見と戦っていたかがうかがえる。フランスとの違いにため息をついた。

だが彼は将来を見据えていた。合本が全国に広まれば、商売への偏見も薄れ、官尊民卑の風潮も是正されるはずである。民間出資が増えると地方の名士の出番が多くなり、資金が集まると地方のインフラ整備、地域産業活性化にも役立つ。今は産みの苦しみの時だと割り切った。

栄一は故郷から妻子を駿府に呼び寄せ、この地でしばらく腰を落ち着けて仕事に取り組もうとした。新政府の役人にまかせてはおけないという思いもあったからである。

何せ新政府は最初から大混乱であった。

戊辰戦争時に戦費に苦しんだ旧藩と新政府は、藩札や太政官札に加え、銀に金をメッキした粗悪通貨まで大量に流通させていた。これをつかまされた外国商人は自国政府を通じて抗議し、外圧に弱い新政府は粗悪通貨をすべて同額面の金貨に替えさせられた。

ところが国内に対しては強気で、粗悪通貨一〇〇両は太政官札三〇両にしか引き替えないという措置を取ったため、信州や美濃、越後などで大規模な一揆が起こっていた。

一揆の理由は通貨の問題だけではない。これまで維新は世直しだと聞いて、庶民は我慢を重ねてきた。版籍奉還で藩がなくなって何かいいことがあると期待していた彼らは、世の中が混乱し余計に生活が苦しくなってしまったために不満が爆発していたのである。

変化に怒ったのは地方だけではない。

明治二年（一八六九）三月七日に明治天皇は京を出て東京に向け出発し、それに先立つ二月二四日、天皇の滞在中は太政官を東京に移すと発表した。結局、たったこれだけで東京遷都を既成事実化してしまったのだ。京の町は大騒ぎである。

不満の矛先は政府高官へと向かった。

一月五日には財政や産業振興政策に通じた参議の横井小楠が暗殺され、九月四日には軍事の天才で兵部大輔《ひょうぶたいふ》だった大村益次郎が襲撃され、二ヵ月後に落命した。暗殺者には果たして、これからの国造りに果たす二人の役割の大きさがわかっていたのだろうか。変革の先頭に立っていたからこそ狙われたとも言えるのだろうが……。

こうして大混乱していた新政府は、やがて栄一に救いの手を求めてくるのである。

# 第三章 明治政府出仕

## 八百万《やおよろず》の神の一柱《ひとはしら》となる覚悟

維新の三傑に次ぐ実力者として、頭一つ抜け出そうとしていたのが大隈重信だった。

肥前佐賀藩の出身である。明治二年八月に民部省と大蔵省が統合されたことで、民部大蔵大輔という、現在で言えば財務省と総務省の事務次官を兼務するような地位に、何と三一歳という若さで立っていた。

この当時、西郷隆盛が首相の役割を果たすといえば誰も反対しなかっただろうが、彼は名利を求めない。そこで大久保利通が岩倉具視の支持を背景に実質的な主導権を握っていた。一方で木戸孝允を中心とする長州閥も侮れない力を持っている。

薩長が覇権を争うと、漁夫の利を得るのは大隈のような人間だ。大隈は身長一八〇センチという恵まれた体格も手伝って若い頃から大物感があった。肥前佐賀藩といえば武士道を極めた葉隠《はがくれ》思想で有名だが、大隈は儒教一辺倒の藩風に反発。蘭学の道を選んだ。幼い頃は血の気が多く喧嘩っ早いことで知られたが、長じるにつれ、怒った顔を滅多に見せない泰然自若とした人格を身につけていく。

栄一がその大隈から出仕を求められたのは明治二年（一八六九）一〇月のことであった。

元幕臣で民部大蔵少丞《しょうじょう》（局長級）であった郷純造《ごうじゅんぞう》（後の大蔵次官、貴族院議員、男爵）が推薦してくれたのだと後で知った。郷は栄一と同じ農民出身で、後に財界の巨頭として一世を風靡《ふうび》した郷誠之助日本商工会議所会頭の父親である。

だが栄一の心は決まっていた。朝敵と言われ、駿府藩でもさんざ苦労した。いまだに新政府に敵愾心を抱いていることもあり、仕える気などさらさらない。

大隈重信

相当抵抗したが、大久保一翁の命によって、いやいやながら駿府をあとにした。

上京してからも踏ん切りがつかず、四、五日は風邪気味だと言って旅籠でごろごろしていたが、そうもばかりしていられない。はっきり断りを入れようと、意を決して築地の大隈邸まで出かけていった。

そして部屋に通され、大隈の顔を見るやいなや挨拶もそこそこに自分が宮仕えできない理由をざっと並べ立てた。静岡にはじめたばかりの事業があること。旧主慶喜の恩誼を思うととても新政府に仕える気持ちになれないこと。

だが、そこは人たらしで知られた大隈だ。役者が一枚上だった。

「君は八百万の神々の神議《かみはか》りのことは知っているか？」

いきなり大きな声で聞いてきた。

〝神議り〟とは、年に一度、神無月《かんなづき》（出雲だけは神在月《かみありつき》）に出雲大社へ日本中の神々が集まり、穀物の収穫や酒造り、人々の縁結びなどについて相談することを言う。

もちろん知っていると栄一がうなずくと、

「今の日本がその状態なのだよ！」

大隈はそう言って細い目を見開くと、間髪いれず言葉を継いだ。

「これから我々はまさに新しい国を造ろうとしている。みんなで智恵を出しあって、相談してやって行くのだ。言ってみれば、我々みんなが八百万の神なのだよ。君も国造《くにづく》りのため、八百万の神の一柱になってくれんか！」

神様の一人となって新しい国造りを一緒に行ってくれとは、また斬新なたとえである。しかし、これは効いた。〝乃公出でずんば〟という気持ちが猛然とわき上がってきた。

確かに徳川家には恩がある。だが国家を思う気持ちでは誰にも引けは取らない。欧米列強と肩を並べるための新たな国造りは、確かにやりがいがありそうだ。フランスで身につけた知識も生きる。〝一緒に神になってくれ〟とまで言われたのだ。人生意気に感ずである。

考えに考えた末、

「お引き受けしましょう」

と約束した。

周囲から見れば、またお得意の〝君子は豹変す〟がでたということになるのかもしれないが、栄一には後ろ指さされても信じた道に進むことのできる意志の強さがあった。

こうして明治二年一一月、大隈は民部大蔵省租税正《そぜいのかみ》という特別待遇で栄一を迎えた。現在で言えば、一民間人を財務省の主計局と主税局と国税庁の局次長を兼務するような役職にいきなり抜擢したのだ。まだ二九歳の若さであった。

これまで静岡藩士族であったが、東京に戸籍を移す際、わざわざ東京府平民に編入してもらっている。もともと〝自分は武州《ぶしゅう》で藍を商いしていた農家の出身〟というのが彼の誇りであり、士族という身分に何の未練もなかったのだ。それに、慶喜がいる静岡藩をあとにして士族を名乗り続けることは申し訳ないという思いもあった。

これから大輔や少輔といった官名が頻繁に出てくるので、少し説明しておきたい。

太政官制の〝卿《かみ》・輔《すけ》・丞《じょう》・録《さかん》〟の四等官のうち明治政府では上位三つが官名に使用され、〝輔〟と〝丞〟はそれぞれ〝大・少〟に分かれていた。卿は現在の大臣にあたり、大輔や少輔は事務次官ポスト。大丞と少丞は局長級であった。そして栄一の場合、とりあえず租税司（〝司〟は省内部局の意）という部局の長（正《かみ》）として採用されたわけだが、入省の翌年八月には早くも少丞に就任している。

役所や役人の数が少なく、国会議員が存在していなかった当時、一人一人の権限は今とは比較にならないほど大きかった。大隈重信が〝神〟だと比喩したのも理解できる。

中でも栄一の果たした役割は大きかった。江戸時代と明治時代が非連続であるのは、まさに彼が新たな国造りに着手したからにほかならないのだ。

大隈から懇請されて入省したというのに、こころよく思わない者もいた。

「あんな百姓上がりを抜擢するとは何事ですか！」

民部大蔵少丞の玉乃世履《たまのせいり》は、血相を変えて大隈につめ寄ってきた。岩国出身の玉乃は栄一より一五歳年上。優秀だが堅物で通っている人物だ。後に大審院長《だいしんいんちょう》（現在の最高裁長官）になる。

「渋沢如きを登用するなら、我々は一切仕事をやりませんぞ」

玉乃はそうまで言ったが、大隈はとりあわなかった。

実際、栄一はすぐに彼らを黙らせるのだ。

玉乃世履

当時の民部大蔵省は、財政のことはもちろん現在の内閣府、厚労、農水、経産、総務、国交、法務省など、ほぼ全部の省庁の仕事が回ってくる。そのすべてに財政の裏付けをして実務に落とし、根回しをして実現に持っていかねばならない。

普通の人間にできることではないが、栄一にはそれができた。とにかく切れる。仕事が速い。周囲の度肝を抜くに十分なものがあったが、もう一つ、栄一がほかの人間と違っている点があった。無尽蔵の体力の持ち主だったことである。三日も四日も徹夜で働き通して平然としていた。彼は大隈が言うところの〝旧物の破壊、百事の改革〟（『大隈重信自叙伝』）に大車輪で邁進していったのだ。

彼の仕事ぶりを目の当たりにして、批判はピタリとなくなった。中でもまっさきに不明をわびて来たのが先述の玉乃だ。

「持論公平正大、旧幕ノ俗習ナシ、勝房州ノ流ト察シタリ」

そう言って感嘆したという。勝海舟になぞらえられるのは、旧幕臣にとってこれ以上ない名誉だった。

栄一は新政府出仕と同時に、湯島天神近くの約四五〇坪ある元旗本屋敷を三五〇円で買い取った。これまで栄一の自由奔放ぶりに振り回され、気が気でなかった千代は、この家に来てはじめて気持ちが落ち着いたという（『ははその落葉』穂積歌子著）。

入省して一ヵ月ほどが経って様子が分かってくると、早速建白書を書いた。民部大蔵省内に制度改革を推進するための部局を新設するべきだというのである。

この提案を大隈は直ちに採用。明治二年一一月末、新たに改正掛《かいせいがかり》が設置され、栄一は租税正のまま改正掛長を兼務することとなる。腕が鳴ったが、一人ではさすがに仕事が回らない。そこでとっておきの人材をスカウトしてきた。静岡に残っていた杉浦譲だ。

どうしたわけか、まだ杉浦には声がかかっていなかった。かつて外国奉行配下だっただけに外務省が適任なのだが、前政権の敏腕でならした担当者が煙たかったのかもしれない。

栄一は自分の下で働いてくれないかと手紙を書いた。家族も一緒となると支度が必要だ。当面、自分の屋敷に同居してくれていいからと付け加えておいた。大変喜んでくれ、貴殿と一緒なら心強いという返事がきた。

杉浦には、殖産興業の要であった官営富岡製糸場の設立を手伝ってもらうことにした。栄一は明治三年（一八七〇）、官営富岡製糸場の設立主任となっていたのだ。

生糸に限らず、日本と欧米との差はめまいのするほどに大きい。それに無謀にも短時日のうちに追いつこうというのが改正掛の仕事だった。

そこで栄一は改正掛の目指す世界を世に示そうとした。パリ万博に派遣されていた折、ともに公務日誌をつける担当だった杉浦と彼の地で見聞きしたことをまとめ『航西日記』（全六巻）として発刊する。

改正掛がいかに多忙を極めていたかを知るには、『渋沢栄一伝記資料』にあたるのが一番だ。その中の〝栄一租税正トシテ之ニ与ル〟と書かれている箇所を読んでいくだけで、明治新政府の骨格がどういうプロセスでできていったかを追体験できる。

大臣に該当する民部大蔵卿は名君として名高い宇和島藩主伊達宗城《だてむねなり》だ。伊達の名君ぶりはここでも発揮され、省内の会議では役職の上下関係は横に置いて、自由闊達《かったつ》な議論が交わされた。多忙ではあったが風通しの良い職場であった。

伊達の下に大隈重信大輔、伊藤博文少輔、井上馨大丞がいた。彼らが栄一の上司である。

栄一にはいくつもの才能があったが、改正掛で威力を発揮したのは、上司の癖を見抜きうまく操縦する手腕であった。たとえば大隈は、自分の言いたいことについては長広舌をふるうが、人の話はなかなか聞こうとしない。

そこでどうしても聞いてもらいたいことがある場合、

「今日はかくかくしかじかの用件で参りましたので、まずはその件につきお話をお聞きいただき、ご意見はその後でお聞かせ下さい」

と前置きをした。

直属の上司である井上にしても癖があった。気が短いのだ。要領を得ない話をするとすぐ雷を落とす。〝雷爺《かみなりじじい》〟とあだ名がついていた。ところが栄一はいつも話が簡潔なので雷が落ちない。そこでこちらには〝避雷針〟というあだ名がついた。〝雷爺〟と〝避雷針〟、後々まで続く名コンビの誕生であった。

## もう一人のお節介・井上馨

井上馨

井上は元長州藩士。栄一より五歳年上である。一〇〇石取りというそこそこの家柄に生まれたが、そうは言っても農耕もしなければ食べてはいけない。若い頃の食事は質素で衣服も木綿。冬でも足袋《たび》などはいたことがなかった。そのため老齢になっても寒い冬、布団から素足を出して寝ていたという。

頑健だったことを示すエピソードは数多い。七三歳の時、韓国皇太子を新橋駅に迎える際、遅れてきた彼は歓迎の列に加わろうとして、プラットホームに敷いてあった幅一間（約一・八メートル）の赤絨《あかじゅう》毯《たん》をひらりと飛び越えて周囲の人間を驚かせた。晩年まで髪も黒々としていて、尋常ではない生命力の持ち主だった。

それは父親の指導の賜物であったようだ。

父光亨は厳格な人で朝五時には家中のものを起こし、馨には米や麦一臼をひかないうちは朝食の膳につくのを許さなかった。一二、三歳の頃から武芸を習い、弓術、槍術、剣術、馬術と武術百般をきわめ、一七歳の時、兄と萩《はぎ》城下に出て藩校明倫館《めいりんかん》に学んだ。江戸に上ると蘭学を学び、剣は木戸孝允と同じ斎藤弥九郎道場で磨いている。早くに頭角を現し、藩主の側近である小姓役に抜擢された。

海軍興隆のために江戸で英学修行をすることになったが、藩主からもらった学費一〇〇両を遊興のために使い果たす一方、尊皇攘夷運動に身を投じる。高杉晋作や久坂《くさか》玄瑞《げんずい》、山尾庸三《やまおようぞう》（後の工部卿、初代法制局長、子爵）、品川弥二郎《しながわやじろう》（後の農商務大輔、子爵）、伊藤俊輔《いとうしゅんすけ》（後の博文）などと爆弾を作製。品川の御殿山に建築中だったイギリス公使館を襲撃した。世に言う〝イギリス公使館焼き討ち事件〟である。

だがその後、長州藩が招聘しようとした佐久間象山が、

「攘夷など不可能である。早く国を富ませ、海軍力など軍備増強を急ぐべきだ」

と説いたのに触発され、本当に不可能か自分の目で確かめてやると、世界一の大国であるイギリスへの密航を決意する。このあたりの行動力は尋常ではない。

さすがに久坂や品川は、

「イギリス公使館を襲撃した我々がイギリス密航でもあるまい」

と常識的な意見を述べたが、長州藩は寛容で、一人三〇〇両の渡航費用を出してくれた。

だがそれだけでは足らない。井上は兵学教授の村田蔵六（後の大村益次郎）に頼みこみ、武器調達資金を担保にして御用商人大黒屋の榎本六兵衛から五〇〇〇両借りることに成功する。

こうして文久三年（一八六三）五月、井上と伊藤、山尾に、遠藤謹助（後の造幣局長）と井上勝（後の鉄道庁長官）を加えた五人で横浜を出航し、イギリスへと向かうのである。彼らは後に〝長州ファイブ〟と呼ばれ、長州のみならず日本を支える人材となる。

井上の変わり身の早さは、最初の寄港地の上海で早くも発揮される。立派な船が幾百隻と碇《いかり》を下ろしている光景を目の当たりにし、すぐに攘夷は夢だと悟ったのだ。

「日本を出てわずか四、五日で攘夷の初志を変ずるとは」

と伊藤にあきれられたが、その伊藤もしばらくすると井上の言うとおりだと考えを変えた。

イギリス到着までに四ヵ月と一日かかったが、ロンドンに到着するやいなや現地の人間から新聞を見せられて驚いた。下関戦争の記事が出ていたのだ。

文久三年五月の攘夷決行による長州藩の馬関海峡封鎖と外国船砲撃に怒った欧米列強は、元治元年（一八六四）八月、四ヵ国艦隊を編制して下関を攻撃し、長州の軍艦は撃沈され、砲台も破壊されていた。

「このまま攘夷など続けていては、長州はおろか日本も滅びる」

井上と伊藤は危機感を募らせ、あとの三人を残して帰国の途についた。この時の海外経験が、栄一との太い結びつきの根底にあったと言える。

帰国後の井上は攘夷こそ捨てたものの、その情熱を倒幕に向けるようになる。

第一次長州征伐に際し、長州藩内は幕府に恭順謝罪しようという俗論派とそれに抵抗する正義派の二つに分かれていた。具体的課題として彼らの目の前にあったのが、幕府の要求通り、禁門の変を指揮した三家老に責任をとらせて切腹させ、恭順の意を示すかどうかである。

木戸や伊藤など明治新政府で高官になった者の多くはこの時、正義派に属しており、井上もまた同様であった。彼は藩内の多数派であった俗論派に激しく反発し、藩主の前で議論を闘わせる。弁が立つだけに深い恨みを買った彼は、その帰路、俗論派の襲撃を受ける。元治元年（一八六四）九月二五日の夜のことであった。

数十ヵ所を斬られたというからずたずたである。自宅に運ばれた彼を前にして、怒り狂った兄光遠が、

「敵は何者だ？」

と問うたが、息も絶え絶えな馨は今はこれまでと観念し、手真似で介錯《かいしゃく》してくれと頼むばかりであった。

苦しそうな様子に見ていられなくなった光遠が一度は刀を抜いたが、母房子は血だらけの井上を背後から抱きかかえ、

「斬るなら私も一緒にお斬りなさい！」

と言って介錯させようとしなかった。

このエピソードは「母の慈愛」として、戦前の修身の教科書に載っていた。

彼が強運だったのは、なじみの芸者にもらった鏡を懐中に入れていたため急所を外れていたことと、たまたま長州藩の京都藩邸医院総督であった所郁太郎《ところいくたろう》がいあわせ

たことである。

所は緒方洪庵の大坂適塾で塾頭まで務めた蘭方の名医。あいにく治療道具を持っていなかったが、近所の畳屋から畳み針を借り、焼酎で患部を消毒すると、身もだえる井上を押さえつけて六ヵ所五〇針を縫う大手術を行った。

生まれつき強運と強靱な生命力の持ち主であった井上は奇跡的に一命を取り留めたが、右頬から唇にかけて深く斬られた傷は後々まで残った。

そして維新を迎える。明治二年（一八六九）五月、大阪の造幣局知事に任じられ、同年八月造幣頭、一〇月民部大丞兼大蔵大丞、翌年一一月大蔵少輔と順調に出世。人徳にやや欠けるところがあり造幣局の前にいた長崎でも問題を起こしたが、彼の豊かな発想と行動力は明治国家建設に重要な役割を果たしていくのである。

その後も栄一は三井組の三野村と交流があり、近く認可を下ろす予定だった銀行制度のことでも意見交換をしている。三野村は栄一の家庭のことまでアドバイスしてくれ、千代とも面識があるくらいであった。

栄一が閉口したのは、三野村が盛んに、

「役人など辞めて三井で一緒に働かないか」

と勧めてきたことだ。顔を合わせるたびに言ってくる。

この頃になると、以前のように商売の素人だと馬鹿にすることはなくなり、栄一の能力を高く評価するようになっていた。

租税正である栄一が管轄した予算は国家運営の要《かなめ》だけに、依頼や指導を含め、いろいろな人間からのアプローチがあった。そんな中で彼は、維新の三傑の一人である木戸孝允と接する機会を得ている。

『木戸孝允日記』は明治初期の政府高官がいかに精力的に奔走しているかを示す貴重な資料だが、その明治三年八月六日の条にこうある。

――雨午後晴　湯島に至り、渋澤租税正を訪《おとな》ひ時事を相語る。

六時過ぎになってようやく九段の屋敷に帰っているから、相当話が弾んだのだろう。〝相語る〟という表現から、木戸が一方的に話したのではなく、栄一も積極的に時勢について述べたことが伝わってくる。

実は栄一と木戸にはある共通点があった。それは時流を上手につかみ、時には卑怯だと後ろ指を指されながらも自分の力の発揮どころを間違えなかったところである。

木戸は桂小五郎と言われていた志士の時代、〝逃げの小五郎〟の異名を取った。同志が多数命を落とした池田屋事件では近くの対馬藩邸にいて難を逃れた。禁門の変や

大蔵省出仕時代の栄一

鳥羽伏見の戦いのような危険な戦闘には参加していない。人生には命の賭け時がある。それまではリスクを回避して生き残らねば大事を行うことはできないということなのだろう。

栄一が官に仕えた当初は血洗島の両親もまだ元気だったから、三ヵ月に一度くらい三、四日湯島の屋敷に滞在して帰るのを通例としていた。

市郎右衛門はこの頃から、栄一のことを〝殿〟と呼ぶようになっていた。千代のことも〝奥様〟と呼ぶ。

恥ずかしがって千代が、

「昔のように呼んで下さい」

と懇願しても、

「大君に仕える朝臣を、どうしてかるがるしく名など呼べようか」

と大仰《おおぎょう》な言葉を口にしながらかぶりをふった。

出世した息子を誇らしく思ってのことであろう。栄一が血洗島に帰る際も、玄関に水をまき、盛り塩をして丁重に出迎えた。

こうした風潮はその後も渋沢家の伝統として残り、娘の歌子は自分の日記に、父栄一のことを〝大人《たいじん》〟と書いたり、敬語で書いたりしている。

そうしたことが外部に漏れ、

「渋沢は自分のことを家人に〝殿様〟と呼ばせている」

などと悪し様に書かれたが、当の本人はあまり気にしていなかった。

別に威張っているわけではないのだが、周囲から感謝されたり尊敬されたりするのは大好きなのだ。

明治四年（一八七一）五月、栄一は租税正、改正掛長のまま大蔵権大丞正六位に、八月には〝権〟（次長という意味）がとれて大蔵大丞に昇任する。高官中の高官となったのだ。出仕する際も堂々と馬車で通うようになった。

役人生活は多忙ではあったがやりがいはあった。何より頼もしい優秀な部下が集まってくれていた。杉浦のほか、前島密《ひそか》、赤松則良《あかまつのりよし》（後の海軍中将、男爵、貴族院議員）、塩田三郎（後の清国特命全権公使）、佐藤政養《さとうまさやす》（元神戸海軍操練所教授方、鉄道建設に尽力、初代民部省鉄道助《すけ》）と錚々たる面々だ。みな旧幕臣である。

前島密は一円切手の肖像で知られた〝郵便の父〟である。栄一の部下の中でもとりわけ見事な活躍を見せたのが前島であった。

## 前島密と郵便制度

前島の家は三〇〇年続く農家だったが、生まれてすぐ父親が病死し、母子ともに貧困に苦しんだ。五歳になった時、母の実家があった高田藩に移り住む。栄一のように名字帯刀を許された場合を除き、当時の農民に姓はない。彼が前島姓となるのは三一歳の時に幕臣の家へ養子に入ったためである。

糸魚川《いといがわ》藩の藩医だった叔父から漢方医学の手ほどきを受けたが、それにあきたらず蘭方医学を学ぶため江戸に遊学。すぐに頭角を現し、黒船来航の時には浦賀奉行井戸《いど》石見守弘道《いわみのかみひろみち》の従者としてアメリカ側との接見の場に立ち会うまでになっている。

国防の必要性を痛感した彼は全国の港湾を見て歩いた。そして西洋式兵法や砲術、操船術などを身につけることに没頭しはじめる。今自分が何を習得することが国家に最も貢献できる道であるかを、彼はこの頃から考えていたのだ。そして西洋航海術を習得すると日本中を測量して回った。

やがて彼の学識は当代一流の蘭学者を集めていた薩摩藩の目にとまり、鹿児島開成学校で教鞭をとることとなる。前島が三〇歳の時のことであった。薩摩藩の中でも大久保利通は彼のことを高く買っていたが、江戸で幕臣前島《まえじま》錠《じょう》次郎《じろう》の養子となり幕府の開成所（東大の前身）翻訳筆記方に奉職したことをきっかけに、大久保とは立場を異にすることとなる。

そして迎えた明治維新。前島は栄一同様、先述した郷純造の推薦で新政府に出仕する。

前島密

大隈は大蔵卿になると郷を大蔵大輔に抜擢しているくらいだから、彼のことを評価していたはずだが、こんな言葉を残している。

「郷という男は金を溜《ため》るの才はあったが、最もあの男にエライとして伝うべきは、前島、渋沢二翁を明治政府に推薦した一事である」

だが、前島は九等出仕という低い階級でのスタートだった。判任官であり今で言えば課長補佐クラスである。高い地位は薩長藩閥が独占しているのを知ってすぐ退職しそうになったが、杉浦が押しとどめた。

「我々がやらねばこの国はどうなるんですか？」

杉浦には分かっていたのだ。これまで国家運営を実際に行っていた旧幕臣こそが、この国を支えることのできる貴重な人材であることを。杉浦自身、地理頭でありながら一〇等出仕にすぎなかった。

前島も気を取り直し、改正掛の仕事と向き合った。そして、いきなり大きな仕事を引受けることになる。

きっかけは太政官会議（当時の最高意思決定機関）で、大隈と伊藤が鉄道建設を建議したことにはじまる。明治二年（一八六九）のことであった。

彼らはその必要性について熱弁をふるい、他の高官からも異議は出なかったが、

「ところで予算や営業上の収支についてはどう考えているのかな？」

というごく当たり前の質問が出た瞬間、顔を見合わせて沈黙してしまった。

会議後、大隈は栄一と前島を呼んだ。

「なんとしても鉄道を敷設したい」

「必要な予算はどうされるのですか？」

栄一も当然のように、そう質問した。彼も鉄道の敷設が将来この国に絶対必要だとは思っている。だが事業規模が余りに大きい。井上も慎重な意見だったが、ここは大隈が決断した。

「採算が合うことを書面にして至急提出してくれ」

そしてこの仕事を前島に命じたのだ。

採算が合うか検討しろというのではなく、採算が合うように理屈を並べて書面にしろというのである。乱暴なことこの上ない。前島は蘭学を学んでいたかもしれないが、鉄道事業に明るいはずがない。それでも夜を徹して稟議書を作成し、翌朝、大隈に提出した。曰《いわ》く『鉄道臆測《おくそく》』。その怪しげな表題からも、彼の苦労がしのばれる。

こうして新橋―横浜間の鉄道敷設が決定された。

大隈は前島の能力を高く評価し、改正掛のまま徴税に関しても栄一の部下として租《そ》税権正《ぜいごんのかみ》（七等出仕）に昇進させた。租税正である栄一の副官になったわけだ。これでようやく前島は奏任官（現在の課長級）になれた。馬車に乗って役所に通う勅任官（次官、局長級）や奏任官といった高等官と、徒歩に手弁当（これを腰弁と呼んだ）で役所に通う判任官とでは大きな身分の差がある。能力に地位が追いついてきたのだ。

改正掛にはその後も次々に難問が降りかかってきたが、その一つが駅逓《えきてい》の改革であった。現在の郵便制度のことだ。

明治になっても政府の公用文書は、江戸時代から続く飛脚によって送られていた。だが費用は馬鹿にならない。政府が事業としてうまく運営できれば国民にも広く利用してもらえ財政支出が削減できるかもしれない。しかし欧米の視察経験がある栄一でさえ自信がなかった。

この難問に手を挙げたのが前島だった。彼の勇気ある決断に対し、栄一は敬意をこめてこう回想している。

〈私共が幾《いく》ら考へて見たけれども、宜《よ》い思案もない。所が前島さんが専《もっぱ》ら任じて、宜しい己《おれ》が一つやつて見ようと云ふ〉（『追懐録』渋沢栄一著）

栄一は前島の決断を支持し、支援することを約束した。それにしても、この文章には栄一の人柄が出ている。彼は部下の仕事を自分の手柄だとする人間ではなかった。前島の能力の高さをしっかり世間に喧伝した。こうしたことは、自分に自信があるからこそできることだろう。

こうして明治三年（一八七〇）五月一〇日、前島は租税権正のまま、駅逓権正の兼任を命じられた。後の郵政省にあたる駅逓司は正が欠員であったから、事実上、駅逓事業の事務次官である。職階の低い者をトップに据えねばならない時、明治新政府がよく用いるやり方だった。

仮に駅逓という呼称にしてみたが、まったくの新事業であり、新しい名称をつけるべきだ。当初〝飛脚便〟と呼ぶ案も出たが、これでは従来の飛脚と混同されてしまう。そこで考えられたのが〝郵便〟であった。

官営にするにあたっては、一気に欧米同様の近代的制度を導入しようとしたが、制度の詳細を知ろうと海外文献を探しても見当たらない。栄一がフランス切手を持ちかえっていて、これを書状の表に貼りつけて郵送する仕組みになっていることを前島に伝えたが、切手の再使用をどうやって防いでいたかは栄一も記憶にない。

消印を押すことには考えが及ばなかった彼らは、ぬらすとすぐ破れる薄弱の紙を用い、再使用できないようにしたらどうかなどと真剣に議論していた。すべてが手探りだった。

明治三年六月、何とか新式郵便制度の立案をなしとげた前島は、施行直前、英国に渡る。世界にさきがけて近代郵便制度を始めた国を視察し、帰国後、郵便制度をさらに充実させていく。

前島には郵便制度、杉浦には戸籍改正など、重要な仕事を彼らに割り振りながら、栄一は租税正として予算管理と税収向上に取り組んでいた。

だが彼の方針にしばしば異を唱えてきたのが、ほかならぬ大久保利通であった。

## 大久保との確執

大久保は自らに権力を集中するため、官僚組織を頻繁に変更している。

民部大蔵省はもともと木戸孝允が主唱した合併によってできた役所で、徴税を司る民部省と財政を司る大蔵省を一体にして中央集権国家の確立を目指そうとする目的があった。そこで頭角を現したのが大隈や井上や伊藤だったわけだ。

この合併が長州と肥前佐賀藩の出身者を益するものだったことに不満を持った大久保は、岩倉具視と諮《はか》って明治三年（一八七〇）七月、再び民部省と大蔵省の分離を実施。大隈と伊藤の両省兼任を解き、自ら民部省御用掛（民部卿代行）に就任した。栄一が民部大蔵省に入省し、その後、大蔵省出仕となったのはこのためだ。

この時、伊藤は民部大蔵少輔から初代兵庫県令として転出している。大久保による左遷だった。

ところが大久保は両省を分離した途端、またも後悔しはじめる。予算を持っていないと力を持ち得ないからだ。この年の冬、民部省から殖産興業を目的とする工部省を独立させると、その翌年、江藤新平に命じ、今度は大蔵省による民部省吸収合併の建議をあげさせた。強力な権力を持った新生大蔵省を誕生させようというのである。

まことにめまぐるしく恣意的な機構改革である。その間、大久保が一貫していたのは、長州勢力の牽制と旧幕臣重用回避の動きだった。そういう意味では、栄一は目障りな存在だったと言えるだろう。

大久保利通

大久保の思惑をよそに、栄一は着々と仕事をこなしていた。この頃、彼の行った大仕事が明治四年（一八七一）五月の新貨条例発布である。

江戸時代の通貨制度では欧米との商取引が困難であることは分かっていた。関東は金中心、関西は銀中心という正貨の違いが残り、太政官札は下落、偽造通貨も蔓延していた。こうした混乱が、国際的な信用問題に発展しようとしていたのだ。

ここで伊藤博文が活躍する。長州藩士の中でも最下層の身分から、強烈な知識欲と向上心ではい上がってきた人間だ。

単に世渡り上手なだけではない。若い頃こそ英国公使館焼き討ちや幕臣暗殺にも加わっているが、明治新政府では議論によって論理的に相手を説得する姿勢を貫き、冷静な判断力で見る間に頭角を現した。後年、初代内閣総理大臣に就任するのは、彼の能力と知見と実績からすればごく自然なことだったと言っていい。

兵庫県令に左遷された後、工部省新設に尽力して初代工部卿に返り咲いていたが、海外の通貨制度や銀行制度などについて調査するため急遽アメリカに出張したのだ。

長州藩士時代、まったく英語が話せないのに英国に渡っており、後年まで通訳がいないと通じない程度の英語力だったが、物怖じしないところも伊藤の強みだった。

栄一も同行したいところだったが、自分の代わりに語学に堪能な福地源一郎（桜《おう》痴《ち》）と塩田三郎、そして元徳島藩士の芳川顕正《よしかわあきまさ》等を同行させた。

そして彼らの帰朝報告をもとに、新しい通貨制度が立案される。

江戸時代の両は基本的に四進法だったが、欧米同様の十進法での貨幣単位を制定する必要がある。そこで新たに円を通貨単位とし、通貨の形も欧米流に円形にした。金銀本位制が採用され、一円金貨とは別に貿易向けの一円銀貨（貿易銀）が鋳造された。前年に貨幣を用意したので、明治四年に発行されたものも、すべて明治三年の刻印となっている。今からは考えられないことだが、すべてが手探りだった。

当初は一両を一円とすることで、混乱を最小限にとどめる工夫がされた。当時は〝いぇん〟と発音したため、いまだにYENと表記されている。ところが当時の人はすぐにはなじめず、しばらく両と呼び続けていた。江戸時代という長く続いた世の中から急に改革していくことの困難さを象徴する話である。

啓蒙家として知られた福沢諭吉は民間にいながら栄一たちの仕事を側面から自発的に支援してくれていたが、太陽暦が導入された時に福沢が出版した『改暦弁』には、〈日本国中の人民、この改暦を怪しむ人は必ず無学文盲の馬鹿者なり〉と書いている。

これほど過激な言辞を用いなければ、国民の意識を変えていくことは難しかったのだ。

この当時、まだ藩が存続していたが、廃藩置県を実施しないと中央集権国家は完成しない。だが旧藩主の抵抗が予想され、慎重に進める必要があった。そして明治四年七月一四日、西郷は陸軍元帥、近衛都督《ととく》を兼ね、武力を背景にして、ついにこの一大政治改革を断行する。

この時、大蔵省紙幣頭《しへいのかみ》に就任していた栄一は、廃藩置県後に大混乱が予想される藩札の処分方法について三日三晩家に籠って徹夜で案を作った。旧藩主を中心に士族が反乱を起こすことを心配した人間は多かろうが、藩札のことに考えの及んだ者は少なかったに違いない。

実際、農民や商人の立場からすれば藩がなくなるという精神的ダメージより、経済的ダメージの方が深刻だ。実務家として最大限の想像力を働かせ、生じるであろうリスクを未然に防いだのだ。

廃藩置県後の都道府県体制整備や中央官庁の再編については、江藤とその部下になっていた杉浦が担当し、八月には官制の大改革が行われることとなった。

民部省が廃止され、駅逓、戸籍、勧業の三つの部局（司）が大蔵省に移された。その結果、大蔵省は産業財政の全権を握り、戸籍司によって地方行政をも掌握し、大蔵卿の大久保に強大な権力が集約されることになった。彼の筋書き通りである。

そして大久保はなんと改正掛を廃止するという挙に出る。このままでは旧幕臣がトップに座っているこの部署が突出した力を持ちそうだからだ。以降、改正掛の仕事は内容に応じて各省が分担することとなった。

さすがにこれまでの栄一の功績は認めざるをえない。明治四年八月、彼は大蔵大丞に昇格する。今で言う局長クラスだ。権大丞になってわずか三ヵ月のことであった。

一方で大久保は栄一を牽制するのを忘れなかった。同じ大蔵省大丞として谷鉄臣《たにてつおみ》と安《やす》場保和《ばやすかず》という腹心の部下を送り込んだのだ。二人とも重量級だ。

谷は栄一より一八歳年長で、廃藩前は彦根藩の大参事（家老格）だった。安場は熊本細川藩家老の家柄で栄一より五歳年上。胆沢《いさわ》県、酒田県の大参事、熊本県の少参事を歴任した後、西郷の強い推薦で新政府に出仕。早々に大隈を弾劾したが否決され、それでもそのまま居座っている剛のものだ。

大蔵大輔だった大隈は参議に転じ、大阪の造幣寮（後の造幣局）の頭になっていた井上馨が大隈の後任として大蔵大輔に就任する。

これで大蔵省は井上馨が大輔、少輔が津田出《つだいずる》（紀伊）、大丞は栄一のほか谷（彦根）と安場（肥後）、権大丞に松方正義（薩摩、後の首相）、栄一の後任の租税正に伊藤博文、戸籍正に田中光顕（土佐、後の宮内大臣）という布陣となった。

津田少輔は紀伊藩の大参事として大きな成果を挙げた人物だが、井上は栄一を何かと頼りにした。改正掛がなくなっても仕事は山のようにある。欧米同様、税金を米でなく通貨で収納する体制にしなければならないと考えた彼は準備にとりかかった。いわゆる地租改正である。

栄一は商工業を司る通商司も兼任しており、これが後の〝近代資本主義の父〟としての働きに直結していく。

政治の世界は今も昔も貸し借りで成り立っている。

新政府は政権を握ると、旧幕府軍との戦いを支援してくれた豪商たちに恩返しをしていった。慶応四年（明治元年）二月、まずは多額の献金をしてくれた三井組、小野組、島田組の三家に会計事務局為替方を命じる。政府の金庫番になってもらったのだ。

小野組はもともと京都の豪商だったが、ようやく儲けるチャンスが巡ってきたのを機に拠点を東京に移すことを決めた。京都府知事は必死に引き留めたが、なかば強引に東京移転を実行した。その時の府知事が長州出身だったことで、小野組は後に長州閥から手痛い意趣返しをされることになる。

中でも多額の献金をしていた三井組は大阪に設置された造幣寮御用を命じられ、新貨と金銀地金との両替を担った。三野村のすぐれた危機管理能力により、最も存在感のある商家として維新を生き延びることができたのだ。三井家は心から感謝し、三井の姓を名乗って欲しいと申し出たが彼は固辞している。

一方で相変わらず三井に入ってくれと栄一を勧誘していたが、三野村の回想によると栄一は歯牙《しが》にもかけなかったという。三井に入っていたら、さんざ井上に使われたことだろう。賢明な判断だったと言える。

儲けるチャンスだと豪商たちが腕まくりをして待っていた新政府からのビジネスは、当初、まったく収益を生まなかった。

明治二年（一八六九）五月以降、政府は豪商たちに為替会社設立を命じ、東京、横浜、新潟、京都、大阪、神戸、大津、敦賀と順次設置し、両替や貸付などの銀行類似の仕事を始めさせていたが、太政官札、民部省札など紙幣が乱発されて金融市場が混乱していたことから損失が膨らむ一方。栄一が大蔵省に入省して通商司担当として為替会社を任された頃には、にっちもさっちもいかない状況となっていた。

そこで彼は豪商に頼らず、広く民間の奮起を促そうと考えた。株式会社の仕組みや設立の方法を丁寧に解説したマニュアル本の製作に取り組んだのだ。そして明治四年（一八七一）九月、大蔵省から『立会略則《りつかいりやくそく》』を発刊する。

差配人（社長）、取扱人（取締役）、勘定方監察（監査役）といった造語でわかりやすく解説し、半期ごとに決算を行って株主に説明するようにせよなどと具体的記述で株式会社設立のノウハウを伝授している。

部下の吉田二郎（後のニューヨーク総領事）に原案を作成させ、栄一が推敲を加えた。吉田は勝海舟の下で操船術を学び、パリ万博派遣団にも参加していた元幕臣だ。

栄一が伝えたいことはあうんの呼吸でわかった。

本書の冒頭、政府は企業に対し〝威権をもって圧制〟してはならないとわざわざ書いているのは、民間に自由裁量を持たせずに設立を命じた為替会社失敗の愚を繰り返してはならないという自戒を込めてのものである。

その上で栄一は〝小にして一村一郡、大にして世界万国の有無を通じ、生産もまた繁昌し、ついに国家の富を助くるにいたらん〟と記した。小さな村で試みた商売でやがて世界に雄飛し、国家の柱石となる夢を追えと、民間を鼓舞して新規参入者の背中を押したのだ。

だがこの試みは時期尚早であり、しばらくは豪商に頼らざるを得ない現実をつきつけられる。すべては試行錯誤の連続だった。

新政府の政策失敗の尻拭いをしつつ、必死に国富増強への努力を続ける栄一のところに、神経を逆なでするような話が降ってくる。明治四年八月のこと、大蔵卿の大久保が突然、栄一と谷、安場の大丞三名を呼び、次のように問うたのだ。

「陸軍省の歳費額を八〇〇万円、海軍省の歳費額を二五〇万円にしたいのだが、ついては貴君らにその可否を問いたい」

大久保には一種独特の威厳があり、役所に出てくると建物内にぴんと張り詰めた空気が漂った。同じ元薩摩藩士で何人もの暗殺に携わり、人斬り半次郎と恐れられた桐野利秋でさえ、少し口答えしたとたん大久保に、

「なんじゃっちぃ！（なんだと？）」

と言われると二の句が継げなくなったという。

その大久保が、最大限の圧力をかけて栄一たちに軍事費増額を迫ったのだ。谷も安場も無理筋だとわかっていたはずだが反論しない。腹心なのだから当然だろう。

ここで栄一が口を開いた。

「まだ歳入の正確な数字も把握できていない今、軍事がいかに国家の大事だからといって、一〇五〇万円もの支出を我々の一存で決めるなどもってのほかです」

言葉を飾るような人間ではない。思いをそのまま言葉にした。

〝入るを量って出ずるを為す（量入為出）〟という予算管理の基本精神がある。二宮

金次郎（尊徳）が口にして有名になったが、中国の古典『礼記《らいき》』の中の言葉だ。

栄一はこの考え方に忠実であるべきだと考えていた。ちょうど部下に命じて歳入を精査させているところであり、歳出をそれにあわせていこうと考えていたところだ。それは大久保も知っているはず。そんな折も折、陸海軍あわせて一〇五〇万円もの経費をのめと言われても、はいわかりましたとおとなしく引き下がるわけにはいかない。

すると大久保は眼光鋭く栄一をにらみつけ、

「陸海軍が如何なってもよいと思ってるのか？」

と色をなした。

「軍備が重要であることくらいわかっております」

となおも食い下がったが、議論は途中で打ち切られ大久保の意見が通ってしまう。

栄一は腹の虫が治まらない。

（やめてやる！）

浜町の井上邸を訪ねて辞意を伝えた。驚いたのは井上だ。多事多難の折、右腕と頼みにしている栄一に辞められては一大事。懸命に慰留に努めた。

「近く大久保さんたちは岩倉さんと海外視察に出発する。そうなれば大蔵省の実権は我々が握ることになる。なんとかここは我慢してくれ」

釈然としなかったが、しばらく大阪造幣寮に出張するよう命じられた。

大久保が参加した海外視察とは、廃藩置県直後、外務卿の岩倉具視が発表した〝岩倉遣欧米使節団〟のことである。見直し期限が翌年に迫っていた不平等条約改正交渉と、欧米の実情を視察することを目的とするものであった。

特命全権大使が岩倉で副使が木戸孝允。大久保、伊藤以下の政府高官四六名と、随員や津田梅子（津田塾大創始者）ら留学生をあわせ、総勢一〇七名の大使節団だ。政府の中枢にあるものがこれほど一度に国内を留守にするのは、洋の東西を問わずまれであろう。

留守をあずかるのは三条実美太政大臣と、参議である西郷隆盛のほか、大隈重信、江藤新平、板垣退助、後藤象二郎、大木喬任《おおきたかとう》といった面々。三条の存在は形式的なものであり、国家の運営は西郷に任されたと言ってよかった。後世〝西郷留守内閣〟と呼ばれている。

大蔵卿だった大久保は、自ら率先して使節団に加わった。まだ廃藩置県からわずか四ヵ月しか経っていない。旧藩主のみならず失業した士族たちが怒り狂っているあと始末を、全部西郷たちに押し付けての船出だった。

大蔵省からは前年アメリカから帰国したばかりの福地源一郎が、英語だけでなくフランス語もできる語学力を買われ、通訳を兼ねて参加することとなった。

「留守宅のことは渋沢さん以外頼む人がいないので、どうか面倒をみてやっていただけますか」

栄一はくどいほど頼まれた。やはり大事な局面で頼れるのは旧幕臣だったのだ。

福地は後に大蔵省を退官し、東京日日新聞で健筆を振るう。役人であったからなおさら、権力は批判者を持たねば腐敗することを感じていた。新政府内に薩長の人間が多かったように、新聞業界には旧幕臣が多く集った。栄一や杉浦は、役所にいながらそんな彼らのことを応援するのである。

大久保たちが出発してすぐ、栄一は東京に呼び戻された。岩倉使節団の出発は明治四年（一八七一）一一月一二日。大阪から帰ったのはその三日後の一五日のことである。彼がいかに井上から頼りにされていたかがわかる。

そんな時、悲報が届く。血洗島から急飛脚だ。あんなに元気だった市郎右衛門が一三日に急に病を発し、危篤に陥ったというのだ。

いても立ってもいられない。翌日の早朝、井上に会って大阪出張の復命をするのももどかしく帰省の許可を得ると、退庁してすぐ東京を出発。大雨の中、綱曳き後押しの人力車を仕立てて郷里へと向かった。

血洗島に着いた頃には、夜の一一時を過ぎていた。一時は人事不省《じんじふせい》に陥っていた市郎右衛門だったが、栄一が着いたときには小康を得ており、久々の再会を大変喜んだ。だが、死の直前に一時的に小康を得るのはよくあること。再び病状が悪化し、同月二二日、永眠する。享年六三であった。

数多くの親不孝をしてきたが、栄一の出世を心から喜んでくれた。それだけが救いだった。

「今になって思えば思うほど父は非凡な人であった」

栄一はそう語っている。

実際、当時としては珍しく父権を振り回すことなく、やりたい放題の息子を大きな愛で包み込み、その能力を存分に伸ばした非凡この上ない父親だったと言えるだろう。

## 官を辞す

岩倉使節団は出発にあたって留守をあずかる西郷たちとの間に、外遊中は大きな人事変更や政策変更を行わないよう念を押した文書を交わしていた。混乱する国内の収拾を任せておいていい気なものである。結局、これを破ったといういいがかりが、後の征韓論争(明治六年の政変)の伏線となっていく。

鳴り物入りで出発した岩倉使節団だったが、最初からつまずいてしまう。最初の訪問国だった米国で全権委任状を持参していないとの指摘を受けたのだ。信じられないミスである。以降、条約改正交渉は行わず、もっぱら国情視察に専念することとなった。

——条約は結びそこない金は捨て　世間へ対し(大使)何と言はくら(岩倉)

という狂歌は、このあたりの事情を皮肉っていて秀逸である。

大蔵卿の大久保が不在の間、大蔵大輔の井上が大蔵省のトップとなり、明治五年(一八七二)二月、栄一は大蔵省ナンバー2の少輔に昇進した。今で言う事務次官だ。将来、閣僚になる道が約束されたと言っていいだろう。

この当時、栄一が頭を悩ましていたのが正貨（金貨）準備高の問題だった。通貨は正貨準備を裏付けに発行されるわけで、政府に対する信用の基礎だ。これが決定的に不足していた。

栄一は井上と相談し、各省の経費を節減して二〇〇〇万円の正貨準備を作り、これを兌換《だかん》紙幣発行の裏付けとして国立銀行制度設立を構想した。ところが各省ともなかなか予算削減に応じてくれない。特に司法省と文部省の予算要求額が多く、栄一は再考願いたいと突き返した。

司法卿は江藤新平だ。日頃から井上とそりが合わなかったこともあり、井上と江藤は全面的に対立することとなる。

力を持っていたのは井上だ。予算を握っているのだから当然だろう。その権勢ゆえ、彼は〝今清盛〟と呼ばれていた。もちろんその力の源泉は、栄一が実務を引受けてくれていたことにあった。

当時の新政府にとっての大きな課題が、財政支出の三分の一にも上っている士族に支払う家禄と王政復古の際の恩賞（賞典禄）を今後どうしていくかであった。家禄と賞典禄をあわせて秩禄《ちつろく》と呼んだが、この秩禄を削減し、その削減分を担保に三〇〇〇万円の外債を募集して失業士族に公債として交付する計画を栄一は立案する。

丁寧に説明しなければ、士族全部を敵に回すことになりかねない。だが、どこかで踏ん切りをつけなければ国家財政は破綻する。

緊張が走る中、ある人物が栄一のもとを訪ねてきた。西郷隆盛が従者二人をつれて、湯島から移ったばかりの神田小川町裏神保小路（後の神田北神保町）の渋沢邸に姿を見せたのだ。明治五年の冬のことであった。

「御用がありましたら私のほうからお伺い致しましたのに」

さすがの栄一も丁重に出迎えた。

一対一で会うのは、数年前に京都の相国寺で豚鍋を御馳走になって以来である。西郷はカスリの羽織を着て草履をはき、まだちょんまげのままであった。

彼は意外な頼み事を口にした。

「相馬藩には二宮先生から教わった興国安民法というものが伝わっているそうで、なんとか同藩にはこれを続けさせてやりたいのじゃが」

興国安民法は二宮金次郎の教えの結晶である。あらかじめ決めた支出の限度を守りつつ将来にそなえ、村民たちの投票により働き者を表彰し、金や農具を与えることで意欲を高め、困窮者を救済し、家の修理、新築を助成し、堤・用水路の普請・修理を行う。質素倹約と備荒貯蓄を旨とした地域振興法であった。

相馬藩はこれによって藩財政を好転させたのだが、今度の廃藩で禁じられるのを恐れた相馬藩士の富田高慶《とみたこうけい》が、その継続を西郷に頼んできたのだ。富田は二宮金次郎の娘婿であり、彼の顕彰に人生を捧げた人物だ。全国の小学校に二宮金次郎像ができたのは彼の功績と言っていい。

西郷は情の人である。参事という要職にあるとは思えない気軽さで、

「では渋沢に相談し申そう」

と請け合い、自らやって来たというわけだ。

栄一は興国安民法のことは熟知していた。そもそも、その中に書かれている考え方こそが大久保と激論になった〝量入為出〟の財政原則だったからだ。

「西郷さん、相馬藩の興国安民法も大切かもしれませんが、むしろこの国自体が興国安民法を必要としていると言っていい。予算も歳入を計って歳出を定めねばならないのです。それを相馬藩の興国安民法だけ残すというのは筋が違う」

栄一の熱弁に西郷は圧倒されっぱなしである。人の好い西郷は、

「いや、もっともでごわす」

と応じたが、ややあって首をかしげ、

「おいどんは今日何しに来申したかな？　おはんに物を頼みに来たのか、それとも叱られに来たのか。こりゃいかん」

と頭をかきながら帰って行った。

結局、相馬藩の興国安民法は継続されなかった。一つの藩だけ特別扱いすることはできなかったからだ。栄一は忖度《そんたく》するような人間ではなかったのだ。だが国のトップでありながら、現場の人間に気楽に相談に来る西郷の姿勢に好感を持った。

西郷は相馬藩の依頼にことかりて、士族全体を敵に回すかもしれない政策を進めようとしている栄一を値踏みに来たのかもしれない。

実際、西郷は栄一たちが進めようとしていた秩禄処分案を強く支持してくれた。その手法は明治九年（一八七六）に実施されたものよりはるかに士族に対して厳しいものであったにもかかわらず、である。

栄一のことは高く評価した西郷も、井上に関しては銅臭《どうしゅう》がすることをこころよく思っていなかった。岩倉使節団出航前日に開かれた壮行会の席上、井上のことを〝三井の番頭さん〟と呼んで揶揄《やゆ》し、三井との癒着を戒めている。

栄一が見事なのは、これだけ近い関係でありながら、井上の汚職癖の影響を受けなかったことだ。彼がよく口にした〝士魂商才〟は言葉だけではなかった。彼らしい意志の力を感じる。

そして目の前の仕事に精一杯取り組んでいった。参議を増員して太政官の中に内閣を設ける太政官制改革も彼の仕事だ。

ところが、これが皮肉にも井上の首を絞めていく結果となった。

問題は内閣の会議に大蔵省の代表者が出席していなかったことにある。

大蔵卿の大久保が不在なのだから大輔の井上を代理出席させればいいものを、当時は形式主義で代理出席が許されなかった。すると、どうしても欠席裁判になる。大蔵省への不満が噴出し、その矛先は井上へと向かっていった。

予算削減を口にする癖に自分自身は蓄財に励んでいるのだから心証は悪い。

司法卿の江藤は井上の不正を追及し、大蔵省から予算権限を奪おうとした。井上に任せておくと政商との癒着が進むと考えたからである。だが井上と栄一は、予算を大蔵省がチェックするから野放図な歳出増加を防げるのだと主張し、真っ向からぶつかった。

たまらず井上は参議の大隈に訴えたが聞く耳を持たない。大隈は当初、井上と栄一の良き理解者であったが、緊縮財政路線には異議を唱えていた。おまけにこの頃の彼は三菱の岩崎弥太郎と急接近しており、三井と親しい井上たちとは距離ができていたのである。

進退窮まった井上は、明治六年（一八七三）五月、辞表を提出する。

「では、私もやめることに致しましょう」

栄一は、驚くほどあっさりそう言った。

実は彼の方にもストレスのたまる出来事が起こっていたのだ。

大久保が大蔵省に送り込んだ腹心は谷や安場だけではなかった。同じ薩摩出身の松方正義（後の首相）ともう一人、得能《とくのう》良介（後の大蔵省印刷局長）という男がいた。西郷隆盛の弟従道の岳父にあたり、出納頭（現在の主計局長）という要職に就いていた。美髯《びぜん》を蓄え、鼻筋の通った彫りの深い顔に光の強い大きな目をもつ典型的な薩摩隼人である。

明治五年（一八七二）五月、事件が起こる。

これまで政府の帳簿は大福帳方式の単式簿記だったが、栄一は複式簿記を導入した。現金がいくらで借金がいくらだという現時点での財政状況を把握できる画期的な会計手法だ。得能は仕分け作業が面倒だと反対したが、栄一は聞く耳を持たなかった。

ある日、仕分けの間違いを栄一が指摘したところ、得能が職務室に怒鳴り込んできた。

「だいたい貴公が欧米に心酔して、外国のまねばかりするからこういう間違いが起こるのだ。責任は過失を犯した人間よりも、改正した貴公にある！」

これには栄一もあきれてしまった。

〈言語道断の暴言を恣《ほしいまま》にし、些《いささ》かたりとて自分等の非を省《かえりみ》る模様が無いので、私も其《そ》の非理窟には稍〻《やや》驚いた〉（『実験論語処世談』渋沢栄一著）

渋沢栄一という人は若い頃から叛骨心に富み、代官にさえ屈しない強さを持っているが、相手が部下の得能であり、なおかつ興奮して真っ赤になっているのを見て、逆に冷静になっていた。そして諄々と欧米流の複式簿記がどうして必要であるかを説いた。

「今は慣れていないかもしれないが、もう少し辛抱していれば何でもなくなる」

得能良介

「そんな馬鹿なことはない。かえって間違いが起っていけない」

納得のいかない得能は声を震わせている。

「これは驚きいった。伝票位記入することが出来ぬとあって、よく出納頭がつとまりますな。貴公は恥かしいと思いませぬか」

こう言って挑発したのがいけなかった。

薩摩隼人は血の気が多い。得能は栄一と違って背が高かったが、その彼が拳を握りしめて椅子から立ち上がり血相変えて殴りかかってきたのだ。

前掲の『実験論語処世談』では、栄一はすぐ椅子を離れてひらりと身をかわし、〝全く神色自若《しんしょくじじゃく》として〟事なきを得たことになっているが、ともかく省内であってはならないことが起こったのだ。

彼はこの場面を回想し、次のように語っている。

〈こゝで、私が怒れば、喧嘩になる。力は私の方が強い、従って取組ひになつても、負けはしないが、しかし私は、冷然としていつた。

「得能君、こゝを何処だと思ふか」

「大蔵省だ」

「さうです、役所ですよ、役所の事務について意見があるなら、口がある筈であります、腕力沙汰は、大人気ない」

冷笑したので、彼は、きまり悪さうに引きあげたが、傍《そば》にゐた渡辺清（筆者注：後の大蔵大丞、貴族院議員、男爵）などは、ぷりぷりして怒り出した。

「怪しからん、大蔵大丞（筆者注：大蔵少輔の間違い）は大蔵卿名代の職分である。従つて得能は下僚である。それが、上長官に対して怪しからん振舞をした。許しては置けぬ」

真赤になつて、怒り出した。

「まアまア」と、私は彼を抑へておいたが、これがいつか大隈侯の耳に入つたと見え私もよび出された。

「何《ど》うしたのか」

質問されたので一通りの弁解をしたが、侯は後になつてから人に語つたと聞いてゐる。

「渋沢は血気な男で、いざとなると腕力を振ひさうだが、あれでなかなか冷静なところがある」

賞賛して下さつたが、大蔵省創設当時の光景は先《ま》づかうした有様だつた〉（「大蔵省で大福帳」『漫談明治初年』〈同好史談会編〉）

人の口に戸は立てられない。このことが問題となり、得能は免官処分となる。

だが、そもそも得能が上司の栄一に刃向かってきたのは、大久保に口答えする生意気な農民上がりの旧幕臣という噂が広まっていたからに違いなく、つくづく宮仕えが嫌になっていた。

そもそも二年前、井上に引き留められたから残っていただけなのだ。民間で実業に携わってみたいという抱負もある。辞職するにはいい機会だと考えた。

大臣になるチャンスを捨てて商人になろうとする栄一の選択は、当時としては理解に苦しむものだったに違いない。実際、栄一の後任として紙幣頭になった芳川顕正は、その後、東京府知事、文部、内務、司法、逓信大臣を歴任し、伯爵に列している。栄一にも、その道が約束されていたのである。

栄一が辞任すると聞いて怒ったのが、かつての同僚である玉乃だった。

当時彼は、司法省で司法権大参事（現在の東京高裁判事に相当）という要職に就いていた。一時は栄一の入省に反対した彼も今ではすっかり栄一のことを認め、よきライバルのつもりだった。

栄一は、この時の玉乃の言葉を次のように記している。

〈君も遠からず長官になれる、大臣になれる、お互に官にあって国家の為に尽すべき身だ、然《しか》るに賤《いや》しむべき金銭に眼が眩《くら》み、官を去って商人になるとは実に呆《あき》れる、今まで君をそういう人間だとは思わなかった〉(『論語と算盤』渋沢栄一著)

玉乃の言葉には、当時の常識であった官尊民卑の考え方が濃厚に表われている。それを聞いた栄一は思った。儒学の影響で商売を下賤な業だと思っている人間には、儒学の最高経典たる『論語』で論駁《ろんばく》するに限るということを。

〈その時私は大いに玉乃を弁駁《べんばく》し説得したが、私は論語を引合に出したのである、(中略)君のように金銭を卑しむようでは国家は立たぬ、官が高いとか、人爵《じんしゃく》が高いとかいうことは、そう尊いものでない、人間の勤むべき尊い仕事は到るところにある、官だけが尊いのではない〉(前掲書)

瓢箪《ひょうたん》から駒であったが、これこそが〝論語と算盤〟の開眼だった。

〝論語と算盤〟を開眼するきっかけを作ってくれた玉乃は初代大審院長に就任し、司法大輔などの要職を歴任。「明治一四年勅奏官員表」では第一列で松方正義と並び、将来は大臣間違いなしという出世を遂げるが、明治一九年(一八八六)八月、何の前触れもなく自殺する。

時として厳しい判決を下さねばならず神経をすり減らしたからだとも、司法権の独

福沢諭吉

立に悩んだためだともいわれている。〝明治の大岡〟と称された名裁判官の悲劇だった。

官を去るにあたって、思い残すことがないわけではなかった。

そこで一文を草した。政府がこのまま財政規律を顧みなければ国家は早晩滅びる。言いたいことはこの一点に尽きる。井上にも見せた上で最後の建白書として太政大臣に提出した。

ところが予期していなかったことが起こる。怒りの収まらない井上がこれを曙《あけぼの》新聞に渡してしまい、世間に公表されてしまったのだ。その結果、政府の機密を漏洩したとして司法卿江藤から追及されることとなった。この当時、国家予算は開示されていなかったからである。妙な話だが、二人は国家機密を公にしてしまった罪で罰金を科されることとなった。

この話には後日談がある。江藤の部下である杉浦が、不本意ながら栄一の建白書への反駁文を書かされる羽目になったのだ。

ともあれ、この一件があって以降、国家予算は公表されることとなった。栄一が役人として過ごした期間は四年弱と短かったが濃密な時間であった。

世間で栄一の決断を高く評価してくれる人も少数ながら存在した。一万円札の肖像の先輩である福沢諭吉がそうだ。後年彼は『時事新報』明治二六年（一八九三）六月一一日付紙面に、〝政府の役人になることだけが出世の道ではない。実業の道を究めようとした渋沢栄一の生き方こそ、若い人々がもっとも模範とすべきものである〟という趣旨の長文の論説を掲載している。

――商工業者は文明の開路者である。先導者である。

とは栄一の言葉だが、その抱負を実行に移す日がやって来たのだ。

こうして栄一は一民間人として人生の再スタートを切った。

# 第四章 近代資本主義の父

## 嵐の中船出した第一国立銀行

民間人としての彼の初仕事は、役人時代の最後の仕事と重なる。大蔵省在職中、安定的に大きな金額の資金調達ができる体制を整備しなければ社会インフラの構築や企業の発展はおぼつかないと考えた彼は、イギリス流の銀行設立を計画する。

ところがこの銀行設立に関しては、大変な紆余曲折があった。話を聞きつけた三野村利左衛門はいの一番に自分たちが三井銀行を設立すると宣言し、当初は栄一もそれを応援していた。むしろ当てにしていたというのが本当のところかも知れない。

明治四年（一八七一）七月、三井組の資料によれば、政府から〝銀行設立の勧奨〟が行われている。実質的な認可だ。ここで言う政府とは、おそらく渋沢栄一その人であったはずである。

そうと決まれば銀行本店の社屋が必要だ。三井組は清水組（現在の清水建設）の清水喜助（二代目）に設計施工を依頼。日本橋兜町《かぶとちょう》の海運橋際に、西洋風五階建てという当時としては類を見ない巨大な洋風建築の建設がはじまった。新橋停車場の建設費用が三万両弱だったのに対し、四万八〇〇〇両の巨費を投じたと言われているから、その規模が分かる。翌明治五年（一八七二）六月に完成し、〝三井組ハウス〟と名付けられた。

ところが、である。

三井組が張り切って〝三井組ハウス〟を建設しはじめ、急を要する兌換券の発行だけは為替座三井組の名義で発行されたにもかかわらず、三井組に第一号の銀行設立認可を下ろす話は頓挫するのだ。

海外視察から戻ってきた伊藤博文が、

「アメリカのナショナルバンク制度を範とし、私立銀行ではなく国立銀行でいくべきだ」

と主張したためだ。

同じく留学帰りでイギリス流銀行制度導入を主張する栄一の部下の吉田清成《よしだきよなり》（元薩摩藩士で後の大蔵少輔）と激しい議論が行われたが、伊藤の意見が通った。伊藤という人は議論好きでかつ論戦に非常に強かった。それがこの時も発揮されたのだ。

こうして明治四年九月初には三井銀行設立計画は白紙に戻され、翌明治五年に国立銀行条例が制定されることとなった。これを境に、両替商に代わって銀行という言葉が広まっていく。

栄一が銀行という言葉の発案者のように言われているが、それは疑わしい。中国語で〝行〟は〝店〟を意味することに加え、当時は銀貨が主要貨幣だったこともあって、誰言うともなしに銀行と言いはじめたのが実態ではないかと思われる。実際、国立銀行条例以前の使用例もあり、杉浦と栄一の『航西日記』の中ですら、すでに銀行という言葉が使われている。

三井組は仕方なく第一国立銀行への参加を表明する。第一国立銀行は〝国立〟ではあっても政府一〇〇%出資ではなかったのだ。子弟や手代に銀行業を学ばせるべく米国に派遣するなど、気を取り直して銀行開業のための準備を進めていった。

だが、この話にはまだ続きがあった。

三井組はあくまで第一国立銀行を単独運営しようと考えていたが、ここに小野組が割って入る。小野組は、薩摩藩きっての商売通である五代友厚《ごだいともあつ》を顧問にしており政治力を持っていた。栄一からすれば強引な小野組のやり方は気にくわなかったが無視するわけにはいかない。

第一国立銀行

明治五年二月、小野組から銀行設立願いが正式に出されたのを機に、この年の四月、三井組・小野組の両首脳を渋沢邸に招き、両組合同による銀行設立を打診した。自伝『雨夜譚』には〈三井組、小野組は私の勧めに従って率先して発起人たる事を承諾し〉と記されているが、実際には三井組が激しく抵抗したのを強引に説得したのである。

第一国立銀行創立時のトップは頭取三井八郎右衛門、小野善助、副頭取三野村利左衛門、小野善右衛門と、三井組と小野組が両方から頭取と副頭取を出すことになった。

第一国立銀行の資本金は三〇〇万円。うち三井組と小野組で二〇〇万円出資し、残りを世間から募集することとなった。合本組織（株式組織）による日本ではじめての本格的な会社である。静岡の商法会所とはスケールの違うものができようとしていた。

本来なら三井組と小野組で経営するべきところだが、政府はこの両家の融和は難しいと判断し、栄一が二人の頭取とは別に実務トップとして総監役という名で舵取りを行うこととなった。まだ三三歳の若さだった。

株主を公募するにあたり、「第一国立銀行株主募方布告」という設立趣旨書を配っている。

その冒頭栄一は、銀行は大河のようなものであるべきで、〝金が銀行に集まらぬうちは溝のしずくと異ならない〟と記し、豪商の蔵から老婆が襟裏に縫い込んでしのばせてあるへそくりに至る死蔵されている資金のことごとくを集め、それをもとに貿易を行い、産業を興し、工業水準を上げ、学術を究め、道路整備などに用い、この国を富ましていこうではないかと熱く説いた。

明治六年六月一一日、創立総会が開かれ、同年七月二〇日、本店及び横浜、大阪、神戸の三支店が営業を開始した。銀行をてこにした壮大な国力増強計画の幕がここに切って落とされたのだ。貨幣単位を両から円に替えて二年後のことであった。

余談ながら、現在、わが国の統一金融機関コード〝0001〟はみずほ銀行である。それはかつて第一国立銀行（後の第一銀行）が〝0001〟だったからであり、日本勧業銀行との合併後は第一勧業銀行がそれを引き継ぎ、富士銀行、日本興業銀行との統合を経て、今ではみずほ銀行が継承している。

第一国立銀行本店は当初の計画通り三井組ハウスになった。三井組もただでは起きない。工事費四万八〇〇〇両の三井組ハウスを一二万八〇〇〇円という高値で銀行に売却し、三井組単独の私立銀行設立許可（後の三井銀行）を内々に取り付けるなど、名を捨てて実を取った。

第一国立銀行本店は、錦絵にも描かれる東京名所となる。そしてその屋上には、星を二つ重ねた意匠の行章〝ダブルスター〟の旗がはためいていた。〝朝に星をいただいて出、夕に星を眺めて帰る〟という勤勉の象徴であった。

だが肝心の行員は三〇名ほど。三井、小野両組から出向してきている人間に、栄一がスカウトした元幕臣が加わった陣容だった。みな和服で羽織袴姿の中、栄一だけは洋服で出勤し大変目立ったという。

第一国立銀行の船出は、信じがたい大事件で幕を開ける。なんと開業の翌年、小野組と島田組が相次いで破綻してしまうのである。

維新後の豪商たちはみな業務拡大に走っていた。中でも小野組は全国三府六〇県のうち四〇県以上に出張所を置き、米穀相場や銅山や鉄山経営などのリスクの高い分野にも進出していた。

彼らは為替方を担っていたから、預けている政府の金にもしものことがあったら大変だ。そこで政府は、これまで為替方の業務を受託するにあたって、差し入れる担保は政府預金の三分の一でよいとしていたのを、政府預金と同額にするとルール変更した。

これで一気に資金繰りを悪化させてしまう。

その頃、栄一は井上から、

「どうも小野組は危ないぞ」

と聞かされていた。

井上は、ともに下野した益田孝（元大蔵省造幣権頭）と先収会社という会社を立ち上げていた。現在の三井物産の前身である。

商売ネタを探して各地に出張するうち、下関の小野組が米を売り、それを広島の小野組が買っているという噂を耳にした。現代で言うところの循環取引で売上げを大きく見せていたのだ。

第一国立銀行の貸付金総額約二三七万円のうち、小野組関連融資は約一三八万円あり、無担保融資は七一万五〇〇〇円にのぼった。無担保融資がすべて焦げ付けば第一国立銀行も確実に連鎖倒産である。栄一は追加担保の取得に動きはじめた。

（小野組だけでなく三井組も危ないはずだ。特に目の届きにくい大阪が怪しい……）

そう考えた栄一の動きは神速だった。

「松本君、すぐ大阪支店に行って三井組と小野組の融資状況を把握してきたまえ！」

本店支配人の松本常蔵はすぐに大阪へと飛んだ。明治七年（一八七四）九月一五日付の松本から栄一に宛てた書簡が残されている。そこには松本も知らなかった両組に対する不透明な信用貸しの存在が報告されていた。

三井組からは取締役の永田甚七のように米国研修まで受けた俊才も第一国立銀行の経営陣に加わっていたが、金融知識がいくらあってもモラルがなければ経営はなりたたない。彼は身内に甘くするという大きな過失を犯していたのである。

三井組は今風に言う〝ｔｏｏ　ｂｉｇ　ｔｏ　ｆａｉｌ〟（大きすぎて潰せない）だから最後は政府がなんとかしてくれるかもしれない。問題は小野組であった。

資金繰りが逼迫しているだけだから資産はある。無担保融資をどれだけ追加担保でカバーできるかが鍵だ。栄一は副頭取の小野善右衛門に検討を依頼し、その翌日の夜、小野組の番頭であった古河市兵衛に会って彼名義の融資七〇万円に関して担保提供を依頼した。

すると古河は、

「第一国立銀行に迷惑をかけるわけにはいきません。男は覚悟が肝心です」

と、自分の全財産のリストを見せ、すべて提供すると誓った。

「君は見上げた男だな。だが君自身はどうするのだ?」

と問うと、

「小野組の後始末が片付くまでは、断じて自分のことは考えない決意です」

と、まなじりを決した。

(商人の鑑《かがみ》だな……)

生きるか死ぬかという瀬戸際でまで商人としての信義を貫こうとする古河の態度に、日頃〝士魂商才〟を標榜している栄一でさえ頭の下がる思いだった。

こうして明治七年(一八七四)一月、小野組は破綻する。栄一は旧幕臣の須藤時一郎《すどうときいちろう》など旧知の大蔵官僚に小野組の救済を依頼したが政府にそんな余力などあるはずも

渋沢邸を訪問した三井組幹部と栄一（前列左から永田甚七、斉藤純造、三井高福、渋沢栄一、三野村利左衛門、後列左から三井高朗、三井高喜）

古河市兵衛

なく、取り立てだけは懸命に行った。

閉店と同時に小野組の店員一同は財産隠匿の懸念ありとして当局によって本店に拘留された。古河も同様で、主家に預けていた自分の金一万五〇〇〇円あまりも政府に没収された。

だが栄一は、焦げ付きをわずか一万九〇〇〇円余りに抑えることができたのである。

一方で三井組の三野村には、資金繰りに留意し投資を抑制するよう釘を刺した。

実は三井組も破綻しかかっていたのだ。窮地を救ってくれたのは、英国が植民地経営のため香港に設立したオリエンタルバンクであった。維新前からわが国と深い関係を有していた同行は明治七年五月から一二月までの間に実に一〇〇万ドルという巨額の融資を行ってくれた。これで公債や地券を調達した三井組は、かろうじて政府に必要額の担保提供をすることができたのである。

だが借りた金は返さねばならない。大幅な債務超過に陥った三井組だったが、この苦境を政府とのぎりぎりの交渉で乗り切ったのは、ほかならぬ三野村利左衛門であった。

小野組が破綻した際、大蔵省から第一国立銀行に日本ではじめての銀行検査が入った。

検査担当官は日本人ではない。大蔵省嘱託のアレキサンダー・シャンドというイギリス人銀行家で、わが国に複式簿記を広めた立役者の一人としても知られる。

栄一は検査を受ける立場でありながら、シャンドから銀行というものを経営していく心構えを学ぶことができ、心から感謝した。そして、その後も彼から公私ともに指導を受けていく。

人の縁というのは異なものである。余談だが、シャンドがチャータード・マーカンタイル・オブ・インディア銀行横浜支店勤務時代、彼の身の回りの世話をしていた使用人が若き日の高橋是清《たかはしこれきよ》（後の首相）だった。時は移って日露戦争の戦費調達の際、高橋は渡英するが、この時、高橋はまずシャンドにアドバイスを求め、彼が紹介してくれたユダヤ人ジェイコブ・シフのおかげで戦費調達に成功している。

そういう意味では、シャンドはわが国の大恩人なのだ。彼が八六歳でこの世を去った時、栄一も高橋も丁重なる弔電を送っている。恩を忘れないことは、偉人と呼ばれる人に共通した美徳であろう。

そして小野組の破綻による一連のドタバタは、かけがえのない人の死と重なっていた。母栄が明治七年一月七日に逝去したのである。

あれほど慈愛深く育ててくれた母親の死であるにもかかわらず、父市郎右衛門の時と違って、心静かに供養する暇もなかった。生き馬の目を抜く実業の世界に入ってしまったがゆえの辛い別れであった。

後述する抄紙会社設立でも難問が立ちはだかり、栄一は人生における試練の時を迎えていた。

小野組の倒産を事前に察知し警告してくれた恩人の井上馨についてだが、皮肉にも彼とは従来以上に距離を置きはじめる。そのきっかけの一つが秋田の尾去沢《おさりざわ》銅山の一件であった。

伏線は井上の大蔵大輔時代にあった。村井茂兵衛《むらいもへえ》という南部藩の御用商人が藩に多額の御用金を用立てていたのだが、それを井上は大蔵大輔の地位を笠に着て、

「これは逆に村井が借りたものだろう」

と理不尽なことを言いだし、新政府への返済を迫る。

村井の抗弁は一切取り上げられなかった。

「せめて分割払いにしてもらえませんか」

という嘆願さえ聞き届けられず、破産を余儀なくされ、所有していた尾去沢銅山は政府に差し押さえられるのである。

尾去沢銅山はその後、長州藩の商人に払い下げられ、井上は大蔵省を去った後、最終的に自分のものにしてしまう。悪質なことこの上ない。さすがに明るみに出てスキャンダルとなるが、厳罰に処されて当然のところを大隈に助け船を出してもらい、少額の罰金で済んだ。現代なら刑務所入り確実という犯罪であった。

栄一はこの一件以来、彼は商売をともにやっていけるパートナーではないと確信した。

だが井上の長所も短所も知り尽くしているがゆえに、長所である〝いいお節介〟については協力を惜しまなかった。この絶妙な距離感も〝避雷針〟ならではの危機管理だったのだろう。

逆に小野組の一件をきっかけに、この人物とならば商売をともにやっていけると思ったのが古河市兵衛だった。信義を第一に考える態度に感じ入った栄一は、彼の再起を支援していく。後年、第一勧業銀行が古河グループのメインバンクとなるきっかけは、この最初の出会いにあったのである。

古河も三野村同様異色の経歴の持ち主である。

京都岡崎村の金戒《こんかい》光明寺の門前で生まれ、六歳にして母を失った。

岡崎村の庄屋を務める家柄で大和屋と号して酒を造っていたが、父親は商売下手で長期投資が必要な酒造りから現金商売の豆腐屋に職を替えた。それでも経済的に苦しかったことから奉公に出されたが、奉公先で虐待されたため実家の豆腐屋を手伝い、天秤棒に豆腐をのせて遠く洛外の白河あたりまで売り歩いていたという。

人生の大きな転機になるのは、小野組の支配役を長年務めた伯父で南部藩勘定吟味役をしていた理助を頼り、盛岡で商人としての修行を積んだことだ。彼の口癖であった〝運鈍根〟を念じて頑張り、小野組の中で頭角を現すと、古河家の養子となり〝古河市兵衛〟が誕生する。

古河は三野村利左衛門、田中平八《たなかへいはち》（生糸・洋銀の商売で財をなし〝天下の糸平《いとへい》〟と呼ばれた）とともに〝無学の三傑物〟と呼ばれていた。

「無学でありながらあれほど非凡な才能を備えた人を、私はまだ見たことがない」

栄一は彼のことをそう評している。

　だが古河に関して一つだけ気に入らないことがあった。それは彼が、

「ちょんまげを乗せていても頭の中は決して遅れていない」

と言い張り、明治になっても長くちょんまげのままで通したことだ。栄一は〝野蛮〟だと眉をひそめたが、そんな彼の古風な義侠心のおかげで第一国立銀行は生き残ったのだ。

　古河は四二歳にして主家（小野組）を失い、養家に迷惑がかかってはいけないと縁を絶ち、財産のすべてを差し出して無一文となったわけだが、栄一の支援もあって再び銅山経営に乗り出していく。

　足尾銅山を買収して経営を刷新し、現場のモラルアップに努めた結果、大鉱脈を掘り当て、日本一の銅山王と言われるまでになった。だが禍福はあざなえる縄の如し。晩年は足尾銅山の鉱毒が社会問題化し、世の指弾を受ける。

　追い詰められた妻が自殺するなど心労が続き、自らも胃潰瘍になって七一年の生涯を閉じた。

　運命は古河に過酷だったが、一生懸命に生きた人間は余徳を残す。生前の経済発展に対する勲功により、死後、息子の虎之助は男爵を授爵された。

　古河の蒔いた種は、ドイツのシーメンス社との電気事業に結実していく。富士通や

富士電機に〝富士〟という名がついているのは、古河の〝フ〟とジーメンス（シーメンスのドイツ語読み）の〝ジ〟からきているのだ。

そして小野組と時を同じくして、なんと島田組まで破綻してしまう。

栄一は一連の出来事を大いに反省した。総監役であれば、当然大株主である小野組や島田組の経営状態も熟知しておらねばならず、この手痛い失敗は企業経営というものの難しさを痛感する契機となった。

明治八年（一八七五）八月、栄一は第一国立銀行の経営刷新を断行する。

小野組と島田組出身者が退任したのはもちろん、三井組出身者も頭取、副頭取から降りてもらい、頭取の渋沢栄一の下に、三井八郎右衛門や三野村利左衛門などが取締役として並ぶ形に組織変更を行った。責任は自分がすべてとるという不退転の決意の表れであった。

一方、三野村には最後の仕事が待っていた。

明治九年（一八七六）七月、国立銀行以外に私的銀行の設立が認められるようになると、悲願の〝三井銀行〟を設立し、総長代理（実質的な頭取）に就任する。

だがこの時すでに彼は病魔に冒されていた。胃癌だった。翌一〇年二月、惜しまれつつこの世を去る。五五年の偉大な生涯であった。

三井家は当主を葬儀委員長として盛大な葬儀を執り行い、三井家代々の祖霊を祀る祠《ほこら》（顕名霊社《あきなれいしゃ》）に三野村の霊を合祀《ごうし》した。三井と名乗ってくれと頼んでも固辞していた三野村を、死後三井家の一員として迎えたのだ。

## 抄紙会社設立と西南戦争

栄一が経営者としてすぐれていたのは、第一国立銀行の経営改革を今で言うリストラに終始させず、すぐに攻めの経営を見せたことである。

一例が明治九年（一八七六）にはじめた生糸金融だ。生糸はわが国にとって重要な輸出品であったが、国内商人の資力は貧弱で外国商館に大きな利益を独占されていた。そこで栄一は上州、福島、横浜などで生糸を担保とする貸付をはじめた。

それだけではない。明治一四年（一八八一）に横浜の生糸商人と外国商人との間に紛争が起きたときにはその仲裁に動いている。銀行は単なる融資機関ではなく、産業界全体を育てる社会的責任をも負っているという考え方の萌芽がある。

明治九年には米穀金融もはじめ、東北・北陸地方に多くの出張所を設けた。豊作による米価の暴落が招く困窮から農民を保護するとともに、米穀手形を納税に用いる道を開いたものだ。江戸時代以来の米での納税ではなく租税金納を促進しようとする政府の方針にも沿うものであった。

政府が国債の発行を決めた折も、民間の立場から協力している。

大久保の発案により、明治一一年（一八七八）、殖産興業・士族授産のための資金として、わが国最初の公債公募である起業公債一二五〇万円を募集することになった際には、公告の文案から証書づくりまで栄一が手伝っている。金利は六分に設定した。そして第一国立銀行は三井銀行とともに募集の取り扱いを担当し、起債を成功に導いた。

その後も小切手の流通をうながすため保証、裏書きをはじめたり（明治一一年）、資金調達の便宜を図るために手形割引を開始（明治一二年）するなど、現在の銀行業務につながる諸施策を次々に打っていく。

最初は政府や都道府県との取引が中心であったが、公金取り扱いに代わる新しい収益源として、企業への短期貸付を増やしていった。だが問題は、融資対象先が圧倒的に少なかったことだ。

すると彼は、何と融資先を自分で作っていくのである。

栄一が生涯にわたって設立ないし支援した企業・団体は驚くべき数にのぼる。土屋《つちや》喬雄《たかお》東大教授による〝五〇〇社六〇〇団体〟という数字がよく引きあいに出されるが、近年、島田昌和文京学院大学経営学部教授が『青淵先生職任年表』（竜門社編）をもとに調査分析したところ、彼のかかわった会社の総数は一七八社であり、業種別では①陸運（鉄道）二二社、②対外事業一九社、③銀行一六社、④諸商工業一一社、⑤鉱業八社、⑥窯業八社、⑦化学工業七社、⑧電気七社、⑨保険六社、⑩海運六社ほかになるという（『渋沢栄一　社会起業家の先駆者』島田昌和著）。

それでも驚くべき数だ。それはまさに、わが国が近代国家になるために必要な社会インフラ整備にほかならなかった。

具体例を挙げれば、第一国立銀行（現在のみずほ銀行）のほか、日本銀行、東京銀行集会所、大阪銀行集会所、東京海上保険（現在の東京海上日動火災保険）、日本郵船、東京地下鉄道、東京人造肥料（現在の日産化学）、東京石川島造船所（現在のＩＨＩ）、大阪紡績や三重紡績（現在の東洋紡）、鐘淵《かねぶち》紡績、札幌麦酒（後の大日本麦酒、現在のアサヒビール、サッポロビール）、東京瓦斯《ガス》、大阪瓦斯、東京電灯、帝国ホテル、抄紙会社（現在の王子製紙）、秩父セメント（現在の太平洋セメント）、清水建設、澁澤倉庫、中外商業新報（現在の日本経済新聞社）などなど。

主要な企業を並べただけでこの数だ。

そして第一国立銀行の融資先として、まず設立に着手したのが抄紙会社であった。

この当時、起業は楽であったかといえば、むしろ逆であろう。

明治二三年（一八九〇）一月一六日に行った「本邦工業の現状」という講演の中で、彼は当時を振り返り、

「金利が高く、資本が乏しく、人材がいないという三点が大変な障害であった」

と述懐している。

そんな困難を乗り越え、大蔵省時代に設立に関与し、退官後、開業にこぎ着けたのが抄紙会社だったのだ。これも銀行同様、栄一の大蔵省時代の仕事と重なる部分が多い。そこで少し時を遡り、高品質な紙の需要に悩んでいた明治初年の新政府の内情について触れておきたい。

紙幣は明治元年（一八六八）から、太政官札、民部省札、三井組名義の大蔵省兌換証券、開拓使兌換証券と相次いで発行されていたが、紙も印刷も粗悪で偽造が容易であった。そこで明治五年（一八七二）、政府は旧紙幣をすべて回収してドイツで作った新紙幣（いわゆるゲルマン紙幣）を通用させるという荒技を繰り出す。

だがゲルマン紙幣は額面にかかわらずデザインが同じであり、偽造の危険性をはらんでいた。実際、藤田組贋札事件などが起こり、明治一四年（一八八一）から改造紙幣という国産の新紙幣が登場する。国産とは言っても、肖像第一号となる神功皇后の作画はイタリア人銅版画家キヨソネが担当した。まだ彼は日本人を描くのになれていない。そのため神功皇后は西洋風の美人となってしまった。

問題は紙幣だけではない。国債や切手や公文書を刷るのにも紙が必要となる。新聞、雑誌、書籍にも需要がある。近代国家は膨大な量の紙を必要としており、それが圧倒的に足りなかった。その危機感の大きさは、政府が大蔵省に紙幣寮という組織を新設したことでもわかる。そしてその紙幣寮の長官（頭）を兼務したのが栄一だったのだ。

紙幣寮は国立銀行の開設・指導とともに製紙業を管轄していた。現代の我々から見ると不思議な感じがする。現在の金融庁が経済産業省の製紙業界管轄を兼ねているようなものだ。

栄一はこの事業でもまた三井組、小野組、島田組を頼みにした。『王子製紙社史』によれば、栄一は彼らの前でこう熱弁を振るったという。

「製紙事業というものは、西洋学問を応用しなければならぬ事業で、目前の利益は少なかろうし又十分な資力も伴わなければならぬ。その上、勇気と見識が必要である。ゆえに諸君のような人々が資本を集めて本気になって国家社会のためにこの事業を興すようにしてもらいたい」

〝目前の利益は少なかろうが資本がいる事業だ〟とは、気持ちがいいほど正直な物言いだ。まさに志ありきの事業だと語り、大資本が必要であることを考えれば君たちしかできないと彼らの〝士魂〟に訴えたのだ。

「渋沢さんがそこまで言うなら」

と彼らは協力を約束してくれ、明治五年一一月大蔵省紙幣寮に会社設立の願書が出された。

小野組と島田組が積極投資していた頃の話である。ここから一年少しで破綻を迎えることなど誰も想像すらしていなかった。

栄一も発起人に加わりたいのはやまやまだったが、当時、彼はまだ大蔵省の役人だ。代わりに〝中の家〟当主を任せている渋沢市郎が名を連ねたが、紙幣寮から認可が出て営業準備をする頃には、役所を退官していた。

こうして栄一は、第一国立銀行総監役のかたわら、抄紙会社の工場建設にかかわっていく。イギリスから最新の製造機械を輸入し、製紙に欠かせない水が豊富で交通の便もよい東京郊外の王子村（現在の東京都北区王子）に用地を確保した。

そして明治八年（一八七五）一二月、操業を開始する。工場を見学した東京日日新聞の記者は〈またたく間に数千枚を製紙し出すは実に人間業《わざ》とは思えず、これこそ我が神国の紙の御業《みわざ》と感心せり〉と、〝神の御業〟に〝紙の御業〟をかけたしゃれでその開業を寿《ことほ》いだ。


順調な滑り出しかと思われた矢先、とんでもない事が起こる。

栄一に暴力を振るって免官処分を受けていた得能良介が許されて司法省経由で大蔵省に戻り、抄紙会社の開業前年からよりによって紙幣頭に就任していたのである。

紙幣頭だった栄一が始めたこの事業を、得能は徹底的に邪魔してきた。よりによって抄紙会社のすぐ隣に、大蔵省管轄の抄紙局（現在の国立印刷局）という名の製紙工場を建設するのだ。抄紙会社に遅れることわずか五ヵ月で工場は完成。大蔵卿の大隈と蜜月関係にあった三菱の岩崎弥太郎が、三井が支援する抄紙会社の足を引っ張るべく暗躍したとも言われている。

大蔵省はそのうち抄紙会社という名前は紛らわしいから改称せよと迫ってくる始末。現在の王子製紙という社名は、抄紙会社が設立三年目に〝製紙会社〟と改称させられたことからきているのだ。

憤懣やるかたない思いだったが、怒っている暇はない。抄紙局の開業で、いきなり倒産の危機に直面したのだ。まことに栄一の実業家としてのスタートは波乱に満ちている。

ところがここで神風が吹く。明治七年（一八七四）に地租改正が実施されたからだ。

地租改正は土地の私有を認め、地価に応じて金銭で税金を払っていくようにする税制の大改革だ。栄一が建議した最後の大仕事だった。

なぜその税制の大改革が製紙業界の神風になったかというと、土地の所有者ごとに所有権を明示する証書（地券）が大量に必要になったからだ。抄紙局の紙だけでは地券はまかなえず、抄紙会社にも生産依頼が舞い込んできた。抄紙会社に吹いた神風は、実は栄一自身が巻き起こした風だったのである。

地券は実に一億五〇〇〇万枚以上刷られたと言われている。地券に限らず紙の需要は急伸し、抄紙会社は業容を拡大していくことができた。

それでも、なかなか利益が出ない。設立時の資本金一五万円に対し、創業翌年には四万円の損失を計上。その後も毎年のように増資を必要とし、株主はみな心配顔である。ようやく利益が出るまでには一〇年もの年月を要した。〝目前の利益は少なかろうが資本がいる事業だ〟というのは本当だったのだ。ただし、利益が出た頃には小野組も島田組も破綻してしまっていた。

だが、そんな台所事情は外からは見えない。

煙を出す工場の煙突が珍しく、

「文明開化のにおいだ！」

と、見物人が集まった。

抄紙会社は「飛鳥山公園地王子製紙会社」というタイトルで、〝古今東京名所〟という錦絵のシリーズの一枚となるほどの東京名所となった。第一国立銀行本店もそうだが、栄一の関係したところが次々と東京名所になっていくのは壮観だ。

「飛鳥山公園地王子製紙会社」の評判は天聴にも達した。明治九年（一八七六）四月明治天皇に行幸いただくこととなり、栄一自身、工場内をくまなくご案内した。

そして、その四日後のこと、視察の礼として〝製紙工場江　金二千疋《ひき》〟と書かれた水引付きののし袋が下賜された。従業員を督励してくれとの伝言が添えられている。

感激した栄一は、当時二〇〇名ほどだった従業員全員にもれなくいきわたるよう配付し、天恩に応えた。

得能良介はその後、紙幣寮（明治一〇年には紙幣局）が印刷局になると初代印刷局長になったが、明治一六年（一八八三）、職務中に倒れて急逝する。栄一とは感情的なしこりを残したが、大久保から見こまれただけあって優秀で、部下の信望も厚かったと言われている。

ただ、いさかいの種となった複式簿記の重要さを、彼はその後、痛いほど思い知らされたに違いない。実務を知る者に対して政治力で勝つことなどできないのである。

幾多の困難に遭いながら、実業家としてやりがいのある毎日をすごしていた栄一だったが、後から考えればいい時に役所を辞めたのかも知れなかった。

彼が官を辞した明治六年（一八七三）、西郷と大久保が激しく対立し、参議だった西郷以下、江藤新平、板垣退助、後藤象二郎、副島種臣《そえじまたねおみ》が下野するという大事件が勃発していたのだ。

そもそも岩倉使節団の帰国後から、大久保と西郷の間には隙間風《すきまかぜ》が吹き始めていた。

西郷留守内閣の行った政策は、民主主義国家を先取りした先進的な内容であった。学制発布、府県裁判所設置、田畑永代売買解禁、キリスト教解禁、国立銀行条例制定、太陽暦採用、華士族と平民の結婚許可、地租改正などがそうである。その多くに栄一が関わっていた。

西郷留守内閣は難問にがっぷり四つで取り組みながら、着実に近代国家への歩みを進めていたのだ。自分たちのいない間にこのような実績を挙げられ、大久保たちが強い危機感を抱いたのは理由のないことではなかった。

そして朝鮮との関係が悪化し、日本の居留民に危険が迫る中、その解決方法をめぐる意見の対立が権力闘争の色彩を帯び始める。いわゆる征韓論である。

派兵やむなしという話もあったが、西郷はそれを抑え、自分が特使として朝鮮に渡って彼らを説得すると主張した。それに対し大久保は、西郷が殺されて開戦となる可能性を指摘し、国力対比時期尚早であり、今は富国強兵に注力すべきだと反対したのだ。

明治六年（一八七三）一〇月一四日、ついに閣議の席上、西郷と大久保は激しくぶつかった。行司役になるには三条太政大臣には荷が重すぎた。三条は高熱を発して倒れ、同一八日には人事不省に陥る。ノイローゼのような状態になったのだ。

西郷は、もはやこれまでと覚悟を決めた。体調不良を理由に公職のすべてを辞し、板垣退助、後藤象二郎、江藤新平たちと共に下野した。彼を慕う薩摩出身者たちもまた、続々と鹿児島へ帰っていった。彼らの行き場のない怒りが、やがて西南戦争を引き起こすこととなる。

征韓論争後の政府は〝大久保政権〟と呼んでいいだろう。

西郷留守内閣の民権的改革路線は、国権的中央集権化路線へと大きく舵を切られることとなる。その中核となったのが、政変直後に設置された内務省であった。大久保は自ら初代内務卿として実権を握り、〝富国強兵・殖産興業〟を推進していく。

下野した者たちは静かにはしていなかった。明治七年（一八七四）一月一七日、板垣は、後藤や江藤たちとともに民撰議院設立建白書（国会開設の要望書）を左院に提出。自由民権運動が幕を開けた。そして明治七年二月には、江藤新平が不平士族による最初の大規模な反乱である佐賀の乱を起こす。

大久保は自ら兵を率いて遠征し、ただちに鎮圧。江藤を逮捕するやいなや弁明の機会も与えずに処刑し、江戸時代に戻ったようなさらし首という残酷な刑を科した。政治家として必要な冷血を誰よりも多く持っていると評された大久保の真価が発揮されはじめたのだ。

大久保はもう後ろを振り返らない。明治七年五月には台湾出兵を行っている。

これには木戸も激怒した。

「前年、征韓論をしりぞけておきながら征台《せいたい》の役《えき》を起こすとは天下に恥ずべきだ。江藤の首をつなげ！」

と激しく批判し、西郷に続いて下野した。

木戸の忠告などどこ吹く風。大久保は明治八年（一八七五）九月二〇日、朝鮮との間に江華島《こうかとう》事件を引き起こす。きっかけは日本側の挑発によるものだった。攘夷中の朝鮮守備隊が砲撃してくると、軍艦雲揚《うんよう》は応射して砲台を破壊し、敵陣地を占拠。強引に謝罪と開国を求め、明治九年（一八七六）二月二六日、日朝修好条規を締結する。

かつて日本が欧米諸国に押し付けられたのと同じ不平等条約であった。

（自分たちが苦しんだものを他国に押し付けるとは！）

西郷は天を仰いだ。

大久保は明治八年六月二八日、讒謗律《ざんぼうりつ》、新聞紙条例を制定し、厳しい言論統制に出た。言論で政府批判できない士族の不満は増すばかり。神風連《しんぷうれん》の乱、秋月《あきづき》の乱、萩の乱と、次々に反乱が起こった。

そして明治一〇年（一八七七）二月一五日、ついに西郷隆盛が決起する。西南戦争の幕開けであった。アメリカの南北戦争同様、国家としての明治新政府の結束には、まだ流す血が足りなかったのだ。

福沢諭吉は、一連の士族の反乱の原因は、政府が表現の自由を抑圧したことで彼ら

の不平不満を十分に汲み取ってやることができなかったことと地方の冷遇にあると
し、西南戦争を一時休戦にして、臨時裁判所を開いて西郷の意見を聞くべきだと政府
宛に建白書を書いている。
だがその思いは届かず、同年九月二四日、西郷の自刃によって幕を閉じた。
西南戦争が終結すると士族の反乱もぴたりとおさまった。西郷でも倒せなかったこ
とで、明治政府に対する社会の信用は高まり、社会が安定したのだ。
だが勝者であるはずの大久保に、残された時間はわずかしかなかったのである。

## その後の惇忠と喜作、杉浦、それぞれの運命

ここで、その後の惇忠と喜作について触れておきたい。
人一倍情に厚い栄一のことである。功なり名を遂げた後も、学問の師である尾高惇
忠、幼少時から兄弟のように育った渋沢喜作に対し、冷淡な態度を取るはずがなかっ
た。
戊辰戦争の折、彰義隊、振武軍を結成して抵抗した彼らは完全な朝敵だったわけだ
が、栄一の根回しによりそれぞれ政府内、それも大蔵省に働く場所を得た。

尾高惇忠は民部大蔵省入省後、官制改革により民部省の庶務少祐（現在で言う課長補佐クラス）になった。そして先述したように、惇忠は栄一の推薦により勧業大属兼富岡製糸場長に抜擢される。

栄一はパリ万博での滞仏中、杉浦譲とともに本場リヨンで製糸場を見学し、そこで作られる絹糸が高品質であることに驚嘆していた。そこでフランスに学ぶべく、富岡製糸場建設にあたってはポール・ブリュナというフランス人技術者に来日してもらっている。いわゆるお雇い外国人だ。このあたりの経緯は杉浦が書き残した『繰糸場取建手続日誌』に詳しい。

明治三年（一八七〇）一一月、ブリュナは通訳を連れ、杉浦、惇忠とともに富岡の現場を視察に訪れた。この時、ブリュナは馬に乗っていたというから時代がかっている。

惇忠は親の代から尾高家に仕えていた韮塚《にらづか》直次郎《なおじろう》に資材調達等、工場建築の差配を任せた。そもそも韮塚は尾高家の離れで生まれており、幼い頃から兄弟同然に育ってきた仲だ。その優秀さ勤勉さはわかっていた。ブリュナは建物を煉瓦造にしたいと言ってきたが、日本では簡単には手に入らない。韮塚は地元の瓦職人と粘土探しからとりかかり、見事期待に応えるのである。

そのほかにも創業時ならではの苦労が多かったが、一番問題だったのが人の確保である。工女として働くのは身分の低い者、あるいは危険な職場だといった噂が広まったのには頭を抱えた。ここで一肌脱いでくれたのが惇忠の長女勇《ゆう》である。彼女は自ら志願し、工女第一号として働いてくれたのである。

韮塚も妻の出身地である旧彦根藩藩士の子女を工女に採用。彼は製糸場の三食の賄い（今の社員食堂）も任され、惇忠を支え続けた。

官営富岡製糸場が無事立ち上げに成功したことで尾高惇忠の名は挙がった。

富岡製糸場は正式名称が官営模範器械製糸場だったことでもわかるように、言わば技術の展示場だ。これを範として長野県はもとより全国に製糸場が造られていく。運営が軌道に乗ったところで開業の四年後、惇忠は所長を退いた。期待通りの働きをしてくれたことに栄一は心から感謝していた。

ところが二代目所長の山田令行は、生産効率を上げるべく人員を削減しつつ工女に重い負荷をかけた。モラルは落ち、品質は落ちていく。〝女工哀史〟の世界が展開していくのは、実は惇忠がやめてからのことなのである。

惇忠にはしばらく養育院を手伝ってもらっていたが、やがて栄一は新しい仕事を依頼する。

ちょうどこの頃、東北地方の殖産興業にようやく政府が本腰を入れはじめていた。奥羽越列藩同盟が結ばれた朝敵の地として長く放置されていた東北の殖産興業を、栄一は何としても成功させたかった。そこで惇忠の力を借りることにしたのである。

明治一〇年（一八七七）、盛岡に第一国立銀行の出張所を開設。ここの支配人（今で言う支店長）になってもらい、翌年一月には盛岡支店に昇格させた。

果たして惇忠はここでも力を発揮する。旧盛岡藩士が中心となって設立を企図した第九十国立銀行の設立に協力。商工会議所の前身にあたる盛岡商法会議所を設立すると、所長として地元経営者の指導を行った。

明治一八年（一八八五）には北上川の水運を担う北上廻漕会社《ほくじょうかいそう》を設立。盛岡─石巻間に最新の快速蒸気船を走らせている。さらに得意の藍染の指導を行うなど、地場産業の育成にも功績を残した。

盛岡支店支配人を一〇年務め、地元の人々にも感謝されたが、運悪く無担保融資が焦げ付く事件が起き、多額の損害が出てしまう。その後、仙台支店支配人に転じて明治二五年（一八九二）まで勤務したが、地方銀行が勢力を拡大していく中、残念ながら業績は上向かなかった。

六三歳という当時としてはかなりの高齢になるまで働いてもらったが、栄一は退職を勧め、引退後の住まいとして深川の屋敷を提供した。至れり尽くせりである。こうして惇忠は明治三四年（一九〇一）一月二日、この深川の家で没した。七〇年の見事な生涯であった。

下手計村の鎮守である鹿島神社の境内には彼の功績を称え、明治四一年（一九〇八）、徳川慶喜の題額による「藍香尾高翁頌徳碑」が栄一の手によって建てられている。見るものを圧倒するその巨大さから、惇忠に対する感謝の気持ちが伝わってくる。

それはまさに〝藍香ありてこそ青淵あり〟の思いだったろう。栄一は惇忠の伝記を編纂し、完成した『藍香翁』を頌徳碑の除幕式の参列者に配付している。

惇忠の次男尾高次郎（埼玉りそな銀行の前身である武州銀行初代頭取）は栄一の庶子であるふみを妻としたが、その間にできた惇忠の孫たちからは埼玉銀行頭取となった豊作、大川平三郎の養子となった鉄雄（山陽パルプ社長）、法哲学者で東大法学部教授の朝雄、東洋美術研究家の鮮之助、社会学者で東大文学部教授の邦雄、指揮者となった尚忠など、多分野に優れた人材が出ている。泉下の惇忠も満足していることだろう。

もう一方の喜作の処遇については、惇忠以上に力を入れて斡旋した。

大蔵省に入省させただけでなく、なんと海外派遣の機会まで与えている。破格の厚遇だ。自分と同じく海外経験をすれば、大きなものを得て帰って来てくれるはずだと考えたのだろう。

だが喜作は大成しなかった。

帰国後、しばらくして小野組に入社。破綻すると独立して深川で米問屋をはじめたが、明治一四年（一八八一）に米相場で大損。次いで明治一五年に横浜で生糸問屋渋沢商店を開いたが、明治一六年（一八八三）以降、ドル相場等で失敗。ついには七〇万円の損失を抱え、家業を長男の作太郎に譲ることを条件に、栄一に借金を肩代わりしてもらう羽目に陥る。

喜作には〝あるもの〟が欠けていた。それは実業に必要な根気であった。これが栄一との間の決定的な違いだった。

〈喜作は一足飛びに志を達しようとする投機的気分があつた上に、猶《な》ほ他人を凌《しの》がうとする気象もあつた〉（『実験論語処世談』渋沢栄一著）

それがわかっていてもなお、ことあるごとに喜作を立てた。

明治一二年（一八七九）の洋銀取引所設立、明治一四年の聯合生糸荷預所の開設にあたっては幹部に指名している。その他、東京人造肥料会社や製藍会社の設立をともにやり、東京商品取引所の理事長といった要職にも就かせている。

だが性格は変えられない。喜作は明治二〇年（一八八七）に設立された北海道製麻で会長を務めていたが、ここで再び大きな損失を出す。それは渋沢同族会の会議録によれば八万数千円というものだった。役人の初任給が五〇円という時代の話である。

栄一は世間に知られることが忍びないとして内々に処理した。三万円は喜作の渋沢商店が、四〇〇〇円を息子作太郎が、二万円を喜作の所有する北海道の地所を引き継いだ田中源太郎が肩代わりし、数千円を喜作の慰労金として処理。栄一が一〇〇〇円を負担した（『渋沢栄一　社会起業家の先駆者』島田昌和著）。

大正元年（一九一二）八月三〇日、喜作は失意のうちに七五歳で没している。

喜作の人生のクライマックスは彰義隊結成と飯能戦争で終わっていたのかもしれない。しかし、その後の失敗の繰り返しから見れば、それさえ〝一足飛びに志を達しようとする投機的気分〟からだったのかもしれないと思えてくる。

持って生まれた気質と才能、努力、時の運、人の縁――ささいな違いで人は働きどころを得ることもできるし、失いもする。人生というものの不思議を思わずにはいられない。

杉浦譲のその後についても触れておきたい。

廃藩置県に関わる機構改革を推進した杉浦は、廃藩置県後の明治四年（一八七一）八月、太政官正院に異動となり、相変わらず忙しい毎日を過ごしていた。

彼は栄一のような無尽蔵の体力の持ち主ではない。明治五年（一八七二）の秋には持病の痔《じ》で一ヵ月ほど自宅療養している。この当時、痔は国民病であり、栄一の娘婿の穂積陳重も何度も病臥するほど苦しんでいる。

だが仕事人間の杉浦は自宅からも指示を出し続けた。あまりに多忙なため、栄一の母栄の葬儀にも欠席せざるを得なくなり、不義理をわびる手紙が残されている。

優しい性格の杉浦だ。元上司である江藤新平の悲惨な最期に胸を痛めたであろうことは想像に難くないが、大久保は杉浦を頼りにしていた。大久保の日記には頻繁に杉浦の名前が出てくる。そして明治七年（一八七四）一月、大久保は杉浦を自分の肝いりで作った内務省の内務大丞に抜擢。地理頭兼戸籍頭に任じた。

ここで杉浦は、士族を何とかしてやらねばと士族授産事業に力を入れる。彼らに開拓事業を担ってもらおうとしたのだ。中でも東北地方は社会資本整備も遅れている。明治天皇の巡幸に同行して東北地方に出張していた大久保に、わざわざ「陸羽地方開墾私説」という東北地方産業振興のための建白書を作成して届けたりもしている。

杉浦は大久保の強引な政治手法を何とか改めさせようと努力した。新聞社設立に奔走し、楽善会という現在の筑波大学附属盲学校の前身を設立したのもそうである。ややもすると強権的になる大久保に言論の自由の大切さを訴え、弱者の声を拾い上げさせようとした。その姿勢は栄一の強く共感するところであり、立場は変わっても彼は心の友であった。

ところが大久保は新聞紙条例で言論を弾圧して杉浦の心を痛めたのみか、条約改正という当時最も難しい課題に取り組めと言ってきた。

幕臣時代外交担当であった杉浦は適任かもしれないが、働きづめの彼の肉体はもう限界だった。持病の気管支炎を悪化させ、ついに西南戦争終結の一ヵ月前に当たる明治一〇年（一八七七）八月二二日、今でいう過労死を遂げる。四三歳の若さだった。

栄一にとって〝戦友〟とも言うべき存在だった。フランス滞在中通訳代わりになってくれた杉浦、帰国した栄一を商人姿で迎えに来てくれた杉浦、改正掛の心強い助っ人として仕事を助けてくれた杉浦、思い出の中の杉浦はいつも優しく頼りになる男だった。

栄一に限らず、杉浦のことを悪く言う者などいない。部下の非は自分の非だと進退伺いを出し、部下の出した損失は自分でかぶるなど、部下思いとしても知られていた。

そんな彼の実力が正当に評価され始めてきたと喜んでいた矢先の急逝である。茫然たる思いであった。

## 大倉喜八郎と第一国立銀行の朝鮮進出

明治九年（一八七六）、日朝修好条規の締結により、わが国は日本円の朝鮮内流通権などを獲得し、経済的進出が可能となった。では誰にその先陣を切らせるかだ。大久保は大倉喜八郎に白羽の矢を立て、大倉は栄一に金融面の支援を要請してきた。

栄一が支援した事業家は数多い。だがその規模において双璧と言えるのが、大倉喜八郎と浅野総一郎だった。

大倉が創業、あるいは関係した企業数は栄一に負けていない。現在の名称でざっと並べると、大成建設、サッポロビール、帝国ホテル、帝国劇場、日清オイリオ、あいおいニッセイ同和損害保険、特種東海製紙、リーガルコーポレーション、ニッピ、日本化学工業、東京製綱、日本無線、本渓鋼鉄公司（中国）など。

今に残る〝大倉〟の名としてはホテルオークラが有名だが、これは彼の長男である大倉喜七郎が創業したもので、札幌の大倉山ジャンプ競技場も喜七郎が私財を出して建設したものだ。

大倉は栄一と同じく長命で、精力絶倫なことでも知られた。八二歳の時、二七歳の愛人との間に子をなしている。

生物の雄は多く精子をばらまくことで自分の子孫を残そうとする。事業欲というのもある意味、自分の生きた証を広く残そうとする生物としての本能のなせる業ではあるまいかと、彼らの底知れぬパワーを見ていてそんな気もする。

朝鮮進出に至る経緯を知っていただくためにも、少しさかのぼってこの人物の人生を俯瞰《ふかん》しておくことにしたい。

大倉は栄一が生まれる三年前の天保八年（一八三七）、越後国北蒲原《きたかんばら》郡新発田《しばた》（現在の新潟県新発田市）の城下町に、町年寄（町人の中の役職）だった大倉千之助の三男として生まれた。

だが一六、七歳の時、両親を相次いで亡くしている。

安政元年（一八五四）、大商人になる目標をたて、姉から餞別としてもらった二〇

大倉喜八郎（右）と栄一

両を懐に入れて郷里を後にし、江戸に出た。奉公先として、麻布飯倉にあった中川という両替商兼鰹節屋を選んだ。今の乾物屋を想像してはいけない。当時の一流企業であった。同じく日本橋の両替商兼鰹節屋に奉公していた若き日の安田善次郎と出会い、友情を温めている。

大倉は自分の目で見ること、とりわけ時代の先端を見ることにこだわった。おそらくこのことが、彼の成功した鍵だったにちがいない。慶応二年（一八六六）には開港したばかりの横浜を見学に行っている。彼の目は外国商館で行われている商売の様子にくぎ付けになった。利の厚そうな商品ばかりが並んでいる。なかでも大量の銃器が印象に残った。

簡単に扱える商品ではないが、これこそが大商人になる近道だと見てとった。江戸八丁堀の銃砲店で四ヵ月ほど見習いをさせてもらうと、大倉屋開業以来一〇年近くかけて貯めこんだ金のすべてをつぎ込み、慶応三年（一八六七）、神田に大倉屋銃砲店を開業する。三〇歳での転身だった。

運は彼に味方する。開業の翌年に鳥羽伏見の戦いが起こり、戊辰戦争が幕を開けたのだ。注文が殺到した。リスクがなかったわけではない。上野の山にたてこもる幕府残党の彰義隊に連行された時には死を覚悟した。官軍側にも武器を売っていたからだ。

ばれたが開き直り、

「官軍は現金払いでしたもので。こちらも商売ですから売らせていただいた次第です」

と相手の痛いところを突いて九死に一生を得た。驚くべき胆力である。

巨利を得た大倉は、さらに時流の先を見定めるべく欧米視察を思い立つ。莫大な費用がかかったが、さらに上を目指すための先行投資だと割り切った。

横浜から、岩倉使節団を追うようにして海を渡る。最初に米国における生糸や日本茶の需要を調査。その後、大西洋を渡って英国に到着。ここで使節団一行に追いついた。

この時の面白いエピソードが大倉の書いた『努力』という文章に載っている。ローマのコンスタンチホテルでのこと、旧知の中井弘（後の元老院議官、京都府知事）と話し込んでいて、少し遅れて食堂に行った。

先客である日本の使節団が一杯で座る席がない。それを見た副使の伊藤博文が、

「ここへおいで」

と手招きすると、自分と大使である岩倉具視の間に椅子を持ってこさせ、中井と大倉を座らせてくれた。一番の上座である。

これを見て、末席に座っている高官が声高に不平をこぼしはじめた。

「商人が上座に座るとは何事か！」

大倉は聞こえないふりをしていたが、中井が怒りだした。

「この席にいる役人はたいそうな月給を取り、その上旅費までもらってこうして使節団に参加しているが、この大倉氏は自分が粒々辛苦《りゅうりゅうしんく》して稼いだ金で洋行しておられる。自腹を切ってでもわが国に尽くそうという志を持っておられるのだ！」

みながしんとしたのは言うまでもない。

余談だが、中井は栄一が折田要蔵のところで隠密活動をしていた折に仲良くなった薩摩藩士で、血洗島の東の家で一時食客になっていたこともある人物だ。

その後大倉はフランス、イタリア、オーストリアを経て再び米国に渡り、一年半にわたる視察旅行を終えた。最大の収穫は、欧米の商社が海外調達の代理店として巨利を得ていることを知り、その手法を学びとったことだ。

帰国早々、政府に働きかけ、海外調達の代理店を設置するべきだと説いた。ここで使節団の人脈が生きた。安定調達を望む政府とも思惑は一致し、陸軍省をはじめとする各省代理店の権利を手に入れることに成功する。

従来の大倉屋を拡大改組し、東京銀座に大倉組商会を設立。明治七年（一八七四）にはロンドン支店を開設した。日本企業初の海外支店である。

対外的な緊張の高まりが、再び武器商としての大倉の出番を用意していた。そのきっかけとなったのが、明治七年（一八七四）の台湾出兵だ。

あまりの規模の大きさに、さしもの大倉も逡巡したが、引き受けられなかったら代理店の資格はないと腹をくくった。

「誰も引き受けないところに商機はある」

そう彼は述べているが、結果としてこの仕事は莫大な利潤をもたらすことになる。

そして大倉にとって二度目の大きな商機となったのが、台湾出兵の翌年に起こった江華島事件だった。

朝鮮を開国させるために結んだ日朝修好条規が、日本が苦しんだのと同じ不平等条約だったことに西郷が怒ったことは先述した。そして日朝修好条規の馬鹿げていたことは、大久保が国内の有力商人に朝鮮半島との貿易に乗り出すよう声をかけても、誰も応じる者がいなかったことだ。

欧米は、貿易の相手国として、あるいは蒸気船の水や薪炭の供給基地としての役割を期待して日本に開国を迫ったが、大久保は国力を増したわが国の示威行為として朝鮮に開国を迫ったにすぎなかった。

朝鮮進出が伴わないと対外的に大義名分が立たない。困った大久保は、大倉に朝鮮でのビジネス展開を要請した。大きな利益を挙げさせてもらった恩のある大久保からの依頼だけに断れない。大倉は明治九年（一八七六）、大倉組商会の釜山支店を開設してこれに応え、金融面の支援を栄一に依頼したというわけだ。

最初は三井が反対したこともあって第一国立銀行としては動けず、大倉から依頼された朝鮮での金融支援は栄一が個人的に関与するにとどめていた。

だが明治一〇年（一八七七）の西南戦争以降、状況は一変する。

大倉は陸軍御用達として巨利を得る一方、三井組の経営状況は悪化していった。三井の発言力の低下もあって、明治一一年（一八七八）、第一国立銀行釜山支店を開設。その二年後には砂金買い上げを目的として元山出張所を、その後、仁川にも出張所を開設する。

当初の朝鮮でのビジネスは経費ばかりがかかり、ほとんど収益を生まなかった。それは栄一が欧米列強の植民地経営とまったく異なる手法でアプローチしていたことが大きかった。

次のような彼の言葉がある。

――経済に国境なし。いずれの方面においても、わが智恵と勉強とをもって進むことを主義としなければならない。しかし道理に適ったことでなければ、国内でもよろしくない。国際間でもよろしくない。また他の欠点あるいは微力に乗ずるがごときは、決して商工業者のなすべきことではない。

この言葉からもわかるように、彼は朝鮮が金融面で未発達なのに乗じて搾取するということをしなかった。最初のうちはむしろ彼らのインフラ整備を手伝うボランティアになってしまっていた。大蔵省入省の昔に戻ったように、それを嬉々としてやっていた感がある。

欧米列強の商人がこれを聞いたら、あきれかえったことだろう。弱い国から暴利をむさぼるのが、弱肉強食の上に立つ帝国主義の基本だからだ。だが渋沢栄一という人間は、こうした倫理観を決してゆるがせにしなかった。それが彼の〝士魂商才〟であり〝道徳経済合一説〟だったからだ。

栄一は朝鮮にも中央銀行が必要であり、第一国立銀行がその役割を担おうと考えていた。

イギリスの中央銀行であるイングランド銀行も、戦前は民間銀行だった。だが一九世紀にグローバルな資本主義が進展して景気循環が始まると、自行の利益を後回しにして他行に融資をしたり、銀行券の発行量を調整して景気循環の波の大きさを和らげるなど、公共の利益を第一に考えて行動するようになり、中央銀行としての地位を確立したのだ。

栄一はそれを目指していた。民間が国を支えるという理想を、栄一は朝鮮で実現したいと考えたのだ。

## 風雲児・岩崎弥太郎

栄一の民間転身は、早々に小野組、島田組の倒産に巻き込まれるなど決して平坦な道ではなかったが、力をつけていくにつれ、彼の行く手を阻もうとする者の影がはっきりと像を結んできた。

それが三菱の岩崎弥太郎だった。

台湾出兵と西南戦争の軍事輸送により大倉をも上回る巨利を得て、一躍三井組に匹敵する富を築きあげ、一代で巨大財閥を作り上げた風雲児だ。

もともとは土佐藩の郷士の出身である。下士よりまだ下が郷士だったが、岩崎家は曽祖父の代に郷士株も売ってしまっており、こうした者たちは地下浪人《じげろうにん》と呼ばれ、武士の最低ランクにあたった。だが誇りは高い。むしろよけい誇り高くなったというべきか。岩崎家は武田氏に源流を持つとされ、武田菱の変形である三階菱《さんがいびし》が家紋だった。三菱とは彼の誇りそのものだったのだ。

幼い頃から利発だった彼は学問で身を立てようと考え、二一歳の時、江戸に遊学する。上京する際、近くの妙見山にのぼり、山頂近くにある星神社の社殿の扉に〈天下の事業はこの手腕にあり。われ志を得ずんば再びこの山に登らじ〉と大書したという。

ところが父親が酒席の喧嘩で投獄され、学業半ばにして帰国。冤罪《えんざい》を訴えたはいいが、藩庁批判を奉行所の壁に墨黒々と落書きしたため投獄される。こうした気性の激しさは、一生を通じて彼の特徴であった。

転んでもただでは起きない。囚人仲間から商売のなんたるかを聞かされ、興味を抱いたことが彼の人生に大きな影響を与える。

岩崎弥太郎

出牢後、地下浪人の身分さえも剥奪されて蟄居《ちっきょ》を命じられたが、くじけることなく漢学塾を開きながら世に出る機会をうかがった。

運が開けたのは、身分にかかわらず人材を登用しようとした藩重役の後藤象二郎が目端の利く岩崎に目をつけたことからだ。

慶応三年（一八六七）、土佐商会主任・長崎留守居役に指名された。その後、坂本龍馬のつくった貿易会社（亀山社中）が海援隊と名を改めて土佐商会の別働隊のようになると経理を担当する。

そして明治二年（一八六九）一月、大阪府知事に就いた後藤により、貨殖局大阪出張所（通称・大阪商会）勤務を命じられると、岩崎は武器の調達という大役を果たし、その功績から権少参事という藩のナンバー4に大出世するのだ。

当時、大参事だったのが、戊辰戦争で活躍し、後に中央政府の参議となる板垣退助だ。彼は藩政改革を推進し、大阪商会の民営化を断行。それまで大阪商会の船には、三つ柏の土佐藩の家紋の旗がひるがえっていたが、岩崎は三つ柏を三菱に替えた。見る人によって土佐藩の船とも岩崎家の船ともとれる。絶妙だ。今も使われている三菱グループの〝スリーダイヤ〟はこれを起源とする。

明治六年（一八七三）三月には社名を三菱商会と改称し、最初に上京した頃に抱いた青雲の志である〝天下の事業〟に乗り出した。

廻船問屋は維新後、急速に衰退していった。明治五年（一八七二）八月、三井、鴻池、島田、小野といった豪商が手を結んで発足させた日本国郵便蒸気船会社が登場したためである。

新政府は廃藩置県の際に諸藩から買い取った洋式船舶を新会社に払い下げ、さらに運用資金を貸し出し、郵便物と貢米《こうまい》（税としての米）輸送という大きな利権まで与えて支援した。これでは従来の廻船問屋が廃業に追い込まれるのは当然である。

そこに岩崎は敢《あ》えて乗りだした。所有する船は二隻のみ。無謀だと後藤は反対したが、開業してみると不思議なことに三菱の旗色がよくなっていった。三菱商会には半官半民の日本国郵便蒸気船会社にはない、徹底した顧客サービスがあったからである。

岩崎は社員の服装を和服に角帯《かくおび》、前垂《まえだれ》といった商人風にし、店の正面に大きなおかめの面を掲げて笑顔での応対を命じた。ふだんは強面である岩崎の意外な一面である。

そして雌雄を決したのが、明治七年（一八七四）の台湾出兵だった。

木戸が出兵に反対したことに加え、台湾に船を回して沿岸航路を岩崎に荒らされることを危惧した日本国郵便蒸気船会社は、船舶の提供に応じなかった。激怒したのは大久保だ。こうして岩崎に千載一遇のチャンスが回ってきた。

当時、内務大丞兼駅逓頭として大久保内務卿の補佐をしていた前島が心配して、

「あなたは海運に関しては素人のはず。本当に大丈夫なのか?」

と尋ねたところ、

「確かに素人だが、漢の高祖が成功したのは周囲に有能な人材を集めたから。私も必ず、海運のプロを集めてみせます」

と胸を叩いてみせたという。

緻密な頭脳を持つ前島がこんな適当な回答に納得したとは思えないが、ほかに選択肢がないこともあり岩崎に依頼することになった。彼は運航できる船すべてを軍事輸送に投入し、期待にこたえた。

戦後、政府は（というより激怒した大久保だろうが）言うことを聞かなかった日本国郵便蒸気船会社が小野組、島田組の破綻で経営危機に陥ったこともあって解散を勧告し、三菱にその船舶や施設を貸し与え、社員を吸収させた。これを機に、三菱蒸気船会社は郵便汽船三菱会社と改称された。岩崎弥太郎は四三歳にして、日本の海上輸送を独占する〝海の王者〟となったのである。

慶應義塾出身者を積極的に採用して幹部社員とする一方、わが国の企業で初めて賞与（ボーナス）を出すなど、社員のやる気を出すための工夫をこらした。

そして西南戦争がまた大きなビジネスチャンスをもたらす。政府から七〇万ドルの融資を得て一〇隻の大型船を購入するなど、明治政府が投入した軍事費の半分が三菱に流れたといわれている。

西南戦争への貢献大として勲四等に叙せられ、旭日小綬章を受章。隅田川の清澄《きよすみ》町にあった紀伊國屋文左衛門の屋敷跡を手に入れ、駒込の柳沢吉保別邸跡である六義園《りくぎえん》も買った。大名もかくやという生活である。

船賃は高止まりし、独占利潤を手にする三菱に世間では国賊だと批判が集まったが、

「三菱が国賊だと言うならば三菱の船を全て焼き払ってもよいが、それでも大丈夫なのか?」

と言い放って平然としていた。

だがそんな岩崎に転機が訪れる。ワンマン経営だった三菱を共同事業にしてもいいと思わせるほどの実業家が現れたのだ。それが渋沢栄一だった。

最初は三井と一体と考えて敵意をむき出しにし、抄紙会社の件でも妨害を画策したりしたが、どうもそうではなさそうだと気づき懐柔を考えるようになっていた。

そして明治一一年(一八七八)八月のこと(『青淵先生伝初稿』では明治一三年八月とある)、岩崎は納涼にかこつけて、栄一を隅田川の船遊びに誘った。

待ち合わせの場所は大川端の料亭柏屋だった。黒塗りの二頭立ての馬車で待ってい

た岩崎が屋形船の乗り場まで案内し、二人が芸者たちを連れて乗り込むと船は川面をすべり出した。当時の隅田川の流れは美しい。川の中ほどの水を冷や水売りが売って回っていたほどだ。

さすがに免疫力の低い年寄りが飲むとお腹を壊す。〝年寄りの冷や水〟という言葉の由来である。その冷や水に砂糖を入れ、「冷やっこい屋」と称して売り歩いていた浅野総一郎という青年については後に触れる。

船の舳先《へさき》では漁師が網を打ち、魚を捕っている。船の中を魚がはねると芸者たちの間から嬌声が上がった。岩崎と栄一はそんな様子を眺めながら酒を酌み交わしている。談論風発、話は天下国家に及び、互いの健闘をたたえ合った。

やがて話が経営論になり、

「会社の形はしているが、三菱は自分の家業である。利益は社長の一族が得るものだ」

と岩崎が口にしたあたりから雲行きが怪しくなってきた。

岩崎からすれば、江戸以来の商家の常識を口にしただけなのだが、それは栄一の合本主義と真っ向から対立する。栄一の浮かべていた大黒さんのような笑みにやや陰りが現われたものの、そこは考え方の違いということで敢えて波風は立てなかった。

しばらく屋形船を楽しんでから料亭に戻ると、向島の芸者を総あげしての大宴会がはじまった。もちろん客は岩崎と栄一の二人だけである。

席に着くやいなや、岩崎は栄一をここに呼んだ趣旨を切り出した。

「君と僕が堅く手を握り合って事業を経営すれば、日本の実業界を思うとおりに動かすことが出来る。これから二人で大いにやろうではないか」

岩崎は計算高い男だ。この時の豪華な宴席もこの一言をささやくためのものだったのである。要するに自分と手を組んで、この国の富を独占しようというのだ。岩崎と手を組めば可能だったかもしれない。しかしそれは日本の資本主義の健全な発達を著しく阻害する。

栄一は異を唱えた。

「独占事業は欲に目のくらんだ利己主義だ」

すると岩崎は本性を現し、傲然と言い返してきた。

「君の言う合本法《がっぽん》は、船頭多くして船山にのぼるの類いではないか！」

これには堪忍袋の緒が切れた。

栄一は合本法を導入したことに高いプライドと責任を持っていた。それは次の言葉でもわかる。

——合本法により一会社を経営せんとするには、その当局者たる者はよろしく立憲国の国務大臣が、国民の輿望《よぼう》を負って、国政に任ずるほどの覚悟をもって、その事に当たらねばならぬ。

そもそも〝経営の本質は「責任」にある〟という考え方は、他人の資金を預かるという合本法の基本的性質からくるものであり、それがひいては企業経営者の社会責任の自覚にもつながるのだ。それを〝船頭多くして船山にのぼる〟などと小馬鹿にするとは許しがたい。

居合わせたなじみの芸者に目配せすると、手洗いに行くふりをして彼女とそのまま出ていってしまった。しばらくして気がついた岩崎が怒ったのは言うまでもない。

こうして二人は袂《たもと》を分かった。

大隈がすっかり岩崎に取り込まれてしまったこともあり、岩崎の勢いはその後も止まらず、強大なライバルとして立ちはだかることとなる。

栄一の六男秀雄は、父親から聞いたこんな言葉を記している。

〈私がもし一身一家の富を積もうと考えたら、三井や岩崎にも負けなかったろうよ。これは負け惜みではないぞ〉（『父　渋沢栄一』渋沢秀雄著）

それは確かに〝負け惜しみ〟などではなく、大いに現実味のある話だ。

だが彼は渋沢財閥を作る気などさらさらなかった。『第一銀行小史——九十八年の歩み』は、渋沢家が昭和初年の時点において第一銀行の株式を四％内外しか持っておらず、第一銀行において〝閥を排する〟というのが創業者以来のよき伝統であったと誇らしげに書いている。

渋沢家の家業と言えるのは、長男の篤二に経営させた澁澤倉庫くらいのものだった。その後、箱根温泉供給、上北農林、西武農蚕倉庫、興南産業といった会社も所有するが、いずれも小規模なものだ。箱根の仙石原には元々益田孝らと経営していた耕牧舎《こうぼくしゃ》という牧場があり、また小笠原の父島には不良を更生させるための感化院が設けられており、それぞれ事業を休止してからも相当の地所を所有していたという話もあるが、金銭に恬淡としていた彼らはそうしたものの所有権を主張しなかった。

ところが戦後財閥解体が行われた際、意外なことに渋沢家も対象とされてしまう。

「財閥でないというのなら、財閥でない証明を大蔵大臣宛に提出せよ」

ＧＨＱはそう言ってきた。

この時、大蔵大臣をしていたのはほかならぬ栄一の孫の敬三であったため、

「私自身が大蔵大臣ですので職責上出せません。でもうちが財閥に指定されたとは、

考えようによっては名誉なことじゃないですか」

などとのんびりしたことを言っていた。

結局すぐに財閥家族指定から外されるのだが、精査していたGHQの担当者が、

「これが財閥だって？」

と笑い出したという逸話が残されている（『穂積歌子日記』穂積重行編）。

まったくもって失礼な話である。

## 大久保の死

大久保は大倉や岩崎といった新興商人の力を上手に使いながら、この国を欧米列強に伍する強力な中央集権国家にするという揺るがぬ信念で突き進んでいた。

竹馬の友であった西郷を失ってもなお、いや失ったからなおのこと、この目標に固執し続けた。だが天は無慈悲にもそんな彼に、西郷が死んで後、八ヵ月足らずしか時間を与えてはくれなかったのである。

前島が相談事があって大久保邸を訪れ、夕食を共にしていた時のこと、大久保が妙なことを口にした。

「ゆうべ変な夢を見た。西郷どんと言い争って、しまいには取っ組み合いになり、西郷どんに追われてわしは高い崖から落ちてしもうた。頭を石に打ちつけて頭蓋骨が砕け、中の自分の脳がぴくぴく動いているのがありありと見えたんじゃ」

大久保は自分が見た夢の話をするようなタイプの男ではない。前島は妙な胸騒ぎがした。

その数日後、運命の明治一一年（一八七八）五月一四日がやってくる。

この日は太政官会議があり、大久保は早くに家を出た。午前八時過ぎ、紀尾井坂にさしかかったところで、草むらから突然抜刀した男たちが飛び出し、大久保の馬車めがけて襲いかかってきた。西郷を敬愛する不平士族たちだった。

リーダー格の島田一良《しまだいちろう》が馬車のドアを開くと、

「無礼者っ！」

と大久保は中から一喝したが、島田はおかまいなしに刀で彼の身体を刺し貫いた。

「ぐうっ……」

苦悶の声をあげながら、大久保は凄まじい形相で島田を睨《にら》みつけた。

「その顔の凄さ、恐ろしさは、何とも言えぬものだった」

取調べの際、島田は肌に粟《あわ》を生じながらそう述懐している。

他の者も二刀、三刀と刺し貫き、血まみれの大久保を馬車から引きずり出した。すると彼は瀕死の状態でありながら、なおもよろよろと歩いたという。なんたる精神力であろうか。

「しつこい奴だ。とどめをさせ！」

島田たちはなおも容赦なく乱刃を加えた。検死の結果、全身に五十数ヵ所の傷を受けていたことが判明している。

人々が現場に駆けつけた時には、すでに犯人たちは立ち去った後であった。

政府高官の内、一番に駆けつけたのが前島である。馬車の傍らに血まみれの大久保が仰向けに斃《たお》れ、その喉に大刀が一本、短刀が三本突き立っていた。近づいて見ると頭蓋骨が砕け、中からのぞいた脳がまだぴくぴく動いていたという。

〈二、三日前に親しく聞いた公の悪夢を憶《おも》い出して慄《ぞっ》然とした〉

『報知新聞』（明治四三年一月二日付）は、そんな前島の談話を掲載している。

木戸は西南戦争のさなか病死しており、維新の三傑は三人とも明治という時代を長く見ることなくこの世を去った。

大久保の路線は、彼の後任として内務卿に就任した伊藤博文によって引き継がれていく。伊藤は同郷の盟友である井上馨を政府に戻して工部卿とし、殖産興業を進めていった。

だが絶対的な権力者がいなくなると世は乱れる。伊藤たちはプロイセン憲法に範をとって中央集権的な立憲君主制を目指そうとしたが、大蔵卿の大隈は議院内閣制を前提とした憲法制定を目指すべきだと考えていた。

両者の対立はビジネスの世界では、三井と組んだ井上と三菱と組んだ大隈の争いという構図を見せながら、一触即発の状況となっていくのである。

政界の緊張が高まる中、しばし休戦という出来事があった。

明治一二年（一八七九）の夏、世界中を表敬訪問していた前アメリカ大統領のユリシーズ・グラント将軍夫妻が来日したのだ。南北戦争で勝利した北軍の英雄だ。

歓迎行事がいくつも用意されたが、八月二五日に上野精養軒で行われる公式の歓迎会には明治天皇も臨席されることが決まった。外国人の歓迎会に天皇が出席するというのは前代未聞のことである。皇室を敬愛することひとかたならない栄一は、自ら御臨幸委員総代を買って出た。

実業家たちの集まりで費用分担の話になった時、栄一はたまたま岩崎弥太郎が欠席していたので弟の弥之助（後の日銀総裁）をつかまえ、ほとんど命令口調でこう言い渡した。

「自分は五〇〇〇円つくるつもりだが、きみのところは西南戦争でもうけたのだから、兄貴に話して一万円出したまえ」

弥之助が返事を渋っていると、

「ケチなことをいわずに即答したまえ！」

とたたみかけた。

これには弥之助も激昂し、

「ケチとは何だ！」

と、あわやつかみ合いの喧嘩になりそうになったところへ仲裁がはいって事なきを得、

「兄とは別に、自分は三〇〇〇円出す！」

と約束した。

例の一件以来、岩崎との関係は何かと言えばこんな風であった。

工部大学校（後の東京大学）で行われた歓迎会には娘の歌子も出席していたが、彼女はそこで食べた黄色い食べ物が余りに美味しいのに一驚する。それはよく栄一がパ

りでの思い出として話してくれたアイスクリームだった。

フランスから帰国した時にまだあどけなさを残していた歌子は、明治五年（一八七二）から、開校したばかりの東京女学校（後のお茶の水女子大学附属高等学校）に入学していた。

日本の女性教育を支えるのは彼女たちだという思いから、皇后がわざわざ行啓され、全生徒に『西国立志伝』をお配りになったほどだ。この学校がこの国にとって、どういう位置づけであったかが窺えよう。その際、歌子は生徒を代表し、御前で『日本国尽《にほんくにづくし》』（安土桃山時代の往来物）の中の「近江八景」の一節を暗唱している。

明治九年（一八七六）、栄一たちは兜町から深川（福住町四番地）に引っ越していた。兜町の元大名屋敷は住みづらかったが、深川の元商家は実に快適であった。江戸末期の豪商近江屋喜兵衛の屋敷で永代橋に近い巽橋《たつみばし》から仙台堀に抜ける掘割りに面した広大な敷地（約二八〇〇坪）で、庭に大きな汐入の池があって緋鯉《ひごい》が泳ぎ、堀に面した門から玄関までの間には元米蔵が一六棟も並び立っていた。

ここに引っ越して一番喜んでいたのが千代である。彼女はうきうきと、この屋敷を自分好みに改造しはじめた。一方で悲しい思いをしたのが歌子である。深川に引っ越したため、彼女は女学校を退学することになったのだ。通学するのに遠すぎるからだった。

その代わり、様々な習い事をはじめる。

そもそも千代が三人の娘（糸子は早世している）に〝歌、琴、糸〟と名付けていることからもわかるように、当時の女子教育の基本である芸事に並々ならぬ思い入れがあった。

和歌は皇后付宮内省御用掛の鶴久子に、絵は奥原晴湖《おくはらせいこ》、琴は山登万和《やまとまんわ》と、当代きっての先生に習い、良家の子女のたしなみを身につけていった。学問も一〇歳下の弟篤二の漢学の師である村井清（大坂城代・京都所司代などを出した三河吉田藩出身の漢学者）から素読の講義を受けた。

学校もやめてしまったから完全な箱入り娘である。

深川の家に二本大きな桜の木があったが、外出の少ない歌子にとって、それが唯一と言っていい春の訪れを知るよすがとなった。彼女は母親に似たので細面で体も華奢だ。いよいよ深窓の令嬢を絵に描いたような娘になっていった。

## 明治一四年の政変と岩崎の死

伊藤と大隈の対立は、やがて政界を震撼《しんかん》させる事件へとつながる。それが〝明治十四年の政変〟だった。

きっかけとなったのは北海道開拓使官有物払下げ事件という政界スキャンダルだ。北海道の開拓使という役所が財政難もあって廃止されることとなった。開拓使長官の黒田清隆（薩摩藩出身）は途半《みちなか》ばという思いが拭いきれない。それならいっそ気心の知れた人間に開拓事業継続を託そうとする。それが同郷の五代友厚だった。士族としては珍しく商才があり、海外経験もある。大阪商法会議所初代会頭に就任し、大阪が明治以降も商業都市として栄える礎《いしずえ》を築いた人物だ。

開拓事業は赤字なのだから払い下げ価格は安くて当たり前だろうと、黒田は破格の条件で払い下げた。北海道開拓に対する黒田の思いもわからないではないが強引に過ぎた。これでは国民の支持が得られるはずもない。

事件の概要が明るみに出ると、藩閥に反感を抱いている国民の怒りに火がつき、世論は沸騰する。大隈は払い下げ反対を表明。藩閥と一線を画し、早期国会開設を推進していることもあって、国民目線の政治家として大隈の声望はいやが上にも高まった。

この大隈の態度に激怒したのが伊藤博文だ。

「同じ参議でありながら、政府の信用失墜に手を貸すとは何ごとか！」

かくして明治一四年一〇月一二日、大隈の罷免《ひめん》が決定された。

抄紙会社開業の際、岩崎と一緒に足を引っ張った大隈の失脚は、栄一にとって歓迎するべきことだったはずだが、彼は恨みを残さない美徳を持っていた。

生駒粂造《いこまくめぞう》著『渋沢栄一評伝』の序文を依頼された大隈は、明治一四年の政変で手のひらを返したように離れていく人間が多い中、栄一はまったく交際態度を変えず〝数十年一日〟のごとくに行き来してくれたと記している。

一方、政商と言われる人間はそうはいかない。この政変で大きな打撃を受けたのが岩崎弥太郎だった。政権の中枢に大久保も大隈もいなくなり、三井の支援者であった長州の伊藤と井上が実権を握ると窮地に立たされた。

そして予想通り、三菱に烈しい攻撃が加えられはじめる。明治一五年（一八八二）二月二八日、政府は一四ヵ条からなる命令書を三菱に下し、海上輸送以外の事業を禁じたのだ。

そもそも栄一は海上輸送を独占しようとする岩崎の動きに批判的であった。鉄道や航空機が十分発達していないこの時代、物資の輸送は船舶に頼らざるを得ない。三菱の独占はすべての産業のコストアップ要因となっていたからである。

明治一四年（一八八一）に三井組の益田孝を中心に東京風帆船会社が設立されていたが、設立時から岩崎の営業妨害に遭い、益田は栄一に泣きついてきた。業を煮やした栄一はついに立ち上がり、三菱の海運独占を崩すことに一肌脱ぐこととなるのである。

栄一が出てくるとなると手強い。岩崎は手を引かせようと、誹謗中傷のデマを流しはじめる。

第一国立銀行は破産しかけており栄一が自殺を企てたとか、栄一が米相場で失敗し、それを取り戻すために海運に進出しようとしているといった類いである。ちなみに後者は、喜作が相場で大穴を空けたことにかこつけた悪質なデマであった。

千代や歌子は新聞を握りしめ、

「なんてこと書いているの！」

と悔し涙を流した。

家族には肩身の狭い思いをさせてしまったが、一度やると決めたらこれしきのことではへこたれない。明治一六年（一八八三）一月、東京風帆船会社など三社を合併し、三菱に伍する規模の共同運輸会社が営業を開始した。

今度は攻める番だ。

この頃には三菱の独占の弊害が世間の知るところとなっており、マスコミはこぞって三菱批判を展開しはじめた。岩崎が色黒で魁偉《かいい》な風貌であることもあり〝黒い海坊主〟という憎々しげなあだ名がつき、「三菱印黒海坊主退治《みつびしじるしくろうみぼうずたいじ》」という錦絵が飛ぶように売れた。

船舶数は三菱が優勢であったが、国や県などの官有物の輸送がほとんど共同運輸に回り、三菱は減収減益となった。そのうちスピード競争が激化していく。両社の船が並走し、互いに針路をゆずらないこともしばしば。競り合ってついに衝突し、三菱の船が大破するという事故まで起こった。

そんな明治一七年（一八八四）九月一四日、岩崎は激しい眩暈《めまい》に襲われて昏倒する。胃癌であった。この当時、痛み止めはさして効かない。壮絶な痛みに苦しんだ末、明治一八年（一八八五）二月七日、この世を去った。五〇歳の若さであった。岩崎家は弟の弥之助が継ぎ、三代目は弥太郎の息子久弥、四代目は弥之助の息子の小弥太が引き継いでいく。

岩崎の死後も激しい競争は続いたが、やがて両社の争いにピリオドが打たれる。井上馨が仲裁に乗り出し、両社が合併し日本郵船が発足したのだ。対等合併であったが、三井グループには三井船舶（現在の商船三井）があったことから、日本郵船は結果として三菱グループの中核会社となった。

栄一を心から尊敬し、「一にも渋沢さん、二にも渋沢さん」と日頃語っていた評論家山路愛山《やまじあいざん》でさえ〈三菱会社の勝利に帰した〉と著書『現代金権史』の中で書いている。岩崎弥太郎、もって瞑《めい》すべしである。

だが栄一からすれば、健全な競争原理が働き海上輸送のコストさえ下がれば、日本郵船が三菱グループに入ろうが一向に頓着しなかったのである。もっと言えば、その後、三菱グループのすべては、岩崎が〝船頭多くして船山にのぼる〟の類いだと小馬鹿にした合本法の会社になっていく。

そのことを考えれば、最後に勝利したのは疑いなく渋沢栄一その人であった。

## 安田善次郎と日本銀行

ここで少し時間を戻し、銀行制度を揺るがした大問題について触れておきたい。

栄一が大蔵省時代に立案した国立銀行条例では、国立銀行は各々紙幣の発行権限を持っていたが、それは正貨（金）の保有高の範囲内と決められていた。いわゆる兌換紙幣である。ところが当時の大蔵卿大隈重信は明治九年（一八七六）、国立銀行条例を改正。正貨保有高の枠を外してしまい、不換紙幣の発行を可能にしていた。

こうなるといくらでも紙幣を発行できる。市中通貨量は増え、景気は上向いていく。これを世に〝大隈財政〟と呼ぶ。栄一たちの緊縮財政に賛成しなかった彼らしい政策だった。だが金融政策には副作用がある。それがインフレであった。

条例改正の翌年、見計らったかのように西南戦争が勃発。戦費調達のため不換紙幣が乱発され、強烈なインフレを引き起こした。銀行も担保資産の目減りや企業倒産に悩まされ、資金繰りが急速に悪化し始める。

危機に備えるのは名経営者の常である。栄一は銀行間の調整が必要な事態に備え、明治一〇年（一八七七）七月、択善会《たくぜんかい》という組織を立ち上げていた。後の東京銀行集会所（現在の東京銀行協会）である。択善会の名は『論語』述而《じゅつじ》第七に由来する。〈三人行えば必ずわが師あり〉という有名な言葉に続く〈その善なる者を択《えら》んでこれに従い、その不善なる者はこれを改む〉という一節から名を採った。いかにも彼らしいネーミングだ。

今こそ択善会の出番である。インフレを封じ込めるため不換紙幣の整理（償却）が急務だと考えた彼は、明治一三年（一八八〇）六月、択善会において紙幣整理を政府に建議しようという動議を提出する。

だが不換紙幣は打ち出の小槌。銀行経営者からすれば失いたくない。

「紙幣発行権を持っているというので出資してもらっている。株主に説明できない」

そんな言い訳をして反対するものが多かった。栄一のように私利を追わず、天下国家を考える人間はいつの世も少数派だ。衆寡《しゅうか》敵せず動議は否決された。

それなら直談判すると、栄一は大隈に話をしにいったが聞く耳を持たない。これには栄一も大いに憤慨し、何とかしなければならないと井上に相談を持ちかけた。井上はすぐに動いた。

明治一三年二月大隈は大蔵卿を免じられて会計部担当の筆頭参議となる。そして新大蔵卿には佐野常民が就任する。佐野は大隈と同じ肥前出身。これなら文句なかろうというわけだ。あわてて大隈は外債発行と国庫貯蔵金とをあわせて不換紙幣をすべて償却するという建議を行ったが、佐野大蔵卿はもとより、明治天皇からも反対され、画餅《がへい》に帰《き》した。

そのうち例の明治一四年の政変が起こって大隈は下野し、代わって松方正義が大蔵卿に就任した。

松方は渡仏してベルギーの国立銀行条例を研究した経験を持ち、政府内きっての財政通である。彼は栄一が主張していたとおりの財政政策に大きく舵を切ってくれた。これを世に〝松方財政〟と呼ぶ。松方財政は資産価値の下落（デフレーション）と深刻な不況をもたらすが、それは健全財政のための産みの苦しみであった。

さらに備えが必要だ。松方と栄一はこの国にも欧米同様、中央銀行を設立するべきだという考えで一致した。銀行は規模が大きくなるに従って支払準備金を用意するのが困難になっていく。経営の安定を図るため、必要な時に資金を供給してくれる中央銀行を設置しようというわけだ。

民間の旗振り役はもちろん栄一だが、一人ではさすがに心もとない。協力者として彼は一人の男の名前を挙げた。それが安田銀行（現在のみずほ銀行）を率いる安田善次郎だった。

栄一の次女琴子の婿となる阪谷芳郎（大蔵事務次官を経て第一次西園寺《さいおんじ》内閣の大蔵大臣）は後に、安田が銀行界で果たした役割の大きさについてこう述べている。

〈時々不始末の銀行が出て、政府の方でなるべく破産処分にしないで、それをどうにか盛り立てていわゆる整理処分にしたいというときに、むずかしい銀行になるほど安田翁を煩《わずらわ》す外《ほか》なかったのであります〉（『安田同人会誌』昭和三年一〇月）

安田が一代で築いた金はケタが違う。彼が亡くなった大正一〇年（一九二一）当時の資産は二億円を超えた。エリート官僚の初任給が七〇円程度だった当時、二億円という資産の大きさを理解するには国家予算を持ち出すほかない。大正一〇年の国家予算は約一五億九一〇〇万円。一代で国家予算の実に七分の一に相当する富を築いた人間など、わが国の長い歴史をかえりみても空前絶後である。岩崎や大倉と違い政商ではなかった。銀行家として地道な仕事を積み重ね、ここまでの富を築いたのだ。

安田善次郎は栄一の生まれる二年前（天保九年）、現在の富山市内に生まれた。父親は農家だったがこつこつ金を貯めて富山藩士の株を買い、最下級ながら士分に列していた。

寺子屋での学業を終えた安田は一一歳ごろから日本海に面した東岩瀬まで出かけ、野菜や仏事用の生花の行商を始める。お釣りを間違えた時にはわずかな額でも返しに行く、真っ正直な子どもだった。

一三歳になった時、御用商人の手代が富山城下にやってきた。その際、勘定奉行がわざわざ城下外れで出迎えたところを彼は目撃する。大商人の力を目の当たりにしたことで、一念発起して商いの道を志すのだ。

（そのためには大坂、いやいっそ江戸で修業せねば）

と考え、家を出ることを決意する。

人一倍親孝行だったが、こうと決めたらてこでも動かないところは栄一と同じだ。二度家出に失敗したが、三度目に親を説得して上京。丁稚奉公を経て、元治元年（一八六四）、日本橋人形町通り乗物町に安田屋（後の安田商店）を開店する。両替のほか、乾物屋として海苔や鰹節、砂糖などを商い、大商人となる夢の実現に向け〝三つの誓い〟を立てた。

一、独立独行で世を渡り、他人の力をあてにしない。一生懸命働き、女遊びをしない。遊び怠け他人に縋《すが》る時は天罰を与えてもらいたい。

二、嘘を言わない。誘惑に負けない。

三、生活費や小づかいなどの支出は収入の一〇分の八以内に止め、残りは貯蓄する。住宅用には身代の一〇分の一以上をあてない。いかなることがあっても分限を越えず、不相当の金を使う時は天罰を与えてもらいたい。

彼はこの誓いを生涯守った。

その後も堅実な商売を続けたが、生涯で一度だけ賭けに出る。それが太政官札の両替であった。栄一が三野村に頭を下げて両替してもらった、あの太政官札である。

太政官札の取り扱いに両替商たちがみな消極的だった中、安田は積極的に両替に応じた。案の定、太政官札は暴落。一時は額面の半分を割り込む事態に陥ってしまうが、彼は逃げなかった。資産の目減りに耐え、政府の信用が回復する日を待った。

やがて彼の思惑通り、太政官札の下落は止まる。これまで歯を食いしばって引き取ってきた太政官札が正貨と等価になったことで安田商店は莫大な利益を手中にし、明治新政府の信頼をも勝ち得るのだ。

明治九年（一八七六）、安田は第三国立銀行を設立。それとは別に明治一三年（一八八〇）、安田商店を合本安田銀行に改組して、三井銀行同様の民間銀行を設立した。

安田善次郎

安田銀行（後の富士銀行、現在のみずほ銀行）はその後、第三銀行等を統合し、長きにわたって日本最大の資金量を誇り、金融界に君臨し続けた。そしてこの安田銀行を中核として、安田生命（現在の明治安田生命）、安田火災海上（現在の損保ジャパン）、安田信託（現在のみずほ信託）などを擁する、わが国最大の金融グループ（安田財閥、現在の芙蓉グループ）が形成されていく。

安田は成功者あまたいる中でもとりわけ非凡の人である。『意志の力』『克己実話』『勤倹と貨殖』といった著書のタイトルどおり、その精神心は比類がない。成功者は豪奢な家を建てたり遊興にふけりがちだが、彼は成功しても倹約を続け、毎日規則正しい生活をし、質素な食事に適度な運動を欠かさなかった。

浮いた話は一切ない。友人が試しに芸者に誘惑させて賭けをしたが、まったく相手にしなかった。恐るべき克己心である。

正妻との間に一女を得たものの夭折し、その後、子どもができなかった。すると彼女のほうから、

「どうか私に遠慮なさらず、ほかの女性を家に入れてください」

と強く勧めてきた。この時、安田はこう言ったという。

「それでは、お前が探してきておくれ」

彼女の気持ちを考慮してのことだった。

すべては理詰めである。地方に出張した際、ある茶店では茶代を五銭置かせ、別の所では一〇銭置かせた。同行の使用人がその理由を尋ねると、前の茶店では出がらし

に湯を足しただけだったが、次の茶店ではお茶を新しいものにして出してくれたから、そのように払ったのだと道理を聞かせた。

政商になろうとした気配すらない。大隈重信が九段下の屋敷を担保に安田銀行に借り入れを申し込んできた際も、担保が足りないと言ってきっぱりと断った。

世俗から超然とし、すべてにおいて非凡であったために誤解された。周囲に自分の生き方を理解してもらおうとした形跡が見られない。そのために悲劇的な死を迎えるのだが、それは後に触れる。

日本銀行設立に話を戻そう。

相変わらず得能良介が大蔵省にいたことと明治一四年の政変の余韻が残っていたことから、栄一と岩崎弥太郎は加わらず、銀行代表の安田善次郎と三井を代表して利左衛門の婿養子の三野村利助《みのむらりすけ》の二人が明治一五年（一八八二）六月二七日、創立事務御用掛に任命された。

そして同年一〇月一〇日、日本銀行は開業する。創立事務御用掛任命からわずか半年足らずでの設立ということが、銀行制度存続に対する政府関係者の危機感を物語っている。

栄一は安心して安田に任せ、自分は割引手形審査のための割引委員としてしかタッチしていない。時は流れて大正二年（一九一三）、栄一は時の蔵相高橋是清から日銀総裁就任を打診されたが断っている。

だがその総裁職を後に、彼に代わって孫の敬三が務めることになるのである。

## 東洋のマンチェスター

栄一が日本銀行設立に積極的に関与できなかったのには、得能の存在のほかにもう一つ理由があった。ちょうどこの頃、彼は日本の工業を世界水準に引き上げる一大プロジェクトに取り組んでいたのである。

彼は抄紙会社に続いて、明治一二年（一八七九）の東京海上保険会社、明治一四年（一八八一）、東京から東北方面へ鉄道を敷いた日本鉄道会社など、次々と日本の経済近代化に必要な会社を設立していった。これらが第一国立銀行の融資先となって、銀行も経営を拡大していったわけだ。

そして満を持して取り組んだ一大プロジェクトが大阪紡績（現在の東洋紡）の設立だった。

西南戦争後は大量の紙幣発行による戦費調達で猛烈なインフレに襲われたが、景気は決して悪くなかった。景気が拡大すると輸入量も増える。その筆頭が綿布だった。『日本紡績史』(飯島幡司著)によれば、栄一は第一銀行の扱っている荷為替から綿布輸入量の激増に気づき、その背景を調べさせたのだという。明治一一年(一八七八)頃のことと思われる。

栄一はなんと言っても一橋家時代、播磨特産のさらし木綿を販売していた人間だ。この商品には相当な知見がある。加えて彼が輸入品の中でも増加の著しい品目に着目したのは、インフレ経済の下、国内物価を少しでも下げるためには高級輸入品の国産化を目指すべきだと考えたからだった。彼の行動の中にはいつも、こうした公共の利益を見据えた視点が存在した。

調査の結果、インドで生産されている綿布の品質が非常によく、輸入量が激増していることを知る。今の綿布の需要を想像してはいけない。化学繊維のない時代なのだ。綿糸が衣服などほとんどの布の材料となっていた。

(何とか国産化できないだろうか……)

栄一は考えた。

生活水準が向上するにつれ、間違いなく国内需要は増加する。品質のいいものを作れば輸出品にもなり得る。

早速、大阪に紡績会社を設立することを企画した。大阪にしたのは、河内木綿、和泉木綿の伝統があったからだ。そもそも栄一は五代友厚と協力し、大阪株式取引所や大阪銀行集会所、大阪堂島米商会所など、関西経済の基盤作りに大いに尽力していたのである。

この時も大阪財界の雄である藤田伝三郎や松本重太郎らに声をかけ、紡績会社の設立資金を集めることに成功した。

あとは工場を稼働させる優秀な技術者が必要だ。

この時、第一国立銀行の津田束《つだつかね》という行員が山辺丈夫《やまのべたけお》という男を推薦してきた。元津和野藩主の子弟に同行し、英国留学中だという。津田も山辺も旧幕臣きっての知の巨人である西周《にしあまね》門下だ。さぞ優秀に違いないと確信した。

栄一は慎重に動いた。まず山辺の父親を説得したのだ。山辺は養子だったから養父ということになる。その上で、明治一二年（一八七九）九月、本人宛ての手紙を栄一の甥である笹瀬元明（当時、三井物産ロンドン支店長）に送り、本人に渡して説得するよう命じたのだ。

外堀はすでに埋められている。それに悪い話ではない。山辺は一も二もなく了承し、綿業の技術習得の決意を固める。

これまでのユニバーシティカレッジからキングスカレッジに転校し、まずは機械工学を学びはじめた。その後、世界最先端の紡績工場が立ち並ぶマンチェスターに移って実務を習得しようとする。

謝礼を払うので紡績工場で研修したいと新聞広告を出したが、どこも手をあげてくれない。諦めかけていた時、マンチェスターの北三〇キロの所にあるブラックバーン市の紡績工場が受け入れを申し出てくれた。工場主のブリッグスという人物が、たまたま日本にも旅行したことのある親日家だったのだ。

謝礼は一五〇〇円。わが国の巡査の初任給が五円程度の時代だけに大金である。さすがの栄一も〈清水の舞台から飛んだつもりで出した〉と述懐している（『青淵回顧録』所収「山辺君と近代紡績創業時代」）。

こうして山辺は技術の習得に励み、帰国時には開業に必要な設備を一揃え買い付け、機械据え付けや試運転のため英国人技師に来日してもらう手はずも整えた。

普通、新規事業というものは小さく産んで大きく育てるのが基本である。しかし栄一はそうしなかった。山辺からの報告では、大規模でなければ事業として成り立たないとある。彼はその山辺のアドバイスを素直に受け入れた。

実際、栄一は大倉とともに経営が困難になっていた二〇〇〇錘《すい》（錘とは糸を紡ぐ機械を数える際の単位）を備えた鹿児島紡績所の再建を試みていたが、無理だとわかり断念していたのだ。

そうした反省も踏まえ、明治一五年（一八八二）、一万五〇〇錘を備え、男子工員一二八名、女子工員一六〇名を擁し、日本で唯一蒸気機関を備えた大工場として操業を開始した。蒸気機関にしたのは、工場用地をほうぼう探し回ったが、安定した水力を確保できる河川がなかったからである。

これまで官営紡績工場もすべて二〇〇〇錘だった。これだけの規模の工場を純粋な民間事業としてはじめたことには驚くほかはない。

（この工場を失敗させたら、日本の綿業は終わる……）

そんな悲壮な決意から、山辺の配下に信用できる人材を集めた。甥の大川英太郎（大川平三郎の長兄）を富岡製糸場から呼びよせ、第一国立銀行で栄一の側近であった佐々木勇之助の弟豊吉も加えた。優秀な彼らは、短時日のうちに業務を習得し、山辺を大いに助けていく。

最初から昼夜二交代で徹夜の操業となった。それだけ需要が大きかったのである。

このことは株主を安心させた。いくら渋沢栄一の肝いりとは言え、いきなり目を見張るほど大規模な工場を作ったのを見て、みな心配していたからだ。大阪紡績は当初から一割以上の配当をし、五年後に第二工場が操業すると三割以上の配当をして株主の期待に応えた。

創業当初の大阪紡績には、電灯はもとよりガス灯もなかった。

夜間操業のために石油ランプを六五〇個用意し、ランプ担当として二人の男子工員を専任とさせて毎日掃除や注油を行わせるという現在からは想像もつかない作業が待っていたのだ。ランプが落ちたり、油に火が燃え移ったりして毎夜二、三〇個は必ず発火し、いつ火事になるかヒヤヒヤしながらの操業だった（『日本紡績史』、『講座・日本技術の社会史　別巻2　人物篇　近代』）。

（これは何とかしないと……）

アメリカのエジソン電気会社が、すでに電灯を販売していることは聞き及んでいた。斯界の第一人者で〝日本のエジソン〟と呼ばれる電気学者藤岡市助《ふじおかいちすけ》（東芝創業者）に相談をすると、

「すでに皇居と陸軍士官学校では発電機を輸入し、電灯を使っています。貴社でも輸

入されてみてはいかがですか」

と助言を受けた。

輸入ということなら商社に頼むのが手っ取り早い。三井物産の益田孝を通じて明治一九年（一八八六）八月下旬、アメリカから直流発電機と電灯を輸入し、工場を電灯が明るく照らし始めた。

大阪電燈（現在の関西電力）が明治二一年（一八八八）に設立される以前、すでに大阪紡績では独自に電灯を導入していたというわけだ。

一般公開したところ、物珍しさから三日間で五万人もの見学者が訪れた。建野郷三《たてのごうぞう》大阪府知事夫人から夜会用にお借りしたいという申し出があり、

（見世物じゃないぞ……）

と山辺が閉口したという逸話も残っている。

栄一は原料となる綿花《めんか》（棉花）の輸入にも着目した。当時、綿花の輸入は外国商館に依存しており、値段が高止まりしていた。これではいくら国内生産しても綿布の価格を引き下げることは出来ない。

政府は栄一や紡績業者の協力を得てインドに調査団を派遣し、インド綿花の直接輸入に道をつける。栄一は日印航路を確保するべく根回しもし、綿花輸入税を免除する

ように政府に働きかけた。

こうして明治二五年（一八九二）、日本綿花が大阪に設立され、後の総合商社ニチメン（現在の双日）へと発展する。そのほか三井物産株式会社棉花部の業務を継承した東洋棉花（後のトーメン、現在の豊田通商）など〝関西五綿〟（伊藤忠、丸紅、東洋棉花、日本綿花、江商）が頭角を現し、やがて大阪は〝東洋のマンチェスター〟と呼ばれるようになっていくのである。

大阪紡績

白洲次郎は芦屋育ちの資産家の子弟として知られるが、彼の父文平は自分の義兄が役員をしていた大阪紡績に入社し、独立後、綿の取引で大きな資産を築いている。そのほか大阪府和泉市に記念館が残る久保惣など、綿業で巨富を築いた資産家は枚挙にいとまがない。

栄一が着目したのは大阪だけではない。四日市が良港であることに気づいた彼は明治一七年（一八八四）に第一国立銀行四日市支店を開設し、この地の産業振興に力を入れている。

当時、政府から二〇〇〇錘の紡績機の貸与を受けた四日市の酒造家伊藤伝七は苦戦を続けていた。三重県令石井邦猷《いしいくにみち》から伊藤を助けてやってくれと頼まれた栄一は、三重紡績会社を設立。規模を大幅に拡大することで業績を安定させた。

渋沢栄一の事業家としての挑戦が紡績業を日本の商工業の牽引役に引き上げ、大正元年（一九一二）には全産業の半分を占めるまでになるのである。

栄一の特長は、圧倒的影響力を持ちながら事業を独占しようと考えず、健全な自由競争を通じて産業を発展させようという姿勢にある。実際、大阪紡績の前には強力なライバルが立ちはだかる。

明治二二年（一八八九）の春、東京府南葛飾郡隅田村鐘ヶ淵に、三井の肝いりで設立された東京綿商社（後の鐘淵紡績）の鐘淵紡績所が完成した。大阪紡績が当初から一万五〇〇〇錘という大規模な工場だったことは先述したが、東京綿商社はその倍以上の三万五二八錘で操業を開始するのである。

その設立には栄一も関与しているので〝ライバルが立ちはだかる〟という表現は適当ではないのかもしれないが、大阪紡績にとって大いなる脅威だった。

エジソン電気会社を訪問した渡米実業団、前列中央に栄一、その右がエジソン（明治四二年〈一九〇九〉九月）

開業の翌年に不況の直撃を受け、鐘淵紡績所の業績は伸び悩んだが、明治二七年(一八九四)、三井銀行中興の祖と言われる中上川彦次郎《なかみがわひこじろう》が慶應義塾の後輩である武藤《むとう》山治《さんじ》を送り込むと面目を一新。国内企業を次々に吸収して、紡績業はもとより国内企業売上げ第一位を記録する巨大企業へと変貌していく。

強力なライバルの出現に加え、紡績業全体が生産を急拡大した結果、生産過剰に陥って値崩れが起こるなど、大阪紡績のその後は決して平坦な道のりではなかった。

明治三〇年(一八九七)、日清戦争後の不況で大きな赤字を出して批判の矢面に立った支配人の山辺は、ある日上京し、栄一の前で、

「ことここに及んでは、紡績業から撤退したいと思います」

と涙ながらに頭を下げた。

堅忍不抜《けんにんふばつ》で知られる山辺が弱音を漏らしたのだ。彼にここまで思い詰めさせたことを栄一は心から申し訳なく思った。諄々と説得し、もう一度前を向かせた。社内にいる栄一の子飼いの者たちも山辺を支え、不況も落ち着いた明治三二年(一八九九)には大きな収益をあげるまでに業況を回復させる。

彼はその後もフォローを忘れなかった。

大正三年(一九一四)には栄一の斡旋により、三重紡績と合併して東洋紡績が設立

揮毫中の栄一

される。ちなみに東洋紡績という社名は栄一の命名による。昭和六年（一九三一）には大阪合同紡績を吸収合併。東洋紡績は鐘淵紡績と並ぶ世界最大規模の紡績会社へと発展していくのである。

今でも東洋紡（平成二四年〈二〇一二〉に東洋紡績から社名変更）の役員室には「順理則裕　辛酉四月　青淵老人書」と書かれた額がある。大正一〇年（一九二一）、栄一が八一歳の時、大阪市北区堂島浜の東洋紡本社を訪れ、全社員を前に道徳経済合一説について講演した際に揮《き》毫《ごう》したものである。

〝順理則裕〟（りにしたがえば、すなわちゆたかなり）とは、合理的・論理的に考え道理・倫理に基づいて行動すれば、必ずや物心両面で豊かになるという意味で、朱子学の経典『近思録《きんしろく》』の中の言葉だ。

東洋紡にはもう一つ、「敬事而信」（行うことは丁寧に決め、決めたことは実行に移すことが大切である）という論語の言葉が書かれた額もあり、こちらの額は長く旧本社社屋三階の大会議室の正面に掲げられていた。社員の多くがその部屋で採用試験を受け、入社式で新任の辞令を受けとった。

渋沢栄一という日本一の創業者の存在こそ、東洋紡最大の簿外資産と言えるだろう。

企業にとって最も重要なことはサスティナビリティ（持続可能性）だ。一時儲けることはできても、儲け続けることは難しい。かつてのライバル企業の鐘淵紡績（後のカネボウ）は業績悪化の末、平成二〇年（二〇〇八）、解散に至る。

紆余曲折はあったが、最後まで生き残ったのは〝順理則裕〟を守った東洋紡だったのである。

## 第一銀行と佐々木勇之助

明治一六年（一八八三）、政府は内々に国立銀行券の発行停止を決めた。

国立銀行条例制定後、明治一二年（一八七九）に設立された百五十三国立銀行にいたるまで、全国に一五三行の国立銀行が設立され、それぞれが紙幣を発行していたわけだが、次第に各行間に微妙な信用の違いが生じていた。

すでに日本銀行が設立されている。これまでの国立銀行はアメリカのナショナルバンク制度を模倣した分立主義であったが、これを一気に英国流の統一主義に改めることにした。

問題は国立銀行設立に際し、彼らに紙幣発行の権限を与え、それを条件に銀行設立を督励してきたことだ。それを反故《ほご》にするのは明らかな約束違反である。松方大蔵卿は栄一に相談を持ちかけ、栄一は同業者のうちで一番難物である安田善次郎のところへ、まずは説得に出かけた。

（間違いなくへそを曲げるだろう……）

栄一は覚悟し、なんとか理解を得ようと熱弁をふるった。安田は黙って聞いていたが、しばらくして口を開いた。

「よく解りました。個人的立場からすればはなはだ迷惑な話ですが、金融界の健全な発展のために必要というのであれば、よろこんで賛成いたしましょう」

栄一は思わず脱力した。と同時に、安田のことを今さらながら見なおした。

それでも国立銀行が普通銀行に転換するまでには年数を要したが、明治二九年（一八九六）には〝国立〟の看板が外れ、第一国立銀行も第一銀行と改称することになる。

その第一銀行で右腕として働いてくれたのが佐々木勇之助だった。

例の福沢桃介が一人一業に徹している見本として賞賛した人物だ。栄一は早くから彼を次の頭取に指名し、プライベートでも頼りにしていた。

『第一銀行小史――九十八年の歩み』はその冒頭で栄一とともに佐々木の名前を挙げ、〝お二人の築かれた巨峰〟という表現をしている。まさに第一銀行は佐々木と二人三脚で築きあげた〝巨峰〟だったのである。

佐々木は旗本の家来の家に生まれた。広い意味で旧幕臣と言っていいだろう。幕府の海軍操練所に入って数学を学び、維新後、小野組の為替方に入るが、第一国立銀行が設立されると同時にこちらに移った。当時の第一国立銀行にいた四、五〇名の行員のほとんどが東京帝大か慶應義塾を卒業していたというから、彼の経歴は異色だった。

栄一が抜擢すると、佐々木は必ず実績をあげた。そうしたことが重なり、普通銀行転換と同時に取締役に列した。佐々木が頭取になるのは栄一が引退した大正五年（一九一六）七月になってからのことだが、総支配人という同行の実務トップとして指揮を執り続ける。

佐々木は栄一同様一六〇センチに満たない小柄な男だったが、頑健で病気一つしたことがなく、これまた栄一同様、八九歳と当時としては長寿であった。

ちなみに栄一の秘書は、役人勤めをはじめた頃の芝崎確次郎にはじまって、同族会の専務取締役を務めた八十島親徳《やそじまちかのり》、増田明六《ますだめいろく》、白石喜太郎、渡辺得男《わたなべとくお》などが務めていったが、四つ下だった芝崎は栄一の前年に死去し、ずっと若い八十島や増田も生前に逝去している。栄一より若い者が次々と先に逝く中、佐々木は栄一より一四歳年下だったこともあるが、生涯頼ることができた。

ここまで長く付き合っているとまるで一心同体、考え方や行動まで似てくる。ただし栄一を反面教師とし、女性に対しては潔癖だった。

## 九転び十起きの男・浅野総一郎

――子曰く、その以《もち》うるところを視《み》、その由《よ》るところを観、その安《やす》んずるところを察すれば、人いづくんぞかくさんや〈先生〈孔子〉がこうおっしゃった。その人の行動

浅野総一郎

を見、その人の行動の由来を観察し、その人の行動を支える信念を推察するならば、人間はどうやって自分の人柄を隠しおおせるだろう)。

人を評価するとき、栄一がいつも基準にしていたのが、この『論語』の一節であった。

そんな彼が、

「この男が取り組む事業なら信用できる!」

そう惚れ込んだのが先述した大倉喜八郎ともう一人、浅野総一郎である。

浅野もまた一代で浅野財閥(後の浅野セメント、浅野物産、日本鋼管、東亜港湾工業など)を築いた立志伝中の人物だ。八二年の生涯で関係した企業は一〇〇社を超える。

安田善次郎も浅野のことを買っていた。何と言っても同郷である。図らずも浅野は、当時の金融界の重鎮二人の後ろ盾を得たことになる。

彼らが浅野を信用したのは、彼が稀にみる苦労人であり不屈の精神力の持ち主だったからである。それは浅野自身の言葉を借りれば〝九転び十起き〟の人生だった。

浅野総一郎は嘉永元年（一八四八）三月一〇日、能登半島の東の付け根にある越中国氷見《ひみ》郡薮田《やぶた》村（現在の富山県氷見市薮田）という海辺の村に、医者の長男（一説には次男）として生まれた。

いかなる事情でか、父親は長女に婿を迎えて家業を継がせた。父親が亡くなった六歳の時、氷見の医者仲間の家へ養子に行き、物心つくと医者の見習いを始めた。だがコレラの蔓延《まんえん》に為すすべもない医療の現状を目の当たりにし、一四歳の時、養家を飛び出してしまう。

一五歳の時、織物と醤油の製造を始めるが、資金難になり断念。一七歳にして脱穀機の販売と貸出しを始めるが、凶作が続いて脱穀する稲が少なく、これも失敗。

しかし、その才覚に目をつけられ、慶応二年（一八六六）、近郷の大庄屋の婿養子となる。庄屋の仕事といえば小作農の督励くらいのもの。皆がうらやむ境遇だったが、暇にしていることに耐えられず、再び商売を始める。

ところが、維新の混乱のためにこれまた失敗。愛想を尽かされ養家からも縁を切られた。

「総一郎じゃなく、損一郎じゃな」

そんな陰口をきかれたという。

ところが彼の〝九転び〟はまだ続く。明治三年（一八七〇）、〝浅野筵商《むしろ》〟として再起した彼は、一旦成功するが、欲をかいて取り扱い商品を拡大したのが裏目に出、高利で借りた借金の返済ができなくなって、夜逃げ同然で故郷を逃げ出して上京する。一文無し同然になった彼の思いついたのが〝水〟を売ることだった。砂糖を入れた冷水を売る〝冷やっこい屋〟である。明治四年（一八七一）夏のことであった。

秋になって水が売れなくなると、今度は横浜で醤油や味噌を商っていた商家に奉公する。彼は誰かに命令されたり仕事を押しつけられるのが性に合わない。わずか一〇日で飛び出し、横浜で味噌や和菓子を包む竹皮商を始めた。奉公していた時、味噌を包む竹の皮の調達に困っていたのを見ていたからだ。

開業資金は飛び出した商家の主人が貸してくれた。一〇日で飛び出した奉公人に資金を貸すとは信じがたい話だ。彼はどんな苦境にあっても、どこからか救いの手を差し伸べてもらえる不思議な魅力の持ち主であった。

千葉の姉崎（千葉県市原市）に竹が多いと聞いた彼は、やぶ蚊に食われながら竹の皮を大量に調達し、売り歩いた。姉崎に何度も通っているうち、そこの薪炭が安いことに目をつけ、徐々に竹の皮から薪炭販売に軸足を移していく。そしてある時、洪水で湿ってしまった石炭が大量に投げ売りされているのを見つけ、乾かして転売し大儲け。これをきっかけに石炭商専業となった。

世の中に不用なものはないという信念の下、彼はかつての〝損一郎〟ではなく〝廃品利用の天才〟と呼ばれるようになっていくのである。

だが平穏な日々は長くは続かない。明治七年（一八七四）七月、強盗に押し入られ、家族全員後ろ手に縛り上げられたあげく、金目のものをみな奪われてしまい、さらに翌明治八年二月には近所の火事により家が全焼。全財産を失ってしまう。

小説でも、これだけ不幸な目に遭う主人公にはなかなかお目にかかれない。それでも彼はくじけず、前を向き続けた。

明治一〇年（一八七七）八月、東京上野で第一回内国勧業博覧会が開かれ、官営深川セメント工場が〝燃えない人造石〟という触れ込みでセメントを出品していた。火事で全財産を失っていただけに、見学した浅野は強く心ひかれ、深川セメント工場に出入りするようになる。事細かに技術的な質問をしてくる浅野を、みな不思議に思っていた。

そんな時、横浜瓦斯局が石炭から石炭ガスを抽出した後に出るコークスの処理に困り、空き地に山積みにしているという情報をつかむ。再利用先が見つからず廃棄物扱いしていたのだ。〝廃品利用の天才〟である彼は、これに目をつけた。

深川セメント工場の技師に頼んで調べてもらったところ、セメント製造の燃料として使え、しかも無煙炭（炭化度の高い良質な石炭）に近いカロリー量を出せることがわかった。

そこでコークスの買い占めを考える。彼の持ち味は思い切りのよさだ。

――努力と度胸
浅野は晩年、よくそう揮毫したというが、手痛い失敗の中から教訓を得、徐々にチャンスをものにする確率を上げていったのである。

ところがここで驚いたことに、浅野より先にコークスを買った人物がいた。それが栄一だった。彼もコークス再利用の可能性に目をつけていたのである。

浅野は王子の製紙会社まで栄一に会いに行った。その時の第一印象を〈渋沢さんはその頃から殿様と呼ばれていたが、なるほど殿様みたいな太った人だった〉と書き残している。後にお世話になったのだから、もう少し書きようがあったのではないかと思うが……。

ともかく浅野は栄一と会い、何と価値の全く違う石炭とコークスの交換を申し入れた。栄一も栄一だ。面白いやつだと、この話に乗ってやることにした。すると浅野は早速、長崎へ行って安い石炭を仕入れて栄一に渡すと、コークス数千トンをもらって深川セメント工場に納入し、巨利を得るのである。

さしもの栄一も、セメント会社がコークスをかくも大量に購入するとは思っていない。伝え聞いて感心した。さらにある日、その深川セメント工場で、浅野がコークスを担いで働いているのを見かけた。作業員に交じって自ら汗を流して働いているのに、驚くとともに感心した。

それが浅野総一郎という男だった。不運に泣いても過去は過去だと前を向き、世間体など気にせず、ただひたすらに働いた。そのことが浅野の人生を、その都度いい波に戻してくれたのだ。

栄一に会った時、

「一度家に遊びに来なさい」

と言われたのを覚えていて、仕事が終わってから渋沢邸に赴いた。仕事の虫だから、仕事を終えてからとなると夜の一〇時近くになっている。

「人の家に来るのに、こんな夜中とは……」

とあきれ顔でこぼすと、

「それでは帰りましょうか？」

と後ろをむきかけた。

「いやいや帰らなくてもいいよ」

栄一は笑いながら引き留め、家にあげてやった。

こうして懐に飛び込めたことが、明治一七年（一八八四）に官営深川セメント工場の払い下げにつながっていくのである。

これまでも政府は赤字公共事業の民間払い下げを行ってきたが、松方大蔵卿は国家財政を好転させるためとりわけ積極的であった。

三井や三菱が受け皿になることが多く、政治色を嫌う栄一は自分が払い下げの主体となることは極力避けていた。ところがここで浅野が、経営の行き詰まっていた深川セメント工場払い下げに手を挙げると言いだした。

栄一は反対した。この工場は宇都宮三郎という伝説の天才化学者が技師長だったおかげでなんとか稼働していたのだ。ところが頼みの宇都宮は肺を病んで退社してしまっている。いくら浅野が燃えない家を作ることに情熱を抱いているとは言え、情熱だけで事業はできない。

三井が払い下げに名乗りを上げていることも知っていた。

「彼らに任せておけばいいではないか」

ところがよくよく聞いてみると、三井は工場を倉庫代わりにするつもりであることがわかってきた。それはあまりにもったいない。栄一は考えたあげく、燃えない都市を造るという浅野の夢のために一肌脱いでやることにした。それは栄一の夢でもあったからだ。

まず彼は、工部卿の山尾庸三にこうささやいた。

「あれ（浅野のこと）は働く。金はないが、働くものにやるという趣旨なら、浅野へやったほうがよいではないか」

すると横から工部省権大書記官になっていた中井弘が加勢してくれた。

「浅野にやるのがいい。三井のように倉庫にするなどけしからん」

応援すると決めた栄一は、最初反対したことなど忘れたように、人も金も出して徹底的に浅野を支えてやる。その〝人〟というのが、千代の姉みちの次男大川平三郎だった。

大川の家は大変貧乏で、幼い頃は苦労した。一三歳で栄一を頼って上京。書生とし

大川平三郎

て渋沢家の玄関番になった。朝早くから座敷を掃除し、縁側のぞうきんがけをし、庭を掃いて月に三円五〇銭の小遣いをもらい、ドイツ語の学校に通った。

そんな彼を栄一は、まずは設立間もない抄紙会社で職工として働かせてみた。するとすぐに頭角を現した。見所があると思った栄一は、明治一二年（一八七九）、彼をアメリカへ技術習得に派遣する。その五年後にはヨーロッパにも派遣し、帰国後の大川は見る間に抄紙会社の幹部へと駆け上っていく。

そして浅野を手伝わせたのは、ちょうど彼がアメリカから帰国した頃のことだった。

大川は急に栄一に呼ばれ、

「浅野を手伝ってやってくれ」

と言われ、二万五〇〇〇円を渡された。ちなみに深川セメント工場の払い下げ金は七万五〇〇〇円であった。

『週刊ダイヤモンド』一九二九年五月一日号のインタビューで、この時のことを大川はこう振り返っている。

〈少し見どころがあるから金の工夫は俺がしてやる。ひとつやってみたらどうか。俺に見どころがあって出す金だから、もし失敗しても、それは俺の眼鏡違いだと思って諦めて、貴様に損を掛けぬということであった。その時分の二万五〇〇〇円というのは大金だ。それを二三、四の小僧に託してやらせるのだから、渋沢にも度胸があった〉

こうして浅野が総長（社長）、大川が副長として新生深川セメント工場が操業を開始する。

浅野も期待に応え、全力を傾けた。払い下げを受けた彼がまずやったこと、それは工場内の長屋に引っ越すことだった。

朝は五時頃から門のところで立って職工がくるのを待ち、六時には全員をそろえて操業開始。自分も職工と一緒に汗を流した。そして彼らが帰宅した後、工場を巡回して翌朝の操業に支障がないかチェックする。浅野は深川セメント工場の黒字化に文字通り心血を注いだのである。

　大川が浅野と仕事を始めて間もない頃、浅野が、

「これから二人で野洲《やす》に行って、あそこの石灰（セメントの原料）を全部買い占めてしまおう」

と言いだした。

　東京周辺の石灰の産地としては江戸時代から八王子が有名だったが、それに次いで栃木の野洲、群馬の下仁田《しもにた》などが知られていた。野洲にはいくつもの石灰商がいたが、そこの在庫を全部買い占めてしまおうというわけだ。

　意図を先方に知られると足下を見られる。そこでわざと木綿の着物を着て尻端折り《しりっぱしょ》という、当時の庶民の格好で出掛けた。石灰商の所に着くと酒など飲ませてうまく話をまとめ、少しばかりの手付金を払い、契約に持ち込む。その方法で片っ端から契約して回った。

　浅野は激しい雨が降ってきても人力車に乗らない。大川は番傘を差しながら浅野の後をついて歩いた。そのうち足は棒になり、体が悲鳴を上げる。一日一二里（約四

八キロ）も歩き、夜、倒れるように宿屋に転がり込むと、大川は過労のために発熱した。

ところが浅野は平気な顔。宿屋にまで石灰屋を呼んで談判している。大きな浅野の背中を見ながら、さすがについていけないと先に寝てしまった。

翌朝になると幸い治ったが、大川が弱音を吐くと、

「だからお前はダメなんだ」

と説教される。

それがしゃくに障るから随分頑張った。

（商売をするというのは、これくらい苦しまねばならないものか……）

そうしみじみ思ったという。

浅野は大川の尻を叩きながらも、大いに感謝していた。それは後年、自分が設立した鶴見臨港鉄道に浅野駅、安善駅とともに大川駅を設けたことでもわかる。

浅野の孫である久彌《ひさや》（学校法人浅野学園元理事長）が語ったところによると、

「鶴見線に翁にちなんだ駅名をつけたいのですが」

と浅野が栄一に相談したところ、

「それなら大川の名をつけるといい。大川の名があれば、私が関与していることはお

のずからわかる」

という答えが返ってきたので、それに従ったのだという。大川駅は、栄一への感謝の気持ちも込められた駅であったのだ。

深川セメント工場は明治三一年（一八九八）、浅野セメント合資会社に改組される。栄一が二〇万円を出資し、大川が一一万円、安田善次郎一〇万円、尾高幸五郎（千代の妹くにの嫁ぎ先）が五万五〇〇〇円（以上有限責任部分）、浅野は無限責任部分三三万五〇〇〇円を出し、資本総額八〇万円で操業を開始した。浅野財閥の最初の一歩だった。

余談だが、浅野のセメント工場に困らされたのが晩年の岩崎弥太郎だ。

彼は紀伊国屋文左衛門の屋敷跡約三万坪を買い取り、そこに隅田川の水を引き、見事な回遊式林泉《りんせん》庭園を整備していた。その東半分が現在の都立清澄《きよすみ》庭園である。

ところがセメント工場の本格稼働により、風向きによっては工場の煙でもうもうたる風景となってしまった。当時は公害の規制などないから、現代人の想像を絶するものだ。岩崎はセメント工場を買うとまで言ったが、浅野が法外な値を出して交渉は決裂した。はなから売る気などなかったのだ。岩崎の怒った顔が目に浮かぶ。

この件も、彼の寿命を短くした一因なのかも知れない。

## 国際商業都市東京の夢

近代化に向けて国家が大きく変容を見せていた明治という時代の中でも、やや異常な時期があった。それが明治一七年（一八八四）から明治二〇年（一八八七）にかけての、いわゆる鹿鳴館《ろくめいかん》時代である。

不平等条約の改正がうまくいかないのは、まだ近代国家とは言えない野蛮な国だと思われているからだと考え、各国大使夫妻などを招き、日比谷の鹿鳴館に夜ごと紳士淑女を集めてダンスパーティーを開くなど、滑稽なほど涙ぐましい努力をした。その旗振り役が、工部卿に次いで外務卿に就任していた井上馨だった。

鹿鳴館は明治一六年（一八八三）一一月に開館。八五三二坪という広大な敷地面積を誇っていた。欧米列強に対し、わが国がすでに欧米並になっていることをアピールするための言わば広告塔である。

この鹿鳴館の建設を請け負ったのが、大倉喜八郎であった。

その後、大倉は明治二〇年（一八八七）、栄一や藤田伝三郎とともにわが国最初の法人建設企業である日本土木会社を設立。同社は明治二五年（一八九二）、大倉土木組に引き継がれた。現在の大成建設である。ちなみにこの社名は大倉の戒名〝大成院殿礼本超邁鶴翁大居士〟に由来している。

栄一が清水組や大倉土木組、浅野セメントとともに推進しようとしたもの。それがすでに触れたこの国の不燃化、とりわけ首都東京の不燃化であった。

それは彼が大蔵省在職中に立案した東京不燃化計画にさかのぼる。

明治五年（一八七二）二月二六日、和田蔵門内の旧会津藩邸（現在の皇居外苑）から出火した火災は、東京の中心地域である銀座、丸の内、築地へと燃え広がった。世に言う銀座大火である。これでは首都機能などとても保てない。

大火の後、由利公正東京府知事は御雇外国人トーマス・ウォートルスの協力の下、街区を整理して道幅を広くし、木造建築を禁止して煉瓦作りの建物にする計画を立案した。しかし木造建築禁止令は早急にすぎ、悪評紛々たる中、逃げるように岩倉使節団に参加して渡航してしまう。

実際、不燃化に理解のあった栄一も予算規模のあまりの大きさに抵抗を示し、政府の予算内で不燃化を実現できたのは銀座煉瓦街だけに終わった。

だが箱を作れば中身も変わる。服部時計店の服部金太郎、資生堂の福原金太郎（有信）、天ぷら天金の池田金太郎という二人の金太郎が、銀座を今の洗練された街へと変貌させていくのである。

藤森照信は『江戸・東京を造った人々』の中で「渋沢栄一の東京改造論」という一章を執筆しているが、それによれば栄一は〝東京借家会社〟構想をぶち上げたのだという。政府予算に限りがあることから、民間資金の利用を考えたのだ。

〈ヘンな名の会社だが、今日風にいうと半官半民の〝住宅供給公社〟みたいなもので、焼け跡に民間が自力で高価な煉瓦建築を作るのはたいへんだから、まずこの会社が建て、それを民間に低金利長期返済で貸し与え、満期とともに払い下げよう、というもの。渋沢はこの仕組みをうまく使えば銀座の焼跡のみならず東京中の木造建築を不燃の煉瓦造西洋館に建てかえられると目論み、よほど力を入れたらしく、現在、この会社の創立草案は十種以上も遺されている〉

だが結局、この先進的な会社は実現には至らず、栄一たちがその後下野したため、東京不燃化計画は一旦頓挫してしまう。

しかしその後も、栄一の不燃化への思いは消えてはいなかったのである。新事業として、不燃化に欠かせない煉瓦造りを支援し、明治八年（一八七五）、耐火煉瓦製造を主とする品川白煉瓦製造所を設立している。

そして明治一四年（一八八一）一月、今度は神田の大火が起こり、日本橋、本所、深川が灰燼《かいじん》に帰してしまった。度重なる大火を経験し、明治政府は抜本的対策に立ち上がる。それが同年発布された東京防火令であった。

銀座大火の時に比べれば、日本の予算規模は大きくなっている。明治二〇年（一八八七）を目途に区画整理と耐火建築への変更を強行し、東京の主な通りに板葺きをなくし、蔵、煉瓦、石造りの三種に統一されることになった。

栄一は日本煉瓦製造を設立し、明治二〇年、故郷深谷の地に日本初の機械式煉瓦工場の操業を開始。ここで焼かれた煉瓦が東京駅駅舎や赤坂離宮に使用された。現在、JR深谷駅の駅舎が東京駅そっくりなのは、この煉瓦にちなんだものである。

こうして栄一は、清水組や大倉土木組や浅野セメントの協力も得て、再び東京の不燃化計画を推進していくのである。

栄一の関心は東京の都市計画そのものにも及んでいた。

藤森照信は前掲書の中で次のように記している。

〈東京の街づくりと最も縁の深かった個人を一人挙げろと言われたら、ちゅうちょなくすぐさま、〈渋沢栄一〉を挙げる。（中略）渋沢の〝都市歴〟をたしかめてみたら、スタートが明治三年（一八七〇）の〝兜町の創設〟で、おしまいが大正一二年（一九二三）の〝田園調布の開発〟だから、彼が東京という都市と主体的に係わった時間は五四年におよび、これは都市計画畑一筋の技師や行政マンよりはるかに長い〉

そもそも東京という都市は、江戸から東京と名前を変えた時点で一五〇万人から六〇万人へと人口を激減させていた。大名屋敷は空き家となり、家臣団もみな地元に帰っていったのだから当然だろう。一から都市計画を策定せねばならなかった。

東京の都市計画はいくつかの案が競合していたが、栄一は東京湾の港湾整備を進めた上で兜町一帯を経済的な中核地域とし、東京を国際商業都市にする構想を持っていた。

当時の交通の中心は船であり、現在の高速道路にあたるのが運河である。日本橋川などの運河が発達した兜町は、近くの日本橋に魚河岸《うおがし》が設けられていたことでもわかるように元々物産の集積地でありビジネスの中心地であった。若き日の安田善次郎や大倉喜八郎が、二人とも日本橋の商家で修行に励んだのはゆえなしとしない。

丸の内に三菱村ができるまでは東京海上や明治生命なども兜町に本社を置いていた。大蔵省も関東大震災で庁舎が焼け落ち、大手町の酒井家の屋敷跡に移転するまでは兜町にあった。その後、現在の霞が関に移ったのだ。ちなみに明治一九年（一八八六）に開業した東京電燈（現在の東京電力）が最初に発電所を作って電力供給を行ったのも茅場町から兜町にかけてだった。

日本橋川の一番上流に大蔵省が位置し、少し下って第一国立銀行や日本銀行、三井組、そしてさらに下ると港があって国内各地や世界につながる、そんな構想を栄一は抱いていた。実際、彼がこの地域で設立に関与した企業や組織を見ると、第一国立銀行、日本銀行、三井物産、東京海上、商法会議所、銀行集会所、株式取引所など、枢要なものが集中している。

ところが、明治一五年（一八八二）に府知事となった芳川顕正は、東京を国際商業都市にしたいという栄一の思いとは裏腹に、東京を帝都たらしめる方向に舵を切った。芳川は大蔵省時代の元部下でありその後も交流はあったが、彼は元長州の中でも山県有朋と親しく、都市計画については意見を異にしていたのである。

兜町に本社を構えていた三菱が丸の内に移転したこともあって、やがて東京のビジネスの中心地は兜町よりも皇居に近い丸の内に移っていく。そして大正三年（一九一四）に完成した中央停車場（東京駅）が帝都の顔となり、栄一の計画は完全に瓦解してしまうのである。

だがその後彼は、浅野総一郎による京浜地区港湾建設事業を応援していく。

わが国の大都市はおしなべて大きな河川の下流にある。日本の玄関であるはずの東京湾も遠浅で、明治期は相変わらず沖合に停泊した船との間をはしけが往復していた。東京湾を浚渫《しゅんせつ》して深くすれば大きな船舶が横付けできる。そうすると工業発達や貿易振興につながる。

浅野は役所に何度も工事申請を出したが相手にされなかった。事業規模があまりにも大きいからだ。だが栄一と安田が協力を申し出たことで計画が動き始める。

栄一は浅野の先見性を高く評価し、

「時代が君のあとについてくるようだな」

と感嘆した。先見性で定評のある栄一に賞賛されたのだ。これ以上の名誉はないだろう。

こうして大正三年、埋め立て事業を担うべく鶴見埋築株式会社が設立された。

この時、浅野は浚渫した土砂で作った埋立地を適宜売却していく計画を立てている。埋立地は自然と工場建設用地になり、同時に土地の売却代金で工事費の一部をまかなうことができるというわけだ。

埋立地の間の運河を通る船舶から通行税を徴収することも考えた。ただあらかじめ期間を設け、満了後は国に移管することにした。通行税を取り続ければ当然儲かるが、将来それを放棄しようというのだ。栄一も安田も賛成した。公益を追求する姿勢に、彼らは自分たちの後継者の姿を見ていたのである。

浅野は資産家になっても初心を忘れなかった。夜行列車の三等に乗って日本中を飛び回り、上着が古びてよれよれになっても一向にお構いなし。飾らない人柄が魅力でもあった。

英国に視察に行って帰国した時、栄一に、

「向こうで大盛況の文士劇をやっておりました。日本では見たこともありません」

とその筋書きを語った。

「それはハムレットといってさほど珍しいものではなく、もうすでに日本でも上演されておる」

と栄一が教えてやると、

「そうそう、西洋料理のような名前だと思いました！」

と手を打った。自分をえらく見せようという虚栄心を一切持たない男だった。

浅野は栄一より一年前にこの世を去るが、東京湾沿岸部の埋立事業は浅野の死の二年前にあたる昭和三年（一九二八）、一応の完成を見る。そこには浅野セメント、日本鋼管、浅野製鉄所といった浅野財閥のほか、旭硝子、日清製粉などが進出し、京浜臨海工業地帯の中核となってわが国の産業を支えていく。

鶴見埋築の後身である現在の東亜建設工業の社章は、創業に関わる地名（鶴見）に浅野と栄一と安田の三人を表わす三羽の鶴をデザインしたものだ。優美な社章が三人の友情と偉大な功績を後世に伝えている。

## 三井銀行中興の祖・中上川彦次郎

栄一は投機を嫌い、実業を重んじた。〝ただ株券さえ騰貴すればその希望を達しえるという連中〟のことを〝山師連《やましれん》〟と呼び、こうした堕落した商道徳のままだとわが国工業の発展は望めないと批判している。彼は企業の設立を投資と考えておらず、出資した株式を高値で売り抜けようという考えを持っていなかった。

現代の起業家が栄一と同じ考え方で成功するのは難しかろうが、資本主義の伝道師である彼にはそれにふさわしい行動が求められたのである。

彼は自分の力だけで事業を拡大していったわけではない。一〇〇を超える企業の設立や経営に関与することができたのは、当初は三井組、小野組、島田組、以降は大倉、浅野や古河のほか、益田孝の弟の克徳や〝東洋のビール王〟として知られる馬越《まこし》恭平《きょうへい》のような事業欲旺盛なパートナーをうまく活用したからだ。

そういう意味では、財閥を否定しながらも財閥の力を利用せざるを得なかった。

そして彼の分身として働いてくれたのが、先述した大川平三郎だった。大川は浅野のセメント工場を助けた後、明治二六年（一八九三）、三三歳の若さで王子製紙の専務取締役に就任する。加えて言えば、彼は栄一の庶子てると結婚している。

ところがその彼は、王子製紙を追われることになった。いや創業者である栄一までもが王子製紙を去ることになるのである。

この驚天動地の事態には、中上川彦次郎という人物が深く関係していた。

明治初期日本最大の豪商であった三井組だが、やがてその拠点となった三井銀行は凋落《ちょうらく》していく。井上馨たちとの近さも一つの要因であった。政治家との関係を深めると、義理で頼まれる政治案件が増え、それが焦げ付いていくケースも多い。

栄一は井上たち政治家とも三井家とも、つかず離れずの関係にあった。

実際、三井に世話になったのは第一国立銀行と抄紙会社のほかは〈ただ家を買ったとき世話になったのみで、その他のことでは微塵も世話になった覚えはない〉（『雨夜譚』渋沢栄一著）と胸を張っている。それは賢明な選択だった。

明治二三年（一八九〇）の恐慌が三井銀行に与えたダメージは深刻であった。資本主義下でのわが国初の本格的恐慌という意味で〝資本主義恐慌〟と呼ばれている。

第一国立銀行も大きな影響を受けている。東北や北陸の支店をリストラし、支店を大都市のみにせざるをえなくなったが、三井銀行は貸付金の三分の一が不良債権化する惨状を呈していた。この絶体絶命のピンチに、彗星のように現れた救世主が中上川彦次郎だった。

中上川彦次郎

中上川は福沢諭吉の姉の子である。栄一の一四歳年下にあたる。上背があり筋骨隆々として才能の豊かさと自信が表情に表われている。

中上川や福沢桃介が実業界で成功したのは福沢諭吉の薫陶によるものである。彼は慶應義塾の創設者というだけでなく、実業界においても大きな足跡を残していた。

わが国最初の生命保険会社（後の明治生命）、損害保険会社（後の東京海上）、最初の近代的書店にして総合商社（後の丸善）のほか、外国為替専門銀行（横浜正金銀行、後の東京銀行）などは彼の構想に端を発し、門下生や友人たちが交詢社《こうじゅんしゃ》（慶應ＯＢを中心とした社交クラブ）に集って計画を立て、福沢の出資や助言・協力のもと設立された企業群なのだ。

中上川は明治二年（一八六九）、慶應義塾に入学している。卒業後、一時、母校で教鞭をとっていたが、明治七年（一八七四）、英国に留学。留学費用は福沢が全額出したというから、寵愛ぶりがうかがえる。

留学中、海外視察で欧米を回っていた井上馨の知遇を得た。帰国後、井上が参議兼工部卿に就任すると工部省に呼ばれ、井上が外務卿に転じると今度は外務省公信局長に抜擢される。そういう意味では、中上川は栄一同様、井上に見こまれた男だった。

だが役人生活は長く続かない。明治一四年の政変により、大隈や岩崎と近かった福沢門下生は政府内から一掃されたからだ。井上と親しかった中上川は辞職する必要もなかったが、自分だけ残ることを潔しとせず退官する。

負けん気の強い中上川は、政府にもの申すべく『時事新報』を創刊。新聞社の経営が軌道に乗ると、山陽鉄道会社（現在のＪＲ西日本山陽本線）の社長に転身する。まだ三四歳の若さであった。

彼は何ごとも徹底的にやる。海外から専門書を取り寄せると片っ端から読破し、技師に指示を出し、神戸─尾道間をわずか一年半で完工させた。そして〝資本主義恐慌〟に世の中が揺れていた頃、中上川は井上と東海道線の中で久々に再会する。

山県有朋首相から、

「経営不振に陥っている三井銀行を何とかしたまえ」

と命じられていた井上は、中上川についい愚痴をこぼした。

「もし君ほどの人物が二人いれば、一人は三井銀行に迎え、立て直しをお願いするのだが……」

すると誰もがさじを投げていた三井銀行再建という難題に、中上川は敢えて挑戦するとと手をあげるのである。

明治二四年（一八九一）、三井銀行理事に就任した中上川は、早速焦げ付いた貸金の回収に乗り出した。

有名なのが東本願寺との交渉だ。無担保のまま残高が一〇〇万円ほど（現在価値にして五〇億円ほど）になっていた東本願寺向け融資の回収は大きな課題だった。巨大な権威を持つ寺だけに三井といえど督促できず、歴代トップはみな腫れ物に触るようにして手をこまねいていた。

ところが中上川は躊躇することなく、

「時と場合によっては、ご本尊の阿弥陀如来を差し押さえるかもしれません」

と言い放ったのだ。

〝織田信長以来の仏敵〟と言われても意に介しない。東本願寺も別に返せないわけではない。返す気がなかっただけのことだ。実際、全国の門徒に喜捨《きしゃ》を依頼し、すぐに完済している。

自分を推挙してくれた井上との関係であろうと例外ではなかった。

九州の第九銀行が経営悪化し、井上を通じて救済を求めてきた時もけんもほろろに断り、結局、井上は安田に頼んで肥後銀行に合併してもらうことになった。その一方で、政治家との癒着が官金取り扱いで生じたことを見抜いていた彼は、その返上を行い、地方の支店を次々に閉鎖していく。

不良債権処理をしていただけではない。中上川は産業の勃興期であることに着目し、重工業取引に注力。これで三井銀行を再建していこうとした。

そのためには優秀な人材が必要だ。そこで慶應義塾の中でもとびきり優秀な塾生を次々に採用していった。藤山雷太《ふじやまらいた》（大日本製糖など藤山コンツェルンを築いた）、藤原銀次郎（王子製紙社長）、波多野承五郎（『時事新報』主筆、『朝野新聞』社長）、池田成彬（後の日銀総裁、大蔵大臣、枢密顧問官）、武藤山治《むとうさんじ》（鐘淵紡績中興の祖）、日比翁助《ひびおうすけ》（三越創業の功労者）など。

まずは藤山を三井銀行本店抵当係長、藤原を大津支店次席、波多野を調査部長、池田を足利支店長にと、銀行内で教育し、その後、経営が思わしくない融資先へ再建のため送り込んだ。

そうした中で中上川と栄一の間に接点が生まれる。

明治二五年（一八九二）、王子製紙が経営不振に陥ったことから、栄一は三井銀行に対し、増資という形での経営支援を打診していた。

すると中上川は増資に応じる条件として、三井から役員を送り込みたいと言ってきたのだ。そして専務として王子製紙の再建を命じられたのが藤山雷太だった。

中上川は藤山に、

「君が専務になるのは、王子を三井が取りにいくためだ。ゆめゆめ彼らに懐柔されるようなことのないように」

と因果を含めた。

そんなことを言われて送り込まれた人間と現経営陣とがうまくいくはずがない。明治三一年（一八九八）、藤山と大川平三郎は経営方針を巡って正面衝突。大川を慕っていた従業員たちを巻き込んで大ストライキへと発展する。

この時、藤山は中上川の指示で、大川と栄一に役員退任を迫るのである。王子製紙を完全に三井銀行の支配下に置くというわけだ。

栄一は王子製紙の創設者であり大株主である。抵抗することもできただろう。ところが意外なことに、彼はすぐ了承し、大川とともに役員から退いた。周囲があっと驚くほど鮮やかな出処進退だった。

大川は栄一や浅野に見込まれただけの男である。まだ三〇代の彼が、これしきのことで世に埋もれることはなかった。上海の華章造紙公司開業にあたり技師長として招かれて再出発すると、その後、日本国内に富士製紙をはじめとする製紙会社を設立。一時は国内シェアで王子製紙を抜き、〝製紙王〟と呼ばれるまでになる。

そして栄一と藤山のその後にも後日談があった。

後に栄一が大日本製糖で大トラブルを抱えた際、彼は藤山に再建を依頼するのだ。自分が役員から退任させられたことを遺恨に思わず、むしろ藤山の優秀さを高く評価して抜擢したのである。その詳しい経緯については後述する。

中上川の懐刀だった池田は、栄一の懐の深さについて次のように述懐している。

〈渋沢という人はそういう所は偉いね。中上川の命令とは言いながら〝あなたがいては駄目だから引っ込みなさい〟と使いに立ったのは藤山で、その藤山を渋沢さんが大日本製糖の整理に引っ張り出したのですから。一寸普通人には出来ないことですよ〉（『財界回顧　故人今人　続』池田成彬述　柳沢健編）

池田は中上川が抜擢した慶應人脈の中でもとりわけ識見の高い人物だ。その池田をして〝一寸普通人には出来ない〟と感嘆させたのである。

一方、中上川の三井での影響力が日に日に増していくのを苦々しく思っていたのが、彼をスカウトした井上馨と益田孝だった。

中上川の重工業化路線に対し、三井をこれまで通りの商業化路線に戻そうと考えた彼らは三井家家憲を制定。三井家が三井グループのガバナンスを握る形にし、中上川の影響力を制約していく。

やがて中上川は体調を崩し、明治三四年（一九〇一）、四七歳の若さで没した。だが慶應人脈を峨々《がが》たる山脈にしたのは中上川その人であり、金融の持つ可能性を示した功績が色褪《あ》せることはないだろう。

# 第五章

# 国家は国民が支える

## 富者の義務としての慈善事業

栄一の人生で特筆するべきは社会福祉事業での貢献である。彼はこう語っている。

――国家の富が増すほど貧民が多くなることは、実験上の事実である。この困難の人をしてよくそのところを得せしめるのがすなわち王道であって、同時に世の富豪家の鑑《かんが》むべきことである。

栄一の母親が慈悲深い人だったことについてはすでに触れたが、欧米流の慈善事業とはじめて出会ったのはパリ万博へ派遣された折のことであった。

そこでバザーの勧誘をうけたのだがよく内容が飲み込めず、とりあえず寄付すればいいのだろうと思った彼は一〇〇フランほどを手渡した。すると後日品物が送られてきて、はじめてバザーなるものの性格がわかったという（『竜門雑誌』明治三二年七月）。

彼自身が慈善活動の主体となって活動をはじめたのは、官職を辞してからの養育院が最初だ。現在で言えば児童福祉施設と介護施設と精神科病院を兼ねたような救貧施設で、大久保一翁が幕府の目付時代に立案したものであった。

それが維新後になって、養育院として東京の本所に設置されたのだ。設立資金に使われたのは、なんと寛政の改革で知られる松平定信が定めた江戸の貧民救済資金〝七《しち》分積金《ぶつみきん》〟の一部だった。首都東京の街作りと栄一を含む旧幕臣との関係を理解していただくため、ここで七分積金について触れておきたい。

寛政三年（一七九一）、松平定信は江戸の地主階級が負担する町費に関し、天明五年（一七八五）より寛政元年まで五年間の平均を算出させ、そこからできる限りの節約をさせて年三・七万両を捻出した。

そして節約額の一〇分の七（七分）にあたる二・六万両を非常時のための積立金にさせ、それを管理するための町会所を設立した。この備えはその後、江戸の危機を何度も救い、幕末には一七〇万両に積み上がっていた。

驚くべきはここからである。維新の混乱で幕府の財政は窮乏の極みであったにもかかわらず、七分積金は江戸の町の備えであるとして彼らは指一本触れなかったのだ。この自制心は驚異の一語である。そして七分積金は新政府に引き継がれた。

だが明治新政府にそのような自制心はない。すぐに東京府は財源の一部に繰り入れようとした。それを旧幕臣たちが黙っているはずがない。明治五年（一八七二）五月、大久保一翁が東京府知事に就任すると、早速東京営繕会議所を設立して再び管理をはじめた。

東京営繕会議所の最初の仕事は意外なものであった。ロシア皇太子来日を前に、浮浪者が市中をうろついていたら格好が悪いということで、東京府下の浮浪者を集めて彼らを本郷の旧加賀藩屋敷の足軽長屋に収容したのである。

その後、東京営繕会議所は東京会議所（現在の東京商工会議所）と改称され、収容者は本郷から浅草溜《あさくさため》に移される。そして明治六年（一八七三）二月四日、浅草溜から上野護国院に収容者が移されたのを機に養育院と改称されたというわけだ。

栄一も大久保府知事に協力して東京営繕会議所設立に携わったはずだが、本格的に関与しはじめたのは明治七年（一八七四）一一月、東京会議所共有金取締に推薦され、翌明治八年一二月二七日会頭に選ばれてからのことであった。

余談になるが、東京のガス灯建設を担ったのも東京会議所である。管轄こそ東京府瓦斯局だが新政府には予算がなく、こうした大規模な公共事業をするには七分積金をあてにするほかなかったのだ。

そして会頭である栄一が、東京府の瓦斯局長としてガス事業の先頭に立つこととなった。

当初はなかなか収益に結びつかなかったが、なんとか軌道にのってきた明治一八年

（一八八五）、民間に払い下げられ、東京瓦斯（現在の東京ガス）が設立される。

栄一は引き続き取締役会長に就任して事業に関与することとなった。


話を戻そう。栄一は明治九年（一八七六）に養育院の事務長を拝命すると、毎月二回は登院して熱心に指導を行った。

明治二六年（一八九三）、施設の衛生状態が悪化したことから、大塚辻町に移転させることになり、栄一は私財を投入したがそれでも移転費用が足りない。皇后宮大夫に哀願書を提出したところ金二〇〇〇円が下賜されたが、それでもまだ足りなかったので一般市民から寄付金を募り、ようやく移転先の建物の建築に着手した。二階建ての事務所を中心に一〇棟ほどの細長い建物が並び、土地も余裕がある。環境は格段に良くなった。

だがまだ満足していない。彼が養育院で一番気にしていたのは子どもたちのことだ。孤児たちが老人や精神を病んだ人たちと一緒にいる現状を何とかしたいとずっと考えてきた。

そしてついに感化部（今で言う児童養護施設）の新設を東京市に訴える。

あの渋沢栄一が必要だと言うのだ。市議会議員たちも賛成してくれ、明治三三年えている。

（一九〇〇）、感化部が新設された。ここでも栄一は定期的に私財を投入して経営を支

「自分が親がわりになって面倒を見るから、みなさん安心して勉強しなさい」

そんな栄一の言葉に励まされ、子どもたちはのびのびと育っていった。

子どもたちに七分積金への感謝の気持ちを忘れないでもらおうと考え、松平定信の祥月命日は菓子を持参する日と決めていた。

栄一は亡くなる昭和六年（一九三一）まで院長を続け、五〇有余年の長きにわたり養育院の発展に尽くした。『養育院八十年史』は〈財政の窮乏最も甚だしかったため、渋沢院長の私財、資金の調達等に依《よ》って補はれこの困難を克服して経営された〉と記し感謝している。

彼はすべて自分で背負うことを意図的にしなかった。合本主義そのままに多くの人々の協力を集め、広く薄く負担することを心がけた。そうすることで国民の中に広く慈善への関心が高まり、弱者への思いやりの心が醸成されると考えたからである。

当然のことながら富裕層からの寄付集めには熱心だった。だがあまりにそれが頻繁だったため、栄一はある意味恐れられていた。

服部時計店創業者の服部金太郎が日本倶楽部で大好きな将棋を指していた時のこ

と、相手は父佐平と共に博文館を創業した大橋新太郎だった。そばには第一生命創業者の矢野恒太《やのつねた》もいたというから豪華な顔合わせだ。

そこに日本倶楽部の初代副会長でもあった栄一がにこにこしながら入ってきて、三人を前にしてこう言った。

「今イタリアの骨相学者に人相を見てもらったんですがね、なんでも私は一〇七歳まで生きるそうですよ」

それを聞いた服部は指していた将棋の駒を放り出して立ち上がると、

「そりゃ大変だ。渋沢さんにそんなに長生きされたら、どれだけ寄付の依頼が来るかわからない。将棋をやっている場合じゃない。もっと稼がないと！」

そう言って周囲を大笑いさせたという。

服部にすれば、なかば本心だったのかもしれない。

## 歌子の婿・穂積陳重

栄一は女子教育にも注力している。

鹿鳴館時代が始まろうとしていた頃、彼は伊藤博文から西洋流の社交の場にも出ら

日本女子大での傘寿祝賀会に出席した栄一と兼子夫人

れるような女子教育を施す場を設けてほしいと要望された。こうして設立されたのが東京女学館で、栄一は第五代館長に就任している。

また大阪で梅花《ばいか》女学校の校長を務めていた成瀬《なるせ》仁蔵《じんぞう》から女子大学設立支援を懇願され、日本女子大学校（現在の日本女子大学）の設立に尽力し、第三代校長も務めている。

資金集めなどの経営支援を行う一方、多くの講演も行ったが、その内容は主として〝良妻賢母〟を目指せというものだった。現代人から見ると古くさいかもしれないが、彼がそうであったように家庭教育がその人の人格形成を決定づける。子育てが重要であるのは今も昔も変わることはあるまい。

当時は娘の結婚は父親が考える時代だ。箱入り娘に育てた渋沢家では、ことにその傾向が強かった。そして栄一が長女歌子の結婚相手として白羽の矢を立てたのが穂積陳重という気鋭の法学者だった。

宇和島藩士だった穂積家は、二五〇石取りで宇和島藩一〇万石でも名家であった。祖父も父親も学者肌で、彼自身、幼い頃から学業優秀。新政府が国費で学ばせる〝貢《こう》進生《しんせい》〟と呼ばれる選りすぐりのエリートを各藩から推薦させた際、宇和島藩は二名の枠が与えられていたが、陳重はその一人として明治四年（一八七一）正月から大学南校（東京大学の前身）に学んでいる。

穂積陳重

これだけ優秀だと周囲がほっておかない。次男だった彼は、慶応四年（明治元年）、宇和島藩銃隊第二隊長であった入江左吉の家に養子に入っている。陳重の父親は銃隊の第一隊長であり、第二隊長の入江は〝やや後輩の同僚〟（『明治一法学者の出発』穂積重行著)だった。入江家には娘がおり、ゆくゆくは婿にというわけだ。

九鬼隆一という文部大丞が文部省留学生制度を開始した際、陳重は英国留学に選ばれた。明治九年(一八七六)、横浜から出た船には欧米財政視察のため妻君とともに乗船していた井上馨が居合わせ、陳重たち留学生は彼から維新の武勇談を聞く機会に恵まれている。

陳重は英国で弁護士資格を取得したがそれだけに満足せず、さらにドイツで勉強を続けた。ドイツの最高学府ベルリン大学で学び、英米法とドイツ法という法律の主流を二つながら自家薬籠中のものとしている。

そんな彼の留学中に持ち上がってきたのが歌子との縁談だった。養子縁組を解消させてまで渋沢家にという話の裏には宇和島藩の意向があった。

縁談を持ってきたのは西園寺公成《さいおんじきんなる》という人物だ。宇和島藩元藩主伊達宗城の家令である。伊達と言えば栄一が租税正として大蔵省に入った時の大蔵卿だ。西園寺は第一国立銀行が創立される際、伊達の推薦により創立メンバーに加わり、取締役に列しており、濃厚な人間関係が窺える。

穂積家も維新後は経済的に恵まれているとは言えなかった。西園寺は陳重の弟の八《や》束《つか》を書生とし、共立学校（開成中学・高校の前身）、外国語学校、大学予備門（ともに東京大学の前身）に通わせている。

こうして旧藩士の面倒を見ていた西園寺は、陳重には大きな期待を寄せていた。彼のことを思い、入江家よりもっと大きな後ろ盾を持たせて社会で活躍させたいと考えたのだ。相談を受けた入江左吉も養子縁組の解消については納得してくれていた。

余談だが、入江家はその後、経済的に恵まれなかったようで、陳重は子息銀吉を引き取って学校に通わせ、彼が社会人になってからも相談に乗っている。彼はそういう情に篤いところがあった。

一方の栄一だが、彼が華麗なる閨閥を望み、渋沢家の社会的地位をあげたいと考えていたなら、華族や首相経験者の子弟と見合いをさせただろう。それは難しいことではなかったはずだ。

しかし彼はそうしなかった。

強引な話であることは栄一も知っていたが、彼は陳重に惚れ込んだ。結果として歌子を幸せにし、渋沢家にとっても最高の縁談となるのである。

明治一四年（一八八一）六月に帰国して東京大学法学部の講師になった陳重は、翌年の二月には早くも教授兼法学部長に就任する。

当時の東京大学の教授陣には意外な名前が並んでいた。玉乃世履が法学部の講師に名を連ね、文学部の一分野とされていた経済学日本財政論の講師を栄一が務めていたのだ。まだ学者が育っておらず、苦労していた大学教育の現場の様子が伝わってくる。そういう意味では、陳重は欧米流の本格的な法学者として期待を一身に担っていたわけだ。

帰国二ヵ月後の八月下旬、陳重は初めて歌子と会った。要するに見合いである。王子近くでの舟遊びという趣向だった。陳重は綾織《あやおり》の紺の背広姿。いかにも洋行帰りというハイカラな風情だ。一方の歌子は鼠《ねずみ》ちりめんの友禅染《ゆうぜんぞめ》。縁談はトントン拍子に進み、一一月に無事結納が調った。今に残る写真を見ても、なかなかお似合いのカップルだ。

明治一五年（一八八二）四月二五日、披露宴が向島の高級料亭八百松楼《やおまつろう》でおこなわれた。

媒酌人は同じ宇和島出身の法曹界の大先輩で、この一〇年後に大審院長となる児島《こじま》惟謙《いけん》。当時は長崎控訴裁判所長である。床の間を背にした正客の座には、向かって左から西園寺、児島、東京大学総理の加藤弘之、そして彼を文部省留学生に選んでくれた九鬼隆一文部少輔が並んだ。

余談だが、児島は後に大審院長として、訪日中のロシア皇太子ニコライが大津で暴漢に襲われ、けがを負った大津事件を裁くことになる。ロシアとの友好関係に配慮し、死刑にせよという圧力がかかる中、司法の独立を守った。その顚末を記した『大津事件顚末録』を児島は陳重に託している。明治の法曹界は、宇和島出身のこの二人が背負っていたと言っても過言ではなかった。

財界からは三野村利助、大倉喜八郎、古河市兵衛などが出席している。しかし招待客は五五名と、意外と質素なものであった。

渋沢家の養子にすることはせず、彼には穂積の名を継がせた代わり、深川福住町の渋沢邸内の別棟に一緒に住んでもらうことにした。

歌子はあっけらかんと、

「お婿さんをもらったのと同じようなもの」

と述べている。

陳重が気骨ある男だと思うのは、明治一四年（一八八一）一〇月に発表した『婚姻法論綱』という論文において「蓄妾《ちくしょう》の風」について論じ、〈これに法的地位を認めていることが現行法の近代的性格の一要因である〉と、その後進性を強調していることだ。

留学から帰国してすぐ書いたものと考えられるが、自分が結婚する相手の父親が女癖の悪さで世に知られた存在であることはすでに聞き及んでいたはずで、黒を白と言わないという法曹人としての基本を彼が身につけていたことを示すものとして興味深い。

こんな論文を書いているくらいだから、歌子にとってはいい夫だった。陳重は栄一より先に七〇歳でこの世を去るが、未亡人となった歌子が、

「お宅はお妾さんがいらっしゃらないんですって？　ご不便でしょう」

と〝先輩某名士の未亡人〟に大真面目に慰められ、返事に困ったという逸話が残っている。

物知りの栄一でも法律の知識は豊富とはいえない。

先々のことを考えれば、財産処理など、法律に関係する案件は増えていく一方だ。それを家族の一員に相談できるのだから、こんなに心強いことはない。

心強いことはほかにもあった。生まれた孫がみな、すくすくと育ってくれたことで

ある。明治一六年（一八八三）四月には長男重遠《しげとう》が生まれ、ほとんど年子で四男三女に恵まれた。

愉快だったのは、陳重に名付け親を頼むと健康に育つという噂が広まって依頼が引きも切らなかったことだ。なんとその数五〇人を超え、米国滞在中でも依頼状が届いたという。

子どもが育っていくと深川福住町の仮住まいは手狭になり、明治二二年（一八八九）には牛込払方町九番地に移っている。コンドル門下の中村達太郎が設計し、清水組が施工した洋館だ。教会と間違って入ってきた人がいたというほど立派なものだった。歌子は母との思い出の詰まった深川邸の建物を敷地内に移築して離れとした。

三〇年代には親子九人、執事一人、書生四、五人、女中七、八人、下男一人、車夫一人が同居する大家族となっている。子どもは七人だが、陳重の妹の雅子と歌子の弟の篤二が同居していた。とりわけ篤二は悩みの種となる。

陳重は社会的地位が上がっていくにつれ、栄一に負けず劣らず多忙になった。ことに起草委員に選ばれた明治二六年（一八九三）の民法制定は大事業だった。

明治四四年（一九一一）、五五歳で東京帝国大学を定年退官した五年後には、天皇の諮問機関である枢密院《すうみついん》を構成する枢密顧問官に選ばれ、大正六年（一九一七）には帝国学士院院長、大正一四年（一九二五）には枢密院議長に任命されるなど、国家の支柱であり続ける。

弟穂積八束、長男重遠とも東京帝国大学法学部教授となり、法律一家として知られた。栄一との出会いは、陳重の人生を人もうらやむ豊穣なものとしたのである。

## 千代の死

歌子の結婚の直後、渋沢家に思いがけない不幸が降りかかる。

栄一は明治二年（一八六九）に大蔵省出仕のため上京して以来、湯島、北神保町、兜町、深川福住町、兜町、飛鳥山と、生涯に六回転居している。ちなみに二度目の兜町は、深川の屋敷をそのまま残し、以前住んでいた兜町の建物を改築したものだ。

そして明治九年（一八七六）、深川福住町に転居した頃から、東京ではコレラが流行し始めていた。

明治という時代はまだ上下水道が完備されていない。財政が厳しかった明治初期の公衆衛生は、江戸時代より後退してさえいた。玉川上水や神田上水といった江戸時代の施設は老朽化し、木の樋《とい》の腐食箇所から汚水が混入して水質が悪化していく。すると、てきめんに疫病が流行した。中でも恐ろしいのがコレラ菌の経口感染で発症するコレラだ。

明治一一年（一八七八）、井戸の近くに便所を作らないことなどを定めた飲料水注意法が出されたが焼け石に水。明治一一年、一五年、一九年と、東京周辺は何度もコレラの大流行に悩まされた。治療をしなければ数時間で死に至る。日清、日露両戦争の戦死者の合計よりもコレラによる死亡者の方が多いと言われるほど酸鼻《さんび》を極めた。

栄一は郊外に避難しようと別宅を物色し、王子製紙の工場に近い滝野川村西ケ原（現在の北区西ケ原）に格好の場所を見つけた。享保期に徳川吉宗が庶民の娯楽のためにと桜の木を植え、以来桜の名所として知られてきた飛鳥山に隣接する八四七〇坪（約二・八ヘクタール）もの広大な畑地があったのだ。眺望もよく一目で気に入った。

当時、一帯にはのどかな田園風景が広がっており、ロバート・フォーチュンという英国人農学者は〝日本のリッチモンド（ロンドン郊外の緑豊かな高級住宅街）〟だと最大限の賛辞を贈っている。工場群が立ち並んで庭の松や梅が枯れ、渋沢邸の中にいると足袋の裏が一日で黒くなるようになるのは、もう少し後のことであった。

建築は清水組、庭園は後に大隈庭園も手がけた佐々木可村に依頼。明治一一年の桜が咲く頃ようやく完成し、曖依村荘《あいいそんそう》と名付けた。田園詩人陶淵明の詩「帰園田居（園

飛鳥山別邸玄関

田の居に帰る)」の中の〝曖曖遠人村、依依墟里煙(遠くの村はおぼろに霞み、荒れ果てた村里からは細々と煙があがっている)〟に由来する。

明治一五年(一八八二)に再びコレラが猛威を振るい始めると、

「早く都心から離れたい」

と千代が言いだし、結婚したばかりの穂積夫妻ともども、七月七日から曖依村荘に避難することとなった。

ところが避難しようと言いだした千代自身が、転居早々の一三日早朝、コレラに罹患《りかん》してしまうのだ。一日に数十回も水のような下痢が続き、哀しいほど速やかに生命力が奪われていく。猿渡常安《さるわたりつねやす》

（養父が一橋家の侍医）が治療に当たったが、すぐ危篤状態に陥り、政府の御雇外国人のベルツ博士が呼ばれた時には手の施しようがなかった。

脱水症状によって手足にしわが入り、顔がまるで老人のようになっていく。この病気の特徴である〝コレラ顔貌《がんぼう》〟だ。色白で美しかった千代がそうなっていくのを、栄一たちは胸締め付けられる思いで遠巻きに見守るほかなかった。

なんとか回復してほしいという祈りもむなしく、発病の翌日にあたる一四日夕刻、帰らぬ人となる。歌子の結婚式からわずか三ヵ月後の悲劇であった。

〈常には片時も傍を離さなかった愛児たちにも、取りすがって泣くことすら許されず、間を隔てて伏し拝ませるばかりであった。涙ながら訣別せられた父上が、泣き入る琴子、篤二の二人を引きつれて、病室を去られた時の有様は、時々目先にちらついて、私のためには生涯の悲劇である〉（『ははその落葉』穂積歌子著）

千代の一七回忌に歌子がまとめた追悼記『ははその落葉』には、千代を失った時の慟哭《どうこく》が聞こえるような哀切な文章がつづられている。

思い返せば、歌子の結婚が決まった時、

「これで万一私が早死にしても安心だ」

と千代はふと漏らした。まさかその言葉が現実のものとなろうとは。

栄一にとって最大の衝撃は、千代が息を引き取った後に待っていた。明治に入って火葬が次第に増えていたが、まだこの頃は土葬のほうが一般的。ところがコレラでの死者は伝染を防ぐため火葬にするよう指導がなされており、翌一五日、千代は遺骨となって戻ってきた。

埼玉育ちの栄一は火葬に強い抵抗感がある。小さな骨壺を抱えた栄一は男泣きに泣いた。

千代は体が細かったから、最初嫁に来た時は、

「あれで百姓の嫁がつとまるのか？」

と陰口をたたかれたりもしたが、芯が強く大した病気もせず、家をよく守ってくれた。

新婚当時、栄一は攘夷活動で東奔西走。身分も主張もコロコロ変わり、果ては海外に渡航するなど、ほとんど家にいないで心配のかけ通し。これからようやく楽をさせてやれると思っていた矢先のことであった。

## 英雄色を好む

洋の東西を問わず〝英雄色を好む〟という言葉は人口に膾炙《かいしゃ》しているが、哀しいほどほとんどの偉人にあてはまる。

特にバイタリティを要する政治家にはその傾向があり、栄一の時代で言えば、謹厳な大久保利通でさえ例外ではなく、伊藤博文に至っては〝色魔〟と言っていいほどだった。舞踏会の途中抜けだし、夜の庭で戸田伯爵夫人を強姦したという噂が立ったほか、彼の兵庫県令時代の最大の遺産は福原遊郭だと言われ、明治天皇から女性関係を慎むよう叱責されたという伝説さえ残されている。

そして〝英雄色を好む〟とするならば、渋沢栄一は英雄中の英雄だった。

彼は悪びれることなく公式の場でもこう語っている。

「自分は人生を顧みて婦人関係以外は天地に恥ずるものはない」

数多い妾の中でも知られていたのが大内くにである。神田北神保町の屋敷で、彼はなんと妻妾同居を始めるのだ。六〇〇坪ほどもある広大な屋敷だったが、やり過ぎだ。

元々彼女は宮中第一の女官だった高倉寿子《としこ》に仕えていた。明治二年（一八六九）春に明治天皇が東京に移られた際、くにも東京に来ているから、栄一が新政府に出仕した頃に知り合ったものと思われる。

明治六年(一八七三)二月に撮影された写真には、千代、尾高くに(千代の妹で尾高幸五郎の妻)、渋沢てい(栄一の妹)とともに大内くにが写っている。くにとの間には「ふみ」(明治四年生まれ)、「てる」(明治六年生まれ)という二人の女子が生まれた。ふみは尾高次郎に、てるは大川平三郎に嫁している。

妻妾同居など現代人の感覚からすれば考えられないが、岩崎弥太郎も同様だった。晩年、岩崎は療養のため伊香保温泉に出かけるが、その際、母、妻、子どもたちとともに、愛人を二人も同道させている。ちなみに岩崎は妻妾同居を区役所に届けているが、その相手とこの二人が別の女性なのには驚かされる(『岩崎彌太郎』伊井直行著)。

当時の社会では許されていたのだろうという人がいるが、それは少し違う。やはりそうした行為は軽蔑され、今の週刊誌にあたる赤新聞(紙面が赤かったのでそう呼ばれた)などにスキャンダルとして書き立てられた。

それでも栄一はやめられなかったのだ。

千代の死の半年後、彼は再婚している。ところが相手は意外にも、同居をし、二人の子までなした大内くにではなかったのだ。

代わりに選んだのは、幕末の豪商伊藤八兵衛の五女兼子だった。ちょうど一回り下の三一歳。当時としては若くはない。伊藤は旧幕府軍を最後まで支援し、彰義隊のために三万両もの金を用立てたというから、そういうところが気に入ったのかもしれない。

頑固な攘夷論者としても知られており、明治に入って横浜のセール・フレーザー商会（若き日の白洲次郎が就職する商社）にただの水を〝水油〟と称して売りつけ、英国領事館経由で抗議を受けて取り調べに来た外務省の役人に、

「夷狄《いてき》を欺《あざむ》いて金品を奪うは愛国者のなすべきところ」

と悪びれずに答えたという剛の者だ（『明治大正見聞史』生方敏郎著）。

なお『明治大正見聞史』には、伊藤八兵衛は兼子の父ではなく伯父ではなかったかと書かれている。いずれにせよこの頃には伊藤家は零落していた。兼子が料理屋の座敷女中をしているときに見初められたという伝承もあり、謎に包まれている。

兼子との結婚時期もはっきりしないが、『渋沢栄一伝記資料』では千代の亡くなった半年後の明治一六年（一八八三）一月一八日としている。そして敬三郎という男子が明治一七年一一月三日に生まれたが、翌年四月二三日に早世している。

母千代を愛する気持ちがことのほか深かった歌子にはこの再婚がショックだったよ

うで、日記の明治一六年後半は白紙となっている。その後も、千代の子である歌子、琴子、篤二と兼子の子どもたちとの間には微妙な隙間風が吹き続ける。後述する篤二の不行状に対して姉の歌子と琴子が厳しく指導したのも、千代の顔に泥を塗る行為であるという思いがあったからに違いないのだ。

ここでもう一度、栄一の息子たちを整理すると、長男市太郎は早世し、見立て養子の平九郎は戦死し、その後、篤二、敬三郎が生まれた。

兼子との初めての子どもに敬三郎と名づけているので、実子でない平九郎を入れずに敬三郎を三男と認識していたと思われる。そこで以下これにならうことにすると、その後、兼子との間には四男武之助（明治一九年一二月生まれ）、五男正雄（同二一年一一月生まれ）、四女愛子（明治二三年七月生まれ）、六男秀雄（明治二五年一〇月生まれ）、七男忠雄（明治二九年七月生まれ、翌年早世）が誕生している。

兼子は栄一の妻としての務めをしっかり果たし、社交界でも賢夫人として知られる存在となっていく。華美を嫌い、子どもたちにも成年になるまで絹の服を着せなかった。千代も素晴らしい賢夫人だったが、栄一が外で力を発揮出来たのは彼女たちのおかげで、安心して家庭を任せられたからだろう。

一方、大内くには三十代半ばとなっていた明治二一年（一八八八）初、農商務省の役人で妻を亡くしていた四六歳の織田完之《おだかんし》に嫁している。品のない表現をすれば〝渋沢栄一のお下がり〟ということになる。このあたりの感覚は現代人には理解しづらい。

三河出身の織田は大変な秀才で、栄一と同じ時期、大蔵省記録寮にも勤務していた。『大日本農史』を編纂した農政の専門家で、印旛沼の干拓を指揮したり、佐藤信淵や平将門の研究家としても知られている。

この結婚はいろいろな意味でうまくいった。織田は穂積家の隣に引っ越してきたため、くにはこれまでどおり仲の良かった歌子と近所付き合いを続けることができた。織田はなかなか世話好きな男で、身体が弱くて縁遠かった陳重の妹雅子の縁談を仲人としてまとめ上げ、篤二の結婚に際しても尽力してくれている。

兼子も栄一の愛を独占することはできなかった。

鹿島茂は『渋沢栄一　下　論語篇』の中で、公式な伝記と言っていい『青淵回顧録』の年表の明治二五年（一八九二）の項に次のような記載があることを指摘している。

――四月男辰雄出生（星野錫《ほしのしゃく》の養子となる）、十月男秀雄出生半年ほどの間に二人の男子が誕生しているわけだ。秀雄は兼子との間にできた男子であるから、辰雄は非嫡出子ということになる。兼子にしたらやりきれない思いだったろう。

彼女は晩年、栄一の〝論語と算盤〟を指してよくこう言っていたという。

「『論語』とはうまいものを見つけなすったよ。あれが聖書だったら、てんで教えが守れないものね」

『論語』は性道徳を説いていないが、一方の聖書は汝姦淫《なんじかんいん》するなかれと一夫一婦制を守るよう説いている。そのことを皮肉ったのだ。

後に辰雄は星野錫という人物の養子となる。星野錫は王子製紙で働く技術者であった。アメリカで印刷技術を習得した後、王子製紙に入社。その後、独立して東京印刷を創業して成功を収め、東京商業会議所副会頭に就任。衆議院議員にも当選している。大成功者と言っていい。渋沢家との縁は長く続き、渋沢翁頌徳会会長も務めた。

星野辰雄は立教大学教授となり、陳重の弟八束の次女と結婚している。渋沢の場合、庶子も優秀であり、一族の繁栄に大いに貢献した。

栄一の〝英雄〟ぶりを語るエピソードには事欠かない。

明治三一年頃のこと。札幌麦酒（後の大日本麦酒）で突発事件が起こり、会長の栄一に連絡を取らねばというので手分けして探し回る事態が起こった。

事務所にも銀行にもいない。夜になっても自宅に帰ってこなかった。

ここで植村《うえむら》澄三郎《ちょうざぶろう》という専務が動いた。後の経団連会長植村《うえむら》甲午郎《こうごろう》の父である。

彼は勘を働かせ、日本橋浜町に向かった。そこに栄一の妾宅があることを知っていたからである。おそらくほかにもその事実を知っていた人間はいただろうが、さすがにそこまではしなかった。だが謹厳実直な人物として知られた植村は、早く栄一に報告しなければという義務感が先行し、ついそこまでしてしまったのだ。

息を切らせながらたどりついた彼は、

「急用を生じましたので、渋沢会長はいらっしゃいますか？」

と急ぎ取り次ぎをたのんだ。すると奥の座敷から聞き覚えのある声が聞こえてきた。

「『かようなところに、渋沢のおるべき道理がありません。御用がおありなら明朝宅のほうをお訪ねください』と申しあげなさい」

困り果てた植村の顔が目に浮かぶ。

これは秀雄が植村本人から聞いた話だそうだが、秀雄自身、自著『明治を耕した話』の中で、父親に幻滅したこんな思い出を綴っている。

〈兄の正雄も私も飛鳥山の父の家にいたころ、たまに兜町の事務所から帰宅する父の自動車に乗せてもらう晩があった。そんな場合、兄は父の返事の声色次第で、同乗の希望を申し出たり見合わせたりした。

「御陪乗願えましょうか？　と訊いて、すぐ〝ああ〟と返事したときは真っすぐ御帰館だが、〝うん？〟という曖昧な返事のときは即座に引き下がらねば……自動車は本郷四丁目の角を左に曲がる晩なんだよ」

兄は茶目っ気タップリにこう説明した〉

ちなみに、この本郷真砂町の妾との間には明治四一年に子どもが生まれており、それが後の第一銀行頭取長谷川重三郎だという噂について、佐野眞一は『渋沢家三代』の中でこう書いている。

〈長谷川は明治四一年（一九〇八）の生まれだから、栄一の六八歳のときの子ということになる。渋沢家の歴史に詳しい「竜門社」のOBによれば、栄一は六八歳で子をなしたとき、「いや、お恥ずかしい。若気のいたりで、つい……」といって、禿《は》げた頭をかいたという〉

そして秀雄は『父　渋沢栄一』の中で、次のようなエピソードを紹介している。

渋沢邸の門前には毎晩ガス燈がともされていたが、平素は往来から見て左側だけがともり、来客のあるときだけ右側もともった。

するとある日、見ず知らずの若い女性から手紙が届き、不運な身の上を訴えて金の無心をし、もし望みを叶えて下さるならいついつの晩、右側のガス燈をともしてくださいと書いてあった。その夜果たして灯りがともったのかどうか、その結末は秀雄も知らないという。

とびきりの資産家なのだ。女性のほうから、いくらでもすりよってきたということなのかもしれない。

## 琴子の縁談と渋沢家の日常

ここで次女琴子の縁談について触れておきたい。

男親は娘をかわいがるものである。栄一は琴子の嫁ぎ先に関しては、ある意味、歌子の時以上に吟味を重ねた。

栄一は明治二〇年（一八八七）一一月二三日、昨今の経済情勢について意見を聞きたいという名目で、東京大学の優秀な卒業生を選んで王子の別荘に招待した。

その時の一五名ほどの招待客の中に阪谷芳郎もいた。あの阪谷朗廬の四男である。大学卒業後、大蔵省に入省し、エリートコースをばく進して主計局会計課長になっていた頃のことである。

都築《つづき》馨六《けいろく》（外交官、男爵を授爵）、土子金四郎（東京高商教授）などもいたというから錚々たる若者を集めたものだ。会場は、そんな彼らでも驚きの連続であった。

玄関に飾られた牡丹の大鉢の豪華さに目を見張り、別荘の広壮さに度肝を抜かれた。中の装飾や調度品も素晴らしい。広間の襖二〇枚ほどには、日本画の大家橋本雅邦の手による「瀟湘八景図《しょうしょうはっけいず》」と名付けられた襖絵が描かれていた。

後にこの絵を見た人に、

「この絵を収納するために新しい蔵を建てられてもよいくらいです」

と言われた栄一は東京美術学校に寄贈し、今は東京藝術大学の正木記念館に収蔵されている。

栄一が出迎えたのは当然として、第一銀行の佐々木勇之助や穂積陳重までいた。

陳重がみなの前で琴子を紹介して宴が始まると、すぐ琴子は奥に下がった。婿の品定めをするのは、もっぱら佐々木と陳重の役割だった。渋沢家の食生活は富豪にしては質素なほうだったが、この日は特別だ。庭に設けられた屋台のおでんダネには、かって将軍や大名しか口にしなかった鶴の肉が供されていたという（『阪谷芳郎』西尾林太郎著）。

宴の後に交わされた会話は伝わっていないが、結論として阪谷芳郎が選ばれた。

数日後、縁談の打診があり、阪谷家はそれを受けた。翌日、陳重が渋沢家を代表して阪谷家を訪問している。一二月二六日の結納式は、渡邉洪基《わたなべひろもと》帝国大学総長夫妻が媒酌の労をとってくれた。

阪谷芳郎

琴子たちは平河町で新婚生活をはじめ、明治二二年（一八八九）五月には長男希一が生まれている。父朗盧の通称である希八郎と栄一から一文字ずつもらっての命名であった。希一は東京帝国大学卒業後、日本銀行に入行し、満洲国建国後は国務院総務庁次長として、満洲経営の第一線で活躍する。自分の名前の重さに萎縮せず、名前負けしなかったところは立派である。

希一のあと毎年、長女敏子（内務官僚堀切善次郎に嫁す）、次女和子（物理学者の高嶺俊夫に嫁す）、次男俊作（後の市立名古屋図書館長）と年子を出産。こちらも穂積家と同じく七人の子だくさんとなり、みな元気に育った。

明治三二年（一八九九）、子どもたちが大きくなったことから、穂積家よりさらに立派な洋館を建て、小石川区原町に移っている。広い家で書生もいた。

その中の一人に、中の家を継いでいた妹のていと夫市郎との間に生まれた長男の元治がいた。他の渋沢家の人間同様優秀で、阪谷の家で書生をしながら東京府尋常中学、第一高等学校から東京帝国大学工科大学へと進んだ。栄一は盛んに実業界に引っ張ろうとしたが学問の道を究め、水力発電の権威となった。東京帝国大学教授の後、名古屋帝国大学の初代総長に就任し、文化功労者にも選ばれている。その功績を賞し、渋沢賞が設立された。ちなみに彼は陳重の長女と結婚している。

話を戻そう。

栄一は阪谷にとって大学時代の財政学の恩師である。おまけに岳父である。だが阪谷は遠慮することなく、言いたいことはずけずけと口にした。東京大学文学部政治学・理財学科時代は物静かな性格から〝文学部のお嬢〟と呼ばれていた阪谷からは想像だにできない。驚いたことに、彼は陳重以上に頑固だった。

彼らが激しく議論を戦わせたのは家の中のささいな話ではない。それは金本位制導入の是非についてであった。国家の行く末にかかわる重大事だ。栄一は伊藤博文や福沢諭吉、田口卯吉らとともに金本位制反対の急先鋒だったが、芳郎は逆に推進派だったのだ。

栄一からしてみれば、自らが携わった明治四年（一八七一）の新貨条例で金本位制をスタートさせたものの、金準備高が不十分な上、経済競争力の低さから正貨が海外流出して結局金銀複本位制に変えねばならなかった苦い思い出がある。

銀価格の長期低落傾向も輸出に有利で、わざわざ金本位制にする必要はないと確信していた。だが阪谷は円を国際通貨とするためにも金本位制に復帰するべきだと主張し、意見は真っ向からぶつかった。

結局、日清戦争のポンド建て賠償金を元に金本位制が再び採用されるが、栄一は金本位制二〇周年の記念祝賀会に出席した際、当時を振り返りながら、

「金本位制論者である阪谷氏などとは、ことによったら縁談を破却してまでも反対を貫く覚悟をもって反対していたわけでございます」

と語って会場を爆笑の渦に巻き込んでいる（『日本金融史料明治大正編』日本銀行調

査局編)。

何にせよ、本気で議論できる婿たちは彼の誇りであった。

千代の忘れ形見である二人の娘が嫁いでくれたこともあり、明治二一年(一八八八)、深川福住町の屋敷、飛鳥山の別宅はそのままにして、以前住んでいた兜町の借地に新築した洋館に移り住んだ。ここで四女愛子(第一銀行頭取明石照男に嫁す)、六男秀雄(後の田園都市取締役)、七男忠雄(早逝)が生まれる。

深川が千代の思い入れの詰まった屋敷だったのに対し、兜町に新たに建てた自宅兼事務所は、栄一の思い入れの詰まったものであった。

工学博士辰野金吾が設計し清水組が施工したこの建物は、日本の建築史上に残る名建築だ。

目の前の日本橋川の眺めがイタリアのヴェネチアに似ていることから想をとり、ヴェネチアン・ゴシック様式とした。さすがにステンドグラスはないので色ガラスを代用したが、川面に映えて実に美しく、内装は鹿鳴館を思わせた。

辰野はその後、日銀本店や東京駅を手がけており、渋沢邸は成功の階段を上るためのパスポートだったと言えるだろう。

兜町の渋沢邸

パリでいの一番にちょんまげを切ったほど西洋に憧れを抱いていた栄一である。家では和服で過ごしたが、外出する際は一分の隙もない英国紳士のように正装するのを常とした。冬には黒のフロックコートと決めていた。

だが我々は上下《かみしも》脱いだ時の彼の素顔も知ることができる。それは彼の息子や娘たちが多くの文章を書き残しているからだ。父親のことが好きでならなかったのだろう、エピソードの一つ一つが実に微笑ましい。

秀雄は『父　渋沢栄一』の中でこう書いている。

〈私には、七〇歳以後の父にしたがって汽車旅行をしたときの記憶がのこっている。

夏のあついさなかでも、父はフロックコートの上着をぬがずに、何時間でも座席にキチンと腰かけたままでいた。随行の秘書はときどき次の車室に立って、上着をぬいだり、座席に横たわったり、息ぬきをしなければヤリきれなかった。父はふしぎに行儀のいい人だった。

また父の汽車弁の食べかたにも特徴があった。弁当を開くとまず折のフタについた米つぶをキレイにハシでつまんで食べた。それからゴハンを残す場合は、ゴハンの上に一線を画して、食べる部分は一トつぶも残さず食べた。むかしの人は物の冥利を心得ていたし、父は農家の出だから、稲作の苦心も体験していた。それらの気持が現われるのだろう〉

栄一は無類の犬好きであった。幼い頃、黒という犬を飼っていたが、ほかの犬と喧嘩してもいつも勝つ自慢の犬だった。親戚の家に泊まりに行ったときにも犬を連れて行き、あろうことか布団の中に入れて寝ているのを伯母に見つかって大変に叱られたという。

秀雄はこうも述懐している。

〈私が旧制高校時代の夏休みだから、父はもう七二、三歳になっていた。親子で朝食を共にしていると、家の飼犬が縁側に顎をのせて尾を振り鼻を鳴らしながら、恨めしそうにこっちを見ている。父は食事がすむと食べ残した皿を持って縁側へ立ち、自分の箸で犬の口へ食物をさらいこんでやる。犬は桃色の舌をフキンのようにひるがえして、皿といわず箸といわずナメまわす。しかし父は一向平気で犬の頭を軽く叩きながら、もうおしまいぞ、といい聞かせていた。犬といっしょに寝た少年の姿が、この記憶をオーバーラップしてゆく〉

食べものの好き嫌いはなかった。芋となすが好き。甘いものに目がなく、飴をよくなめた。毎晩、高級料亭やレストランで会食が入っていたから、朝食は多めに食べて一日二食であることが多かった。

〈二〇年以上も、父の朝食はスープとオートミールとトーストパンと玉子の目玉焼きだった。また三〇年以上も、父は和服の上へ子供みたいにエプロンをかけて食べていた。そして牛乳などが口の端につくと、父はすぐさま左手でエプロンを裏側から持ち上げてふいた〉

すっかり欧米風が身についていたことが分かる。オートミールは欧米人であっても嫌いな人が多い。それを彼は好んで食べていたわけだ。

想起するのは、彼の好物である郷土料理の〝煮ぼうとう〟だ。米作にあまり適さず、麦を作ることが多かった血洗島周辺では、小麦粉で作った麺に野菜を加えて煮込んだ鍋料理をご馳走としていた。オートミールに入っている麦は、ひょっとすると故郷の味がしたのかもしれない。

胃酸過多だったのか、よくゲップをし、沸騰散《ふっとうさん》（重曹を主成分とする胃薬）を常用していた。

基本的に酒を飲まない。徳川昭武とパリに滞在していたときは、ワインを飲むのが文明国のたしなみかと思って無理して飲んでいたが、帰国後すぐにやめた。晩年、体調を崩して医者に処方された薬に少量の薬用酒が混じっていただけで真っ赤になって気分を悪くしていたというから、そもそも体質的に飲めなかったのだ。

煙草は吸っていた。歌子もヘビースモーカーだったし、当時の人は今からは想像できないほど煙草を吸っていたが、栄一のほうは皮膚癌をわずらってからやめた。

趣味は字を書くことと和歌、漢詩を詠むこと。将棋も好きで、自慢にしていたのは将棋の強いことで知られた福沢諭吉と大隈邸で手合わせして勝ったこと。将棋も碁も好きで強かったが、時間を取られるという理由で明治二〇年（一八八七）頃にやめてしまった。

話すのが得意で、好きでもあった。最初のうちは来客に雄弁を振るう程度であったが、そのうち講演に呼ばれることが多くなり、依頼が来れば決して拒まなかった。晩年には講演内容をレコードに吹き込んだほか、ラジオ放送への出演もしている。こうしたものが彼の若い時代に発明されていたら、もっと早くからこうした活動をしていたことだろう。

中年以降も無尽蔵の体力は変わらなかった。

七一、二歳になっていたある日のこと、夜の一〇時ごろに外出先から帰ってきた栄一は、正雄と秀雄が友人たちとトランプに興じているのを見て興味を抱いた。

「どれどれ、わしも混ぜてくれんか」

すぐにルールを覚えると嬉々として一緒にゲームを始めた。

友人たちが、

「御前試合だ」

などと言って喜んでいたのもつかの間、栄一は見る間に強くなって彼らを悩ませはじめる。

よほど面白かったのだろう。いつまで経ってもやめようと言わない。そのうち若者たちも疲れてくる。ところが彼は一向に疲れを見せない。

大黒様のような笑顔を見せながら、

「まことになんともはやご愁傷のいたりで」

などと冗談を口にしながら絶好調で勝ち続け、やがて外が白々と明けてきてしまった。

「しまった……」

栄一がぽつりとこぼした。約束をしていた客がやってくる時間になっていたのだ。するとは彼は一睡もしないまま洗面所でさっと顔を洗うと、次々と来客の応対をはじめたという。

（あれが有名な〝明けの大黒様〟か……）

みなあきれ顔であった。

## 渋沢同族会と竜門社

ある日、栄一は陳重に、渋沢家の今後について相談をもちかけた。

「兼子を後妻として迎えたことで、当然の結果として異母兄弟が出来ることになった。何かにつけて問題も起りやすい。私の家を宗家としてその他を同族とし、子ども達の生活を出来るだけ平等にしたい。但し何か事業をやりたいという者にはそれをやらせる。商売ならば商売を、学問ならば学問を自由に好きなようにさせて、窮屈でなく、銘々の生計にも進むべき方針にも不平の出ないよう、お互い人情に基づき、親しい間にも徳義を重んぜしめるような家法を作りたい」

この言葉が後の渋沢同族会の基本コンセプトとなる（『竜門雑誌』四五二号）。きれい事を言っているが、実際には先妻の子（歌子、琴子、篤二）と後妻の子（武之助、正雄、愛子、秀雄）以外に非嫡出子がおり、将来遺産相続などでもめるのではと心配になるのは当然のことで、身から出たさびであった。

陳重は栄一の依頼を受け家法制定に取りかかったが、これはなかなかの難題だった。

非嫡出子に配慮すると際限がなくなってくる。そこで同族会社の所有株の配当等に関しては、一一分の五は宗家へ、残りが六人の嫡出子の支家に分配されるよう定める等、宗家と嫡出子を中心としたものにならざるをえなかった。そのため非嫡出子の家族には不満がたまることとなる。まことにもって損な役回りであった。

明治二二年（一八八九）、渋沢同族会の第一回会合が開かれ、その後、毎月一回定期的に開かれるようになった。会合の様子について、秀雄がこんな証言を残している。

〈正月の同族会は飛鳥山の家で開くのを例とした。広間の正面にすわった父を取りまいて、穂積、阪谷、明石の義兄たちが堅苦しい社会問題を話し合う。姉たちは姉たちで、若い私たちには興味のない話題に専念する。やがて父が改まった調子で『家訓』を朗読しながら註釈を加える。当時としてはもっともずくめな常識倫理だけに、窮屈でつまらなくてやりきれなかった〉(『父　渋沢栄一』渋沢秀雄著)

子どもの目からすれば退屈なものだったかも知れないが、組織というものは経営理念を掲げることが一体運営にとってきわめて効果的だ。

当時の名家というのは醜聞に事欠かなかった。芳川顕正の娘がお抱え運転手と心中騒ぎを起こしたとか、中上川彦次郎の娘(後の参議院議員藤原アキ)が家庭を捨ててテノール歌手藤原義江《ふじわらよしえ》を追いかけてイタリアに渡ったとか、浪費や投機で家産をなくしたとかいった事件も後を絶たない。

そういう意味では、長男篤二という例外を除いて家名を汚すような人間を出さずにすみ、渋沢一族が家門繁栄を達成できたのは、家法と同族会の存在が強い求心力をもたらした結果と言えるだろう。

栄一は自分の家だけでなく、他家にもこの方法を応用して支援した。中でも清水組の清水家は有名だ。

清水組の二代目清水喜助は、現在の清水建設の前身である清水組中興の祖であった。

三井家の守護社である三圍《みめぐり》神社の社殿建設で三野村利左衛門に認められ、以後、三井関連の建築を全面的に任され、三井組ハウス（第一国立銀行本店）を手がけた。そんな喜助は三野村から栄一を紹介され、その人柄に心酔し、社業はもとより家庭のこともアドバイスを求めるようになっていく。

ところが彼は明治一四年（一八八一）、六五歳の若さで急逝してしまうのだ。そのわずか六年後に養子の清水家三代目満之助も死去し、まだ八歳の喜三郎（四代目満之助）が残された。

満之助の未亡人であるムメは聡明な女性であったが、いきなり幼い四人の子どもを抱えて途方に暮れた。社員が二〇人ほどの時の話だが、当時、清水組はいくつもの難工事を抱えていたのだ。このままでは清水家も清水組も存亡の危機である。

（渋沢様に頼るほかない……）

満之助は死の直前、困ったら栄一に相談するようにと遺言していたのだ。藁にもすがる思いで栄一に面会すると、遠慮がちにではあったが大胆な依頼をする。

「我が子が一人前に成長するまでの間、渋沢様に清水組の経営と当家の家政をみていただくわけにはいきませんでしょうか」

常識では考えられない話である。栄一は超多忙なのだ。普通なら即断っただろう。だが栄一の中の〝お節介〟の血が騒いだ。栄一は夫人の申し出を快諾し、その後、約三〇年もの間、相談役として清水組と清水家のために尽力するのである。

まずは営業規則を制定し、組織的に事業を運営する体制を作った。支配人制度の明確化も行っている。陳重の協力により清水家家法を定め、江戸時代から続く同族団を整理改編し、近代的な建設業者に体質転換させた。

こうして合資会社となった清水組は、大正から昭和にかけて大建築を次々と手掛け、大倉組（後の大成建設）などのライバルがいる中、建設業トップの地位を確固たるものにしていく。

清水建設社史は、深い感謝の気持ちと共に次のように記している。

〈渋沢は明治二〇年以降清水家の相談役として、家政および事業の組織化と近代化に貴重なアドバイスを与え、当社の育ての親ともいうべき存在となった。なかでも「論語と算盤」に象徴される渋沢の「道徳経済合一説」は、清水家および当社の経営思想の底流として、明治時代の「家法」「社規・社則」に、あるいは重大な経営判断に具現され、今日まで受継がれている〉（『清水建設百八十年』清水建設編）
日本を代表する最大手ゼネコンが、いまだに社史に〝育ての親〟と記しているのには驚くほかない。
成長した四代目満之助は父親代わりになってくれた栄一の喜寿に際し、飛鳥山の敷地内に晩香盧《ばんこうろ》という贅《ぜい》をこらした洋風の迎賓館を建設し、何と謹呈している。この建物をことのほか気に入った栄一は、暖炉のある部屋で海外からの賓客をもてなした。幸いにも空襲を免れて国の重要文化財に指定され、栄一と清水家との間に流れた深く美しい友誼の歴史を今に伝えている。

これまで見てきたように、いろいろなことで栄一は陳重を頼りにした。

ある意味、彼は栄一に負けない〝千手観音〟ぶりだったわけだが、さらにとんでもない責任を負わされる。明治二一年（一八八八）、渋沢家嫡男の篤二を預かることになったのだ。二代目当主の教育係というわけだ。篤二が学習院中等科を卒業し、東京英語学校（後の旧制一高）在籍中のことだった。

篤二は頭脳明晰で天才肌。やれば何でもできる。乗馬、自転車、狩猟、写真を趣味とし、義太夫、常磐津《ときわづ》、清元《きよもと》、小唄なども玄人はだしだった。

知識欲も人一倍旺盛で、深川の渋沢邸で一緒に寝起きする書生たちと共に勉強会を開くうち、これを組織化。明治一八年（一八八五）、勉強・研究団体「竜門社」を立ち上げた。中国の故事を踏まえた命名者は惇忠である。社長は篤二、顧問格として彼の漢学の師である村井清を迎え、幹事に尾高次郎、委員に斎藤峰三郎（第一国立銀行文書課長、東京海上副支配人）、松村五三郎が就いた。

会の活動は本格的なもので、『竜門雑誌』を発刊。篤二もそこに論文を発表するなどした。現在、渋沢邸跡に建つ渋沢史料館を運営し、渋沢栄一の顕彰活動を行っている公益財団法人渋沢栄一記念財団は、この竜門社を淵源としている。

名誉会員としての栄一、兼子や穂積夫妻、阪谷夫妻などをあわせても明治二一年の段階で会員は三一名にすぎなかったが、すぐに実業界の名士が集まり、明治二七年（一八九四）の秋季総会は帝国ホテルで行われるほどに拡大した。会合が帝国ホテルで開かれたのは、このホテルの設立に栄一が深く関与していたためである。

ここで帝国ホテルの設立経緯について触れておきたい。

海外の賓客をもてなす日本の顔となるホテルが必要だと発案したのは、例によって井上馨であった。まだ鹿鳴館時代の余韻を残している頃のことである。井上の意を受けた栄一が発起人総代となり、大倉喜八郎や三井組の面々に呼びかけて明治二三年（一八九〇）一一月三日に開業し、栄一は取締役会長に就任する。

当初、東京ホテルという名前だったことはあまり知られていない。近くに同名のホテルがあり、開業の三年後に現在の帝国ホテルに改称した。木造六〇室と小規模だが宴会場は豪華で、一時は貴族院が仮会議場にしたほど。筆頭株主は宮内省であり、〝帝国〟の名にふさわしく、国家と緊密な関係を持ったホテルであった。栄一が一六年間もの間取締役会長を続け、晩年まで相談役として関与し続けたのも、特別の思い入れがあったがゆえであろう。

篤二の交友関係が広かったこともあって竜門社は大いに発展する。栄一の関与した企業の規模が拡大していくにつれ、大量に必要になった次世代経営者を育成するのにも貢献した。

ところが好奇心旺盛な篤二は、昼の勉強だけでなく夜の勉強にも関心を持ち始める。

この頃の歌子の日記には頻繁に篤二が乗馬に通う記述が出てくるが、その上にはバツ印がつけられている。後日、その多くが嘘だったことがわかったからだ。明治二三年の六月頃から取り巻きと一緒に柳橋界隈に出入りし始めた篤二は、一気に肉欲に惑《わく》溺《でき》していったのである。

明るみに出て陳重からこっぴどく叱られ、栄一の前で謝罪させられたりもしたが、栄一はじっと黙ったままだったという。どうして叱れよう。彼にその資格がないのは明らかだった。

秀雄によると、歌子や琴子は篤二にこう言って説教したという。

「大人ほどのお方に品行上の欠点があっても、それは時代の通弊として致し方ありませんが、その子たるものは違います」

娘二人のあまりのものわかりのよさには驚くばかりだが、説教される篤二のほうは納得できなかったに違いない。また秀雄の書きぶりからは、歌子、琴子、篤二という千代の子どもたちに対してやや冷ややかに距離を取っていた印象を抱かせる。

いくら篤二の頭が良かろうが、勉強しなければ成績は上がらない。旧制高等学校進学に際し、篤二は第一高等学校の入試に落ち、熊本の第五高等学校に入学する。それでも十分優秀なのだが。

陳重は、第五高等学校の入学試験まで同行している。東京は誘惑が多い。地方に行けば真面目に勉強してくれるのではないかと期待していた。

念のため陳重は秋月悌次郎《あきづきていじろう》第五高等学校教授にお目付役をお願いしている。秋月は普通の教授ではない。元会津藩士で松平容保の側近だった大人物だ。世が世なら首相になっていてもおかしくない切れ者だった。

それでも篤二の素行は改善されず、秋月から厳しい手紙が陳重のもとに届く。学業も行状もまるでなっていないという内容だった。

帰京しても頭が痛いとか何とか言って一向に熊本に戻ろうとしない。今で言う〝不定愁訴〟だろう。そして明治二五年（一八九二）一一月一六日、事件が起こる。

熊本から「ワタクシダイシッサク。イサイユウビン（私大失策、委細郵便）」という謎の電報を穂積家に送りつけて失踪するのだ。歌子はあまりのことに神経性であろう下痢を起こし、栄一も三九度六分の熱を出した。

それはまたも女性問題だった。

なじみの芸者が彼を追いかけて来て、彼女と逃避行の旅に出たのだ。陳重の依頼を受けて尾高幸五郎が熊本に向かい、つてを頼って何とか見つけ出して連れ戻ったのは一二月五日のことだった。

陳重は栄一と相談した上で、五高を退学させ、血洗島の市郎、てい夫妻のところで蟄居させることにした。

すると篤二を謹慎させてすぐ、栄一の生家〝中の家〟が焼失する。一二月二一日のことであった。ひょっとしたら篤二が火を放ったのではないかと推測したくもなるが証拠はない。

実はこの明治二五年(一八九二)の暮れというのは、渋沢家は災難の連続だった。生家焼失の少し前、栄一が生命の危険にさらされる事件さえ起きていたのである。

## 栄一の遭難

一二月一一日、元大蔵卿の伊達宗城が病に臥《ふ》しているとの知らせを受け、見舞いに行くことにした。

ここ数年、伊達は心身ともに疲れ果てていた。例の大津事件のためである。児島惟謙が司法の独立を守ったことはすでに触れた。しかしそれは政府の上層部の意に反したことであり、当然怒りを買っていた。伊達は田中不二麿《たなかふじまろ》司法大臣から、元藩主として大審院院長を辞任するよう説得してくれないかと懇願されていたのだ。

断固拒否したが、それでも司法省は諦めない。

児島は花札が好きだという情報を入手し、賭博罪だとでっちあげ院長辞任を迫った。言いがかりではあるが逃れようがない。懲戒裁判にかけられた彼は、明治二七年（一八九四）、不本意ながら辞任する。

一連の出来事は、伊達にとってかなりの心労であったに違いなく、先を急いで言うならば、栄一が見舞いに行こうとしたこの九日後に他界している。元上司であり、婿の陳重が世話になっていることもあって、急ぎ見舞いに出かけようとしたのは自然なことであった。

兜町の渋沢邸をあとにして今戸（東京都台東区）の伊達邸に向かったのは、一二月一一日午後二時二〇分頃のこと。栄一が乗った一頭立ての馬車に、警官を乗せた人力車が護衛についていた。この用心が彼の命を救うことになる。

家を出てしばらくして兜橋の西詰に通りかかった時、毛布をかぶり饅頭笠《まんじゅうがさ》で顔を隠した人力車夫風の男が三人身を潜めていた。そして馬車が橋を渡りきったところを狙いすまし、一人が仕込み杖を抜きはなつと馬の前足に切りつけてきたのだ。馬は大きく跳ね上がる。別の一人が馬車の窓から刀を突き入れてきたが、馬が暴れるので狙いが定まらない。

この時、栄一は中で新聞を読んでいた。剣道の心得が生きたのか突き入れられた刀を見事かわしたが、割れた窓ガラスの破片で手を切り、血が噴き出してきた。

栄一遭難の図

ありがたいことに八木安五郎という渋沢家の御者が気丈だった。手に持ったムチで暴漢を叩き払うと、足の傷ついた馬を励まし励まし、なんとか走らせた。

すぐに警護していた警官が、追いすがる暴漢を警棒でしたたかに打ち据えて全員捕縛。栄一の馬車は三井越後屋呉服店（現在の三越）までたどり着くと、そこで傷の手当をしてもらうことができた。

思い返せば大久保暗殺はこの一四年前のことになる。要人暗殺計画はその後も後を絶たず、一三年前の明治二二年（一八八九）には大隈重信が外務省前で爆弾を投げつけられ、右足を失っていた。幸いにも栄一が襲撃されたのは生涯これきりであったが、危ないところだった。

『読売新聞』明治二五年一二月一三日付の記事では、犯人は三人だとしながらも石川県人千木喜十郎（二九）と福井県人板倉達一（二九）の二人の名前しか挙げていないが、背景に水道鉄管事件があるようだと言及している。

この頃、栄一は致命的な事態を招きつつあった東京の水道事業整備に参画していた。

通常の河川は汚染が進み、玉川上水などの江戸時代からの上水も人口増加に追いついていない。近代的水道施設は用地買収等に手間取り、ようやく明治二五年（一八九二）から着工したが、浄水場が新宿の淀橋に完成したのはその五年後のことであった。

東京市の市参事会員（市会から議決権の一部を委任された議決機関、この当時は市長が置かれず府知事が任に当たっていた）であった栄一は、水道事業に関しては電力やガス以上に細かい点に至るまで注文をつけた。千代を奪った憎っくきコレラは、水の汚染が原因だったからだ。

千代の死の四年後にあたる明治一九年（一八八六）に起こったコレラの蔓延は千代が死んだ年よりもひどく、火葬場に棺が山積みされ、処理が間に合わないほどだった。

こんな光景はもう見たくない。妥協するつもりはなかった。

栄一は東京市に敷設しようとしていた水道管についても注文を付けた。一度地中に埋めるとなかなかメンテナンスはできない。すでにガス管で敷設後のガス漏れ事故を経験しているだけに、次のように助言したのだ。

「日本製は品質が悪い。外国製にするべきです」

これを聞いた国内業者は激怒した。それでも最初は乱暴な真似はせず、懐柔に動いた。栄一を鉄工業者の役員に迎えようとしたのだ。ところが彼はにべもなく断った。買い手と売り手を兼ねる立場に立つと利益相反になるというのである。正論だ。

なんとしても東京市に鉄管を売りたかった業者は、

「渋沢は日本人のくせに、外国会社と結託して日本製品にケチをつける非国民だ」

と悪口を言いふらしたが、栄一は屈しない。

東京府下には二十数社の鉄工業者が存在したが、一一月末に締め切った入札に加わったのは国内四社に対して海外八社であった（『東京日日新聞』明治二五年一二月二日付)。

この結果を見て危機感を抱いた国内の業者が、とうとう暴力団を使ったというのが先の事件だったのだ。栄一も不穏な動きがあることは事前に気づいており、護衛の警官をつけていた。逆に言えば、身の危険を感じても彼は持論を曲げなかったのだ。

心配する家族には、

「なあに、あれは金をもらった手前、おどかしに刀をふりまわしただけさ。本当に斬る気なんかあるものか」

そう心配しないよう言ったそうだが、本当かどうかは分からない。

幕臣時代、新撰組の手を借りず一人で京都見廻組の手練れの家に乗り込んだ時もそうだが、渋沢栄一という人物は恐ろしく肝の据わったところがあった。

事件の犯人は結局依頼者の名前を明かさず迷宮入りする。そして栄一の抵抗むなしく、東京市は一部の鉄管を国内業者に発注した。結果として渋沢栄一襲撃は功を奏したのだ。

案の定、贈収賄が行われており、納入業者は次々に逮捕され、三浦安《みうらやすし》府知事の不信任決議による解任にまで発展する。おまけに栄一が懸念していたとおり、埋設した鉄管の水がもれ出し、東京市は修理のために大損害をこうむった。いやそんなことは大した話ではない。おそらく汚染された水道水のために多くのコレラ患者が命を落としたに違いないのだ。

(言わんことではない……)

栄一は天を仰いだ。

この話には後日談がある。

〈後年、暴力団の一人が刑務所から出たとき、栄一に面会して暴力依頼者の名を告げようとした。とたんに栄一はそれを押しとどめて、過ぎ去ったことは聞きたくないが、君はこれを更生の足しにしたまえと、いくらかの金を与えた。その男は非常に感激したという〉(『渋沢栄一』渋沢秀雄著)

# 第六章

# 国際平和を希求して

## 戦争と大患

日本が経験した二つの近代戦争について触れておきたい。

明治二七年（一八九四）七月二五日、朝鮮半島西域海域の豊島沖《ほうとうおき》で清国海軍との間に戦闘が開始され、日清戦争の火ぶたが切られた。

大倉や岩崎のように戦争をビジネスチャンスと捉える商人が多い中にあって、維新後の栄一は徹底して平和主義を貫き、戦争には反対し続けた。戦争が起こるとビジネスチャンスが生まれるし景気も良くなるなどということは関係ない。若い頃、テロリストだったとは思えないほどの平和主義者になっていた。

ただ愛国者であったから、一旦開戦したら徹底的に協力する。日清戦争の際もまた同様であった。

戦争で重要になるのが戦費調達だ。この時も渡辺国武蔵相に招集され、栄一のほか、安田銀行の安田、三井銀行の中上川、三菱銀行の荘田といった大手行首脳が集まり、戦時国債発行についての意見交換が行われた。

第一回の起債は三〇〇〇万円が計画され、ふたを開けてみると発行予定額を大きく上回る七〇〇万円もの応募があり、一旦はほっと胸をなで下ろしたが、喜びもつかの間、その後は募集に苦労した。最初こそ無理をして応募したが、日本人はまだ貧しく余裕資金などなかったのだ。

そんな時、栄一の身体に異変が起こる。

戦費調達には苦労しながらも連戦連勝。開戦から三ヵ月後、すでに日本の勝利は間違いない状況になっていた一一月、右頬が急に痛みだしたのだ。明らかに歯ではない。頬そのものが痛いのだ。しばらく静養していたが一向によくならない。

医者に診てもらったところ皮膚癌だとわかり、すぐに手術しようということになった。

一一月一八日、東京帝国大学に招聘《しょうへい》されていたドイツ人外科医ユリウス・スクリバが執刀して手術が行われた。元海軍軍医総監の高木兼寛《たかぎかねひろ》博士と元陸軍軍医総監の橋本綱常《はしもとつなつね》博士（橋本左内の弟）という当代きっての名医も立ち会いをつとめてくれた。

幸い手術は成功し、再発も見られなかったが、深い手術痕が右頬に残った。この後の彼の肖像写真がほとんど左頬を向けたものになっているのはそのためだ。

外遊した際など外国の新聞に、

「さすがサムライの国だ。財界のトップも維新の戦争を経験したらしく右頬に刀傷がある」

と報道されたのには苦笑した。

戦後は清国との貿易のほとんどを日本の船舶会社が独占することになり、金融も絶好調。これまで一向に芽が出なかった第一国立銀行の朝鮮半島におけるビジネスもようやく黒字化し、明治二九年（一八九六）に普通銀行に転換した第一銀行にとって、大きな経営の柱に育っていった。

栄一には何度か大蔵大臣として入閣の打診があった。

日清戦争が終わった二年後の明治二九年（一八九六）、松方正義に要請されたが断っている。しかたなく松方は首相と蔵相を兼任した。そして明治三四年（一九〇一）初夏、またも大蔵大臣就任を要請される。今度は前回とは事情が違っていた。井上馨が首相の座につけるかどうかがかかっていたのだ。

背景には複雑な政治情勢が絡んでいた。伊藤博文が組閣した政友会内閣（第四次伊藤内閣）は、予算案をめぐって首相の伊藤と渡辺蔵相の間に激しい意見の対立が起こっていた。原因は日清戦争後の財政悪化によるもので、渡辺蔵相は国債募集が不調の場合、国家事業の差し止めを主張。阪谷も予算を管轄する主計局長として蔵相を支えた。

渡辺蔵相は頑固なことで知られる。この時も彼は譲らず、閣内不一致のため七ヵ月で伊藤は総辞職を選択。だが渡辺蔵相はそれもおかしいと拒否。二人だけが辞任することとなった。その結果、後継首相と蔵相が決まるまで無任所大臣だった西園寺公望が総理大臣臨時代理と蔵相を兼務。他の閣僚は留任するという異常事態となる。

当時の首相は元老（伊藤、井上、山県、松方、西郷従道）の推挙で天皇陛下から任命される。そのため、伊藤や山県の意向が強く働き、長州出身者が首相になるケースが多かった。そして元老の一人でもある実力者の井上に打診があったというわけだ。

だが彼は栄一同様、政府の御用組合のようになっていて国民から遊離している政友会という政党に今ひとつ信頼を置いていない。そこで首相を引き受けるに際して条件をつけた。

「渋沢君が大蔵大臣を引き受けてくれるなら」

最大の懸案事項は予算案なわけだが、栄一なら阪谷は婿でもあり、大蔵官僚を掌握できるはずだ。

例によって気の短い井上は、栄一が引き受けてくれることを前提にして早くも閣僚名簿を作りはじめた。元東京府知事の楠本正隆や内務・逓信大臣を歴任していた芳川顕正などが候補に挙がった。楠本も芳川もやる気満々。入れかわり立ちかわり栄一を説得しにやってくる。山県も自邸に栄一を呼び、同じ元老の西郷と一緒にかきくどいた。

だが栄一は民業振興を優先している。歌子の日記によると、彼はこう言って断ったという。

「自分は初一念である民業振興につくしたい。第一銀行を始めるにあたり、これで大丈夫という時までは銀行をやめないと決心したのであって、今でもこの決心は変わらない。したがって、第一銀行の幹部が、もうお前はいなくても心配ないといわないかぎり、井上にはすまないが大臣は引受けない」

彼も渡辺蔵相に負けず劣らず頑固だ。結局、誰も彼を説得することはできず、最後は天皇陛下のお耳にも入れているという奥の手まで繰り出したが、井上内閣は実現しなかった。代わって、同じ長州出身で第四次伊藤内閣の陸軍大臣であった桂太郎が組閣することになる。

結果として桂は日露戦争遂行時の首相として大変な難局に遭遇することとなった。よほど心労がたまっていたのだろう。戦後巻き起こった護憲運動のさなかに退陣し、急死する。

「あの時もし内閣をやっていたら失敗して、末路に名を傷つけたにちがいない。きみが引き受けてくれなくてよかった」

井上は後年そう言って、栄一を招いて内閣中止のお祝いの会を催そうとしたが、栄一は体調不良を理由に欠席している。

だが大蔵省時代からの恩を忘れたわけではなかった。大正四年（一九一五）九月一日、井上が尿毒症により永眠すると、井上の伝記編纂を行っている。自分と同じきわめつけの〝お節介〟だったその生涯に、深い敬意を持っていたからこそであろう。

政界入りの話を断った栄一は、騒がしい日本からしばし離れようと、兼子とともに欧米漫遊の旅に出ることにした。

もうすでに六二歳。当時の平均寿命を考えれば、海外に行く機会はこれが最後かも知れない。ちょんまげ姿でパリに渡った時から三五年が経っていた。日本は大いに発展したが、その間に欧米はどうなっているか自分の目で確かめてみたかった。

明治三五年（一九〇二）五月一五日、午前六時に起床し、いつものように朝風呂に入ってさっぱりすると、午前七時、馬車で王子飛鳥山の自宅を出発した。途中兜町の事務所に立ち寄って職員に挨拶をし、九時に新橋駅に着いた。構内はごったがえしている。ほかでもない、栄一を見送ろうとする人の波ができていたのだ。

外務大臣小村寿太郎をはじめ、清浦奎吾《きようらけいご》司法、曾禰荒助《そねあらすけ》大蔵、平田東助農商務、芳川逓信などの各大臣、東京府知事、市長、米国と英国の大使、山本日銀総裁、興銀、勧銀総裁。財界からは近藤廉平、浅野総一郎、安田善次郎、大倉喜八郎、益田孝、荘田平五郎、豊川良平、馬越恭平などなど。わが国の政財界を代表する面々が勢揃いしていた。翌日の新聞には、見送りの人は一五〇〇人を超えたと報道された。

横浜を出航したアメリカ丸は、五月二三日、ホノルルに入港。その後、サンフランシスコ、シカゴ、ワシントン、ニューヨークと回り、大西洋を渡って英国、フランス、ドイツなどを訪問した後、南回り航路で秋に帰国。半年間の長旅を夫婦そろって満喫することができた。

欧米との国力の差は依然として大きく、帰国して強く感じたのは、日清戦争の勝利で日本国民が抱きはじめた過剰な自信と好戦気分の危うさであった。

日清戦争後、ロシア主導による三国干渉で獲得したはずの遼東半島の領有権を放棄させられると、〝臥薪嘗胆《がしんしょうたん》〟の合い言葉の下、軍事力と国力の増強が叫ばれ、朝鮮半島の権益を巡ってロシアとの関係は悪化の一途をたどっていった。

第一銀行が朝鮮に支店を開設していることから、栄一はロシアの勢力拡大に悩まされる立場だったが、それでもロシアとの戦争には断固反対した。伊藤博文もロシアとの開戦には慎重だったが、彼らのような慎重派はむしろ少数で、国民の間に強硬な意見が多かったこともあり、政府内は開戦やむなしとの意見が支配的になっていく。

例によって問題は戦費調達だ。日清戦争とは規模が違う。財界が一枚岩で協力しても、うまくいくか微妙なのに、財界のまとめ役である栄一が戦争反対であることは致命的だった。

ここで児玉源太郎が立ち上がる。

ドイツ陸軍の名参謀メッケルが、

「児玉がいる限り日本が勝つ」

と予言したというエピソードで知られる陸軍きっての切れ者だ。

だが児玉は二〇三高地を落とす前に、まず渋沢栄一という要塞を落とさねばならなかった。

「このまま時が移れば移るほどロシア側に有利になる。今のうちなら何とかなります。日本としては万死に一生を期して戦うほか残された道はないのです」

児玉は来るべきロシアとの決戦に備えて内務大臣を辞し、はるか格下の参謀本部次長として作戦指揮にあたっていた。己が立身出世などというものは、はなから眼中にない。

そんな純粋に国を思う心が栄一の胸を打った。

ともに涙を流しながら、

「わかりました。児玉さん、私も一兵卒として働きます」

と手を振りあった。

司馬遼太郎は『坂の上の雲』の中でこの場面を特に劇的に描いているが、それはそれだけの紙幅を割く価値があったからである。栄一の翻意が日本史を変え、日露戦争を勝利に導き、ロシア革命を誘発し、ソ連を誕生させたのかもしれない。歴史とは本来、そうした偶然の積み重ねなのだ。

渋沢という要塞を見事陥落させた児玉は、日露戦争本番でも獅子奮迅の活躍を見せたが、その命を削り尽くしたためであろう、終戦の翌年、就寝中に脳溢血で急逝する。そして出来すぎた話だが、児玉の死の二年後、歌子の次男穂積重遠は児玉の次女仲子と結ばれるのである。

日露戦争において大蔵省のトップにいたのが娘婿の阪谷だった。

井上馨内閣が流産して桂内閣が成立した時、阪谷は渡辺蔵相に殉じて辞職したいと新内閣の曾禰荒助蔵相に申し出たが慰留され、辞職を申し出た二日後、主計局長のまま大蔵省総務長官（現在の次官）に就任していた。

当時、日露間の平和交渉は決裂し、開戦は秒読みの状態だった。そうなれば戦時財政の非常時となるのは明白。阪谷は火中の栗を拾ったのだ。

彼は曾禰蔵相と相談し、山本達雄日銀総裁の任期満了を見越して松尾臣善《まつおしげよし》理財局長を後任とし、政府と大蔵省のコントロール下に日銀を置くという荒療治を施した上で、日露戦争という厖大《ぼうだい》な国費を費消する戦いに備えた。

一方、外交面ではロシアを共通の脅威と考えるイギリスが日本に接近し、日英同盟が締結される。そのおかげで国際的信用は向上し、外債発行による資金調達に一縷の望みをつないだ。

金本位制の採用によって円を国際通貨にしていたことが外債発行を可能としたのだ。戦争を否定していた栄一にはそもそも戦費調達のための外債発行など想定外だっただろうが、果たして阪谷が推進した金本位制が国家の危機を救うことになる。

戦後、阪谷は第一次西園寺内閣で蔵相に就任し、日露戦争資金調達の功績により勲一等旭日大綬章を受章し、男爵を授爵する。

不思議なことに、栄一は戦争のときにかぎって大病にかかった。日清戦争の時は皮膚癌の手術をしたが、日露戦争の時は、その前年にあたる明治三六年（一九〇三）一一月にインフルエンザにかかって床につき、やがて急性中耳炎を起こし、以来半年以上にわたって病床で呻吟《しんぎん》することとなる。高木兼寛博士やベルツ博士といった名医が来診し、一二月一日に手術をした結果、耳のほうはよくなったが、体調はなかなか回復しなかった。身体のだるい日が続き、散歩など少しでもしすぎるとたちまち熱が出た。

体力を過信し休まず働き続けてきたが、もう彼も六三歳である。さすがに気をつけねばと、温暖な小田原の国府津《こうづ》に転地療養することにし、国府津館という伊藤博文や文人たちが多く逗留したことで知られる名旅館の一室にこもり、面会を断って身体を休めることに専念した。

目の前に広がる相模湾を眺めながら詩作などで日を送っていたが、明治三七年（一九〇四）二月に日露戦争が開戦するといてもたってもいられなくなり、暖かくなってきた四月二四日、帰京することにした。

面会は禁止されていたが、危急存亡の時にそうも言っていられない。第一銀行重役を枕頭《ちんとう》に呼び、軍事公債の応募状況を聞き、指導した。すると無理がたたって四月二七日夜にふたたび発熱し、肺炎を引き起こしてしまう。三八、九度の高熱が続き、セキやタンも激しく、食欲も減退して流動食をやっとのことで口に運ぶ日々が続いた。

「長いご病気でお苦しいでしょうが、先生はちっともおやせにならない。シンがお丈夫な証拠でしょう」

秘書の八十島がこう言ってなぐさめてくれたが、栄一は苦笑しながら弱々しい声で応じた。

「豚は死ぬ時でも太っているよ」

冗談が言える間はまだよかったが、五月半ばになると、タンなどに悪臭が感じられるようになり、肺壊疽《えそ》に進行していると診断された。

抗生物質のない当時、致死率の高い恐ろしい病気である。高木、ベルツ両博士による懸命の治療が続いた。東大医局の若い医師が泊まり込みで緊急事態に備え、四人の看護婦が昼夜交代で看病に当たるなど、飛鳥山の渋沢邸はものものしい様相を呈してきた。

栄一は死を覚悟し、遺言を残しはじめた。自分で書く体力は残っておらず、口述筆記を頼んだ。蚊のなくような声しか出せなかったが頭ははっきりしている。理路整然と死後留意するべき事項を列挙していった。

財産整理の問題は渋沢同族会に任せればいいので、ビジネス関連が中心となる。第一銀行の後任の頭取は佐々木勇之助にお願いすること、自分が死ねばその混乱につけいろうとする者もいるだろうから内部の協力が大切なこと、果ては韓国の経済運営のことにまで話は及んだ。感極まったのか、遺言を残しながら何度も涙をこぼした。

危篤の報を受け、徳川慶喜が見舞いにきてくれた。振幅の大きい不思議な運命をともにしてきた主従の間には太い絆ができている。慶喜は栄一の手を握り、二人して涙を流したという。

六月九日には明治天皇から見舞いの品として菓子折が下賜された。

金平糖とようかんのような菓子であった。当時八歳だった孫の敬三は、四角な寒天の中にようかんでできたきれいな金魚が二匹浮かんでいて子ども心に美しいと思ったという。

栄一は瀕死の床にありながら、感激を歌に詠んだ。

――伏せ屋もるうめきの声の思ひきや　雲の上まで聞こゆべしとは
すると奇跡が起こった。

一時は覚悟を決めた栄一であったが、天皇陛下から下された菓子が薬以上に効いたのか、不死身の生命力を発揮して回復に向かいはじめるのである。

## 日米友好とタフト

栄一は明治一一年（一八七八）に東京商法会議所（現在の東京商工会議所）を設立して以来、一貫して会頭の地位にあったが、今回の大病を機に辞任を申し出た。後任として中野武営《なかのたけなか》が会頭に就任する。

東京商法会議所会頭時代の栄一

東京株式取引所理事長である中野は栄一の盟友とも言える人物であり安心して後事を託せたが、小村寿太郎外相の強い要請もあって民間外交に関しては引き続き栄一が日本の代表として尽力することになった。

そしてその小村外相は、アメリカのポーツマスで開かれる日露戦争後の講和会議に臨もうとしていた。明治三八年（一九〇五）七月八日午後二時、新橋駅から出発する小村を、栄一は病み上がりの身でありながら桂首相たちとともに万感の思いで見送った。もう日本に戦争を継続する国力はない。何が何でも講和条約を締結してもらわねばならない。送る方も送られる方も悲壮感が漂っていた。

果たして講和会議で賠償金を得ることはできず、日比谷焼き討ち事件が起こるなど国民は講話の内容に不満をあらわにし、ほろ苦い勝利となった。

そして小村外相と入れ違いに来日したのが、米国の陸軍長官ウィリアム・タフトだった。この前年（明治三七年）までフィリピン総督をしていたアメリカ随一の〝極東通〟だ。後にセオドア・ルーズベルトの後を継いで第二七代大統領となる。

フィリピン視察に赴く途上ということになっていたが、日米関係の今後について日本政府首脳と腹を割って話し合うのが目的だった。

日露戦争が終われば、次は太平洋の覇権を賭けて日米が激突することをみな予感していた。海外の来賓の扱いには慣れていたが、別の意味で大変な緊張に包まれていた。

七月二七日、栄一は京浜地区の有力実業家二八名を集めて紅葉館で歓迎会を催している。

栄一はタフトと前後四回会っている。日米間の往来が簡単でなかった当時にあって異例なことだ。だがこうした努力にもかかわらず、日米関係は悪化の一途をたどっていくのである。栄一の晩年は、国際平和を希求する痛々しいほどの努力の日々だったと言っていい。

タフト来日の翌明治三九年（一九〇六）四月、アメリカのサンフランシスコで大地震が起こり甚大な被害があった。すぐに栄一は行動する。第一銀行で一万円の寄付をすると発表し、これが呼び水となって義捐金《ぎえんきん》が一七万円集まり被災地に送ることができた。

ところが現地では、こうした日米親善の努力を無にする動きが起こっていた。

大地震で校舎が崩壊し、児童の収容が困難になったことを口実に、同年一一月、サンフランシスコの教育委員会は日本人の子どもたちがこれまで通り普通の公立学校に通うことを認めず、東洋人学校という別の学校に通学する規則を作った。世に言う日本人学童排斥事件である。

日米関係は冷え込む一方だ。これではまずいとセオドア・ルーズベルト大統領が動いた。ハワイからアメリカ本土への移民を禁止する措置を講じる代わり、日本人学童排斥を元に復したのだ。

日米ともにリーダーたちは、何とか両国の緊張関係を緩和したいと知恵を絞っていた。

そんな明治四〇年（一九〇七）九月、再びタフトが家族を伴って来日する。翌年の大統領選挙にルーズベルトの後継者として出馬することになっており、事実上の次期アメリカ大統領を迎えることとなったのだ。

日米関係改善の絶好の機会である。明治天皇はタフトとその家族の宿として芝離宮を提供された。破格の厚遇である。

九月三〇日、栄一は東京市長尾崎行雄、東京商業会議所会頭中野武営と連名で、帝国ホテルにおいて大歓迎会を開いた。一年前の紅葉館の時を遥かに超える規模である。日本側の出席者は西園寺首相をはじめとする全閣僚のほか、松方、井上、大隈、板垣などの元老、それに日露戦争の英雄である大山巌、乃木希典《のぎまれすけ》、東郷平八郎なども、それぞれ夫人同伴で出席した。

日露戦争が薄氷の勝利だったことを身にしみて知っている彼らには、日米関係を悪化させて戦争への道を歩むことだけは何としても避けたいという不退転の決意があった。

栄一の歓迎の挨拶はこれまでより明らかに熱いものになり、アメリカとの友好の歴史をくりかえし述べ、せっぱつまったような緊張感を帯びていた。思いはタフトも同じだ。栄一の挨拶に答礼する形で、彼はかなり長い演説をした。

冒頭からサンフランシスコの日本人移民排斥問題に言及し、これはまったく不公正な出来事であり、必ずや今後、解決の道が見いだされるから、日本はかりそめにもアメリカと戦争をするなどと考えないでもらいたいと懇願に近い調子で語り、日本の対韓政策を全面的に支持するというリップサービスも忘れなかった。

緊迫した状況下、栄一は老骨にむち打って次の一手を繰り出す。

明治四一年（一九〇八）七月、排日運動の盛んなアメリカ西海岸各都市の商業会議所の代表者に、日本への招待状を送ったのだ。

サンフランシスコ、ロサンゼルス、シアトル、タコマ、ポートランド、サンディエゴ、ホノルルなど、アメリカ西海岸各都市の商業会議所の代表者五〇余名がこれに応じ、アメリカ大西洋艦隊の来航時期にあわせ、一〇月一二日から一一月四日まで滞在してくれる運びとなった。

彼らの来日を国を挙げて歓迎したが、栄一も一行を飛鳥山の渋沢邸に招いている。

駐日米国大使夫妻をはじめ財界人多数が出席し、総勢一〇〇名を超える大パーティーとなった。

この時の感動的な情景を、曽孫の雅英は次のように描写している。

〈だれかれの別なく誠意を尽くし、愛想よくもてなすこの日の主人公栄一の態度はアメリカ人を魅了した。六時半ごろになって散会に先だち、ドールマン団長は栄一に対してほとんど度はずれといってもいいような感謝の辞を述べ、かつ、その日の栄一のスピーチの原稿を所望した。これこそ日本人の本当の心であると思うので、西岸各地の商業会議所を通して会員をはじめ各方面に配って日本への理解を深めたいという趣旨であった。栄一は死ぬまでアメリカ人の間に、あたかも日本国民のすべての美点を代表してでもいるかのような一種独特の人気を持ちつづけたのであるが、そのことをアメリカ人たちがはじめてはっきりと意識したのは、このときであったかもしれない〉(『太平洋にかける橋─渋沢栄一の生涯』渋沢雅英著)

そして前年に来日してくれたアメリカの実業団の面々への答礼として、明治四二年(一九〇九)八月、栄一は実業団団長として渡米している。六九歳の時のことである。

この時、エジソン電気会社を訪問し、エジソンその人の隣で写真に収まっているが、大阪紡績の照明では世話になったなどと昔語りをしたのかもしれない。

「（栄一は）人類の太陽」とは、聖路加国際病院の創設者にして初代院長でもあるルドルフ・トイスラーが、栄一の米寿を祝って『実業之世界』に寄稿した文章のタイトルだが、日米間の戦争を防ぐことが彼の何よりの願いであった。不思議な〝一種独特の人気〟を持つその稀有な存在は、まさに希望の光だった。

## 第一銀行と朝鮮近代化への貢献

ここで日露戦争前にさかのぼり、第一銀行と朝鮮ビジネスのその後について触れておきたい。

明治二八年（一八九五）、ロシアによる三国干渉でわが国は遼東半島の返還を余儀なくされ、ロシア勢力は著しい伸長を見せていた。焦った日本公使が同年、親露派だった朝鮮王妃の閔妃《びんひ》暗殺事件を起こすが、かえって日本側の立場を悪くしただけに終わっていた。

大韓帝国（明治三〇年に朝鮮から国名改称）政府の財政顧問としてロシアからアレキセーフが派遣されると、明治三一年（一八九八）露韓銀行という中央銀行が設立され、日本円の流通を禁止する条例が公布される。

栄一は機敏に対処した。日本円流通禁止の解除を求めて大韓帝国皇帝に謁見。すぐに禁止令は解除された。彼は日本の国益を守る最前線にいたのである。

「ロシアに対抗して日韓銀行を設立しよう」

井上がそう言いだしたが、栄一はこれに反対。第一銀行がその役割を果たすと宣言する。朝鮮の金融事情は複雑だ。ノウハウを持つ自分たちがやらなければ、成果は上がらない。ロシアの動きを見れば時間の猶予がないのは明らかだった。

朝鮮の人々に寄り添うことも忘れなかった。

当時の日本人には朝鮮人を見下す傾向があったが、彼は朝鮮をそしることを厳しく戒めた。いやむしろ彼らの優秀さを高く評価していた。そのことは彼の書いた『韓国視察談』のはしばしに表われている。

この当時、凶作に米価の高騰が加わって漢城（現在のソウル）の人々は食糧不足に苦しんでいた。これを聞いた栄一は、苦しんでいる人たちのために使ってくださいと一〇〇〇円を寄付している。小学校の教員の初任給が一〇円という時代だから、今で言えば二〇〇〇万円ほどにあたるだろう。この時、皇帝も二〇〇〇円を醵出《きょしゅつ》するなど、政府幹部を中心に寄付が集まったが、ロシア人を含め、外国人で寄付金を出したのは栄一ただ一人だった。

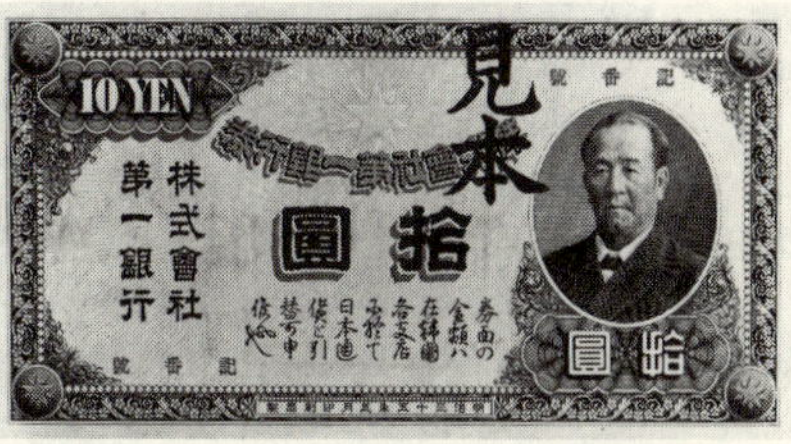

朝鮮半島における第一銀行券

栄一が尽力したにもかかわらず、日本円流通禁止の解除後も円銀の流通は減少したままであった。金本位制に移行すると銀の価格も上昇するという見通しから銀貨を貯め込む向きがあったからだ。なんとか円銀の流通を増やそうと次の一手を考える。それが紙幣の発行であった。これなら銀貨のように死蔵されることはなくなるはずだ。

こうして明治三五年（一九〇二）から現地で第一銀行券の発行を始めた。

一円、五円、一〇円の三種類。日本円と引き換えることもできる。だが、いただけなかったのは頭取だった栄一の肖像が使われたことだ。いくら通貨発行権があるからといって、自分の肖像を紙幣に使用するというのはいかがなものか。

明治三八年（一九〇五）韓国統監府が置かれ、初代統監として伊藤博文が着任すると、すぐ紙幣の肖像は栄一の顔から朝鮮の名所などに替わっている。さすがに伊藤は看過しなかったのだろう。

渋沢栄一はビジネスに関して高い倫理性を持ってはいた

常盤橋公園の渋沢栄一銅像

が、決して謙虚な人ではなかった。いやむしろ人一倍自己顕示欲の強い人であった。

周囲が銅像を建てたいと申し出ると、

「また雨ざらしか……」

と言いながら、決して断りはしなかった。

第一銀行の中庭に還暦記念の銅像が建てられて以来、生前だけで少なくとも一一体の銅像が建てられている。有名な日銀本店近くに立つ常盤橋《ときわばし》公園の銅像は、米寿祝賀会で建設が決議されたものだが、敷地決定に時間がかかり完成は没後になってしまったため、この数字には含まれていない。

栄一が長命したことが銅像の数の多さにつながっているのだが、それにしても多い。

孫の敬三はロンドンからの手紙の中で、帝劇の正面玄関に栄一と大倉の大理石像が飾られていることを嘆き、〈小生は前よりあの石像がいやでいやでたまらず、あの二石像が、団菊（筆者注：歌舞伎役者の団十郎と菊五郎）にでも代わる日の一日も早からんことを切望しおり候〉と書いている。

この大理石像は福沢桃介が発起人代表となって古稀記念に設置されたもので、栄一自身除幕式にも出席した思い出深いものであったが、関東大震災で帝劇が焼失した際に行方不明となっている。

それを聞いて敬三はほっとしたに違いない。

第一銀行券の肖像の一件は輝かしい彼の経歴の中で、女性問題と並んで人生の汚点と言っていい出来事だった。将来日本の紙幣の顔になる日が来ると知っていたら、こんなことはしなかったのだろうが。

ただ彼の場合、自己顕示欲はあっても私利私欲が希薄だったことが救いだった。

およそ帝国主義国家の植民地支配とはかけ離れた発想だが、彼は朝鮮でも、何が彼らにとって必要な社会インフラかを考えて整備しようとした。朝鮮はまだ前近代的状態だ。そこで彼はまず朝鮮の農業の改良から始めようと考えた。

明治三七年（一九〇四）、韓国興業という会社を設立し、朝鮮半島の農業、畜産、倉庫業の近代化に取り組んでいく。

東京高等商業学校（後の一橋大学）卒業後、第一銀行に勤務していた惇忠の子尾高次郎に韓国興業の経営を任せた。彼は栄一の負託にしっかり応えた。現地で生まれた三男には朝雄、四男には鮮之助と名付けていることからも、いかに懸命に朝鮮の農業発展のために尽力したかが伝わってくる。

第一銀行の朝鮮でのビジネスは、明治三八年に三大特権（朝鮮国庫金取り扱い、貨幣整理事業、第一銀行券公認）を獲得できて以来、急速に業績を伸ばし、明治四〇年（一九〇七）には全店純利益の四〇％あまりを計上するまでになった。

その陰には伊藤の配慮があったに違いない。

ところが明治四二年（一九〇九）一〇月二六日、その伊藤はハルビン駅で安重根に暗殺される。四ヵ月前に韓国統監を辞任したばかりのことであった。安は知らなかったのだ。伊藤が常日頃、朝鮮を独立国家として扱うべきだと主張していたことを。皮肉なことに伊藤の死の翌年、韓国併合が実施される。

それは同時に、第一銀行がこれまでの地位を失うことを意味していた。実際、韓国銀行への経営委譲を命じられ、朝鮮半島での中央銀行としての役割は終わるのである。

伊藤の素志を継ぐ意味でも、もう少し朝鮮に貢献したかったという悔いが栄一の中に残った。

だが誠意をもって事に当たれば余徳は残る。

朝鮮の人たちは栄一に対する感謝の気持ちを忘れなかった。栄一の死から二年経った昭和八年（一九三三）、朝鮮の京城（現在のソウル）に頌徳碑が建てられている。

もし第一銀行の朝鮮進出が植民地経営の片棒担ぎであったなら、こうした尊敬を得ることはできなかったに違いない。

## 篤二廃嫡

例の失踪事件後、血洗島で謹慎させられていた篤二についてである。

さすがの彼もしばらくは悪所通いを断っていた。そして明治二八年（一八九五）、伯爵家令嬢である橋本敦子と華燭の典をあげる。

花嫁の父橋本実梁《はしもとさねやな》伯爵はすでに亡くなっていたが、江戸開城時に勅使を務めたほどの家柄だ。そもそも橋本邸は穂積邸の筋向かいにあり、いわばご近所さん同士だった。翌二九年には長男の敬三が生まれ、三代目の誕生に渋沢家は喜びに沸いた。

ここで栄一は篤二に事業をやらせてみようと思い立った。経営に興味を持てば少しは行状もよくなるはずだ。

深川の渋沢邸は米問屋近江屋の屋敷だっただけあって蔵がたくさんある。そこで倉庫業をはじめ、篤二に任せることにした。明治三〇年（一八九七）三月、澁澤倉庫部（後の澁澤倉庫）が設立され、篤二が支配人（今で言う社長）に就任する。

渋沢家の家紋は〝丸に違い柏〟だが、それとは別に市郎右衛門の時代から藍玉の商いをするときに〝⧖〟という形の記章を用いていた。元来は糸巻に糸を巻き付けた形であったが、その形状が鼓を立てて横から見た形に似ているところから〝立鼓《りうご》〟と呼ばれるようになる。澁澤倉庫部も社員の袢纏《はんてん》や倉庫の壁にこの記章を掲げ、創業当初は〝りうご蔵〟と呼ばれていた。澁澤倉庫では今でもこれを社章としている。

ところが残念なことに、篤二は倉庫業にほとんど興味を示さなかった。

それでも何とか立ち直らせたいとみな必死だ。明治三二年（一八九九）、陳重は二〇年ぶりとなる欧米留学（期間は一〇ヵ月）に、篤二を連れて行くことを決意する。これには篤二も大喜び。自慢のカメラも用意して準備万端である。

七月七日、新橋駅には彼らを見送りに、曾禰荒助農商務大臣、清浦奎吾司法大臣、

澁澤倉庫の深川倉庫

大倉喜八郎をはじめ朝野の紳士二、三〇〇人が集まった。陳重の社会的地位もさることながら、渋沢家の御曹司の旅立ちだったからである。イタリア公使はわざわざ船にまで挨拶に来たという。

ここで渋沢家にとって大きな慶事が訪れる。

翌明治三三年（一九〇〇）五月九日午前一〇時、宮中より連絡があり、栄一は男爵を授爵したのだ。意外にも財界人初ではなく、四年前の岩崎弥之助、久弥、三井八郎右衛門への男爵授爵に継ぐものであった。

しばらくは来客と宴会の連続となった。あまりの忙しさに歌子が体調を崩すほどである。ともかく、これで渋沢家は華族の仲間入りをした。篤二は男爵家の跡継ぎになったことになる。五月一五日には陳重と篤二も帰国し、喜びを分かちあった。

栄一の授爵にともない長男の篤二に位階が授けられる。九月十日宮内省に赴き、従五位に叙せられた。家庭面では敬三、信雄に続いて、明治三四年（一九〇一）には三男の智雄が生まれ、父親としての責任も加わっていく。

だが彼の中の奔放の血は、その後も鎮まることはなかったのだ。

明治四四年（一九一一）、新橋芸者玉蝶との間のスキャンダルが表面化する。玉蝶は、伊藤博文も溺愛した美人芸者であった。

この一件について秀雄は『父 渋沢栄一』の中で次のように書いている。

〈何でも私が一高の寄宿寮にいたころ、ある日、監督者の横山先生がこられた。密談だというので、誰もいない放課後の教室へはいった。すると横山先生は私に長兄篤二の事件を告げた。

長兄は私より二〇歳ほどの年長だったが、父の二代目として世間の評判もよかった。常識円満で社交的な一面、義太夫が上手で素人離れしていた。諸事ゆきとどいている上に、ユーモラスでイキな人だった。その兄が新橋の芸妓T（筆者注：玉蝶）と深くなって家に帰らないばかりか、穂積、阪谷の義兄や姉たちの忠言を無視し、父の

言葉にもそむき、妻を出してTを家に引き入れると言いだしたのである。しかもTは美人で評判のしたたか者だというのである〉

渋沢家という名家のスキャンダルだけに、今の週刊誌に当たる〝赤新聞〟に取り上げられ、世間の知るところとなった。

可哀想なのが妻の敦子だ。三田綱町（現在の東京都港区三田）に広壮な屋敷を構え自動車も購入していたが、主人がほとんど帰ってこないというので、綱町邸はそのままにして子どもたちを連れ、本郷西片町、高輪車町、駒込神明町と住むところを転々と変えていった。精神的に参っていたこともあり、気分転換の意味があったものと推測する。

当然、篤二に非難が集まった。

同族会の中でも特に阪谷は、

「厳しい態度で臨むべきだ！」

と主張し、陳重もこの際、渋沢同族会のメンバーからはずす〝廃嫡〟もやむなしという考えに傾いていた。

ところがこの時、意外にも篤二を擁護する者たちが現われる。

尾高次郎と大川平三郎である。二人には家法制定で同族から排除された大内くにの娘たち（ふみとてる）の夫という共通点があった。日頃から渋沢同族会に不満を持っていた彼らは、これを機に同族会のリーダーである陳重と阪谷に対し反旗をひるがえしたのだ。

このままでは渋沢家はばらばらになってしまう。最後の決断は栄一が下した。篤二が本妻の敦子と離婚して玉蝶と結婚したいと訴えてきたことを理由に、〝人倫にもとる〟として廃嫡を決意したのだ。苦渋の決断だった。

明治四五年（一九一二）一月、同族会の席上、自らの遺言書とともに発表した。遺言には、相続人は篤二の子の敬三とすることが記されていた。

歌子と琴子はただただ涙に暮れていたという。

## 渋沢敬三

幼くして栄一の後継者に指名された敬三の業績の大きさについては、その多くが栄一の死後になることもあり、本書ですべて語り尽くすことはできない。ただ〝渋沢栄一の孫〟と言ってしまうのが不相応なほど大きな人物であり、もっと注目されていいこの国の偉人の一人である。

渋沢敬三は、明治二九年（一八九六）、深川福住町の渋沢邸で生まれた。

幼い頃から利発で好奇心旺盛。昆虫の標本作りが大好きな子どもだった。幼少期に生き物に興味を持つことはよくあることだが、彼の場合それにかける情熱が半端でなく、高等師範学校附属中学（現在の筑波大学附属中学）時代には珍しい種類のヒルを発見するまでにのめりこみ、〝昆虫少年〟とか〝生物少年〟と呼ばれるようになっていた。

そして好奇心の赴くままに生きてきた敬三少年が直面したのが、父の廃嫡と栄一の後継者問題だったのだ。

若い時くらい好きに生きたい。生物学の道に進みたい。中学卒業に際し、昆虫の研究論文を書いて親戚にそれが掲載された冊子を配った。彼なりに無言の抵抗を示したのだ。

そんな彼を栄一は陳重を通じて必死に説得したが、敬三は旧制高等学校は理系に進みたいと言って頑張った。

（わしが言って聞かすしかあるまい）

最後は栄一が動いた。

彼は多忙の身である。孫の敬三でさえ、頻繁に顔を合わしているわけではない。

久々に会った栄一を、敬三はいつも以上に大きく感じた。

居住まいを正して敬三の前に立った栄一は、敬三の顔をじっと見つめ、

「お頼みする」

そんな時代がかった言葉を口にすると、深々と頭を下げた。

旧制中学と言えば今の高校生だ。そんな若者に、なおかつ自分の孫に、彼は頭を下げたのである。

流石に敬三も進退窮まり、

「承知しました」

と応え、頭を下げたままの栄一に向かって頭を下げた。

だが涙が次から次へあふれ出してくる。栄一も泣いている。敬三の母敦子も泣いていた。

「好きなことは趣味として続けていいから」

悄然としている敬三を見かね、栄一はそう約束した。

こうして生物学専攻を諦めた敬三は、仙台の第二高等学校文科甲類に進学し、経済学を目指すことになった。仙台に向かう日、栄一は上野まで見送りに行った。いきなり駅頭にあの渋沢栄一が現れたというので駅長は大慌てだった。

敬三は第二高等学校を卒業すると東京帝国大学法科大学経済学科に入学。同級生に土屋喬雄がいた。生涯の友となった土屋は、敬三が企画した『渋沢栄一伝記資料』（全五八巻）、『日本金融史資料』（全六〇巻）といった厖大な資料を編集し、渋沢栄一の研究者として知られる存在となる。

大学卒業時、敬三は当然第一銀行に入行するものと思われていたが、彼は横浜正金銀行に入行したいと言いだした。横浜正金銀行は四〇の本支店網を世界に張り巡らせる日本を代表する外為専門銀行だ。中でもロンドン支店は日本からの海外出店第一号店舗であった。

「他人の飯を食うのもよかろう」

栄一はそう言って黙認してくれた。

入行翌年（大正一一年（一九二二））にはロンドン支店に赴任し、三年間勤務することとなるのだが、赴任直前、木内重四郎京都府知事の次女登喜子と結婚している。ちなみに木内の妻は岩崎弥太郎の次女磯路《いそじ》であり、登喜子は孫だ。これで栄一は犬猿の仲だったあの岩崎弥太郎と親戚になったことになる。

敬三はロンドン赴任の二年目には登喜子を呼び寄せ、大正一四年（一九二五）の二月には長男が誕生している。栄一に命名を依頼。英国滞在中に生まれたことから英の字を入れて雅英と名付けられた。

敬三はロンドン滞在中、栄一の目となり耳となり、様々な事柄をレポートしているが、どれも書き出しは〝御祖父上様、御父上様〟ではじまっている。敬三は栄一を敬愛していたが、生涯父篤二を慕い続けた。もっとも彼のロンドン滞在中、その篤二がまた問題を起こすのだが……。

英国は当時世界一の大国だ。横浜正金銀行といえども新参者扱いで、英国五大銀行の一つのバークレー銀行の頭取に役員が面会を申し入れても体よく断られたという。

だが敬三はそんな英国に厳しい目を向けている。

英国に蔓延している功利主義は〝論語と算盤〟の精神とはおよそかけ離れたものであった。功利主義のモットーである〝最大多数の最大幸福〟は人類全体を意味せず、〝英国人にとっての最大多数の最大幸福〟に過ぎない。極めて利己的な社会であることに辟易《へきえき》し、〝世界一の大都市ロンドンは人類の生産せる最も醜怪なるモンスター〟だと切り捨てている。

要するに、英国に〝渋沢栄一〟はいなかったのだ。そのことが祖父に対する大いなる敬意につながったのは言うまでもない。当初は第一銀行入行に抵抗を示していた敬三だが、英国を反面教師としつつ〝論語と算盤〟の精神が横溢した第一銀行で働きたいと思いはじめていた。

父篤二が再び騒動を起こしたのは、そんな矢先のことであった。

大正一三年（一九二四）一月、篤二はふらっと三田綱町の屋敷に戻ってきた。何事もなかったかのように家庭団らんを続け、三月二〇日には栄一や穂積、阪谷両夫妻を芝の旗亭に招いて会食をし、一二年ぶりに楽しい時間を過ごした。

ところがその翌日、

「今度はきっぱり始末をつけるから、四、五日留守をする」

と言って家を出たきり、また失踪してしまうのである。要するに彼は今度も玉蝶と別れられなかったのだ。

その話を伝え聞いた敬三は、義兄木内良胤《きうちよしたね》に宛てた手紙の中で、〝長年一緒にいた女性と別れることができないのは人情として当然のことだ〟と同情し、〝傷心の母には雅英の誕生が慰めになるはずだ〟と書いている。なんとも物分かりのいい子どもである。ともかく父親のことが大好きなのだ。実際、彼は篤二に多額の仕送りをし続けた。

だが周囲が迷惑しているのは間違いない。

渋沢家の家政を任されている第一銀行の佐々木頭取にまで迷惑をかけるに及んで、

（渋沢同族株式会社社長である自分は、やはり第一銀行に入って、父親が果たせなかった渋沢家の跡継ぎとしての仕事をしっかり果たさねばならない）

と覚悟を決め、横浜正金銀行に退職願を出した。

その時、児玉謙次頭取からは、

「あなたは特別に採用したのだから退職金も何も差し上げられない」

と言い渡されたという（『渋沢敬三氏金融史談』日本銀行調査局編）。

大人げない対応のように思われるかも知れないが、ライバル銀行の幹部になる男に外為業務等のノウハウを伝授することになったわけだから仕方あるまい。

こうして敬三は大正一五年（一九二六）、三〇歳にして第一銀行に取締役調査部長として入行する。

そんな彼に、いきなり昭和二年（一九二七）の金融恐慌が待っていた。

頭取の佐々木勇之助以下、行員総出で回収に東奔西走する毎日。まるで戦場である。四女愛子の婿だった明石照男（佐々木の後任の頭取になる）などは当時営業部長という最前線の司令官だっただけに、毎日食事もろくにとれなかったという。

（大変なところに来てしまった……）

と思ったが、後悔先に立たずだ。

篤二問題はその後も尾を引いており、家庭に帰っても気の休まる暇もない。自然と気晴らしの趣味の世界に力が入った。好きなことは趣味として続けていいと言ってくれた栄一の言葉を、彼は忘れてはいなかったのだ。

長じてからは興味の対象が生物学から民俗学に向き、旅行先や出張先で見つけた農具や玩具などを収集するのを楽しみにしていた。

「どうせ銀行員も道楽なのだろう」

と最初のうちは陰口をたたかれていたが、渋沢敬三という人のすごさは、そのうちみな黙認して温かく見守りはじめるほどの人徳を持っていたことだった。

敬三の人を包み込むようなおおらかな性格は、学生時代の同級生たちもつとに指摘するところである。創業者の孫であることなど鼻にかけることもなく、誰とでも気さくに付き合った。同僚の行員たちは好感を持ち、食事時など自然と彼を囲んで輪ができた。

敬三人気は日々高まり、仕事も人一倍できることから、常務取締役業務部長、副頭取とトントン拍子で出世していく。

栄一の死後、当然第一銀行の頭取を嘱望されていたのだが、銀行の外から声がかかった。

賀屋興宣《かやおきのり》大蔵大臣から是非にと乞われ、拝み倒されて戦時下の日銀の副総裁に抜擢されるのだ。総裁は敏腕でならした結城豊太郎であった。そして終戦間近の昭和一九年（一九四四）というきわめて困難な時期に結城の後継総裁となり、戦後の混乱期には大蔵大臣に任じられた。

これだけでも常人でない活躍だが、彼は漁業史研究などの民俗学の分野でも大きな足跡を残した。それは決して趣味などというレベルではなく、折口信夫、柳田国男、宮本常一などと並ぶ民俗学の泰斗と評価する専門家も多い。

国文学研究資料館や水産庁の水産資料館は敬三の蔵書や収集したものがベースになっているし、彼の民俗学に関する博物館構想は、国立民族学博物館に結実している。また東洋一を誇る日本銀行の貨幣博物館は、彼が総裁の時代に収集家から購入したコレクションがもとになっているのだ。

日銀総裁、大蔵大臣を歴任したところは栄一の隔世遺伝であったろうし、マルチな才能は父親譲りだったのかもしれない。糖尿病の持病があり決して頑健な身体ではな

渋沢一家（前列中央右側栄一、栄一の左が篤二、栄一の後ろが敬三）

かったが、社会は渋沢敬三という稀有な才能を必要とし続けたのである。

栄一の負託に応え、渋沢家当主としての面目を十二分に施した敬三だったが、心残りは廃嫡された父親のことであった。

篤二は結局、最後の最後まで放蕩の限りを尽くしたのだ。栄一が死んだ翌年この世を去ったが、自宅ではなく玉蝶の家で死んだ。玉蝶は、渋沢家が篤二をないがしろにしたとして遺体の引き渡しを拒み、敬三は紋付き袴で彼女の前で頭を下げ、ようやく篤二の遺体を引き取って帰ったという。

敬三はそれでも父親を恨まなかった。

敬三は死の直前、写真が好きだった篤二へのオマージュとして、彼が遺した写真をもとに『瞬間の累積』という写真集を編纂し、苦しい息の下であとがきを口述筆記させ出版している。こうして篤二が人並み外れた感性の持ち主であったことを世に示したのだ。何と親孝行な息子であろうか。

# 第七章

# 人の生涯をして価値あらしむるは<br>その晩年にあり

## 財界引退

古稀（七〇歳）を前にした栄一に、彼の名声を汚しかねない大事件が勃発する。世に言う〝日糖事件〟である。

日本精糖は明治二八年（一八九五）、栄一自らが社長となって設立した思い入れのある会社だ。明治三九年（一九〇六）には日本精製糖と合併。それを機に大日本製糖と名を改め、その後も鈴木商店の大里精糖所を買収するなどして、わが国を代表する企業へと成長していた。

大日本製糖発足時、栄一は相談役に就任し、同社の社長に阪谷芳郎が紹介してきた農学者の酒匂常明《さこうつねあき》（農商務省農務局長）を推薦する。ところが酒匂はすぐれた学者ではあったが、経営者としての手腕は持ち合わせていなかった。このことが事件の火種となっていく。

当時、砂糖は貴重品であることから物品税がかけられており、日露戦争後の財政難から増税されるなど経営は困難を極めた。おまけに社内では、大日本製糖発足時の合併推進派と反対派の対立がその後も尾を引いていたのだ。

そのうち一人の取締役が日本精糖時代に行った政界工作のための贈収賄について、東京地方裁判所に自ら通報するという不祥事が起きた。当然、裁判所は調査に乗り出す。やがてこれが一大汚職事件へと発展していくのである。

栄一は会社の経理を洗い直し、不正経理が行われていたことを発見する。政界工作資金のための裏金が捻出されていたのだ。

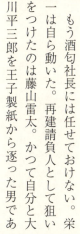

「一体どうなっているんだね、これは？」

人を叱ることがついぞなかった栄一もさすがに酒匂を詰問した。だが財務の問題など彼にわかるはずもない。下を向いて恥じ入るばかりであった。やがて経営問題は世間の知るところとなり、一七〇円前後であった株価は一三円を割るところまで急落した。

藤山雷太

もう酒匂社長には任せておけない。栄一は自ら動いた。再建請負人として狙いをつけたのは藤山雷太。かつて自分と大川平三郎を王子製紙から逐った男である。その藤山に頭を下げ、社長として大日本製糖の経営を立て直してもらえないかと依頼した。そう簡単な再建ではない。藤山もしばらく返事を保留したままであった。

日糖事件に関しては、栄一にも批判の矛先が向かった。雑誌や新聞で反論はしたが、多くの企業や団体に関わることの難しさと年齢からくる衰えは否定できない。

（引き時だ……）

そう悟った。

そして、ほとんどの役職から身を引くことにした。

残したのは、第一銀行頭取、東京貯蓄銀行会長、帝国劇場取締役、東京興信所評議員会長、東京交換所委員長、東京銀行集会所会長、銀行倶楽部委員長の七つ。社会公共事業のほうはそれまで三〇の団体の責任者の地位にあったが、癌研究会、東京市養育院、日本女子大学その他一七団体以外、すべて辞任した。明治四一年（一九〇八）一二月のことであった。

だが大日本精糖に関しては、次の臨時株主総会で新社長が決まるまで相談役を退くわけにはいかない。酒匂にも、社長としての責任があるのだからもう一踏ん張りするよう説得したが、彼にはもうその気力が残っていなかった。明治四一年一二月、逃げるように辞任する。

馬越恭平のような盟友とも言える取締役まで辞任したのはさすがにショックだったが、経営能力のない酒匂を社長に推薦した責任は自分にある。栄一が踏みとどまったのも、〝おれがやらねば〟という彼の心意気だった。

大日本精糖合併推進派の役員が逮捕され、代議士にも捜査の手が伸びる中、老躯《ろうく》をおして経営改善策をまとめ、翌明治四二年（一九〇九）四月二七日の臨時株主総会に臨んだ。

総会は最初から大荒れだった。

「質問！　質問！」

と会場のあちこちから声があがり、議長役の栄一にくってかかる者までいた。

だが栄一は動じない。壇上から裂帛《れっぱく》の気合いで会場内を見渡すと、これまでの事実関係と今後の対策について冷静に話しはじめた。しだいに場内は静粛を取り戻していき、最終的に株主たちは、藤山を含む新役員の選任を満場一致で承認してくれるのである。

その舞台裏で、さしもの栄一も冷汗を流していたことがあった。藤山が臨時株主総会への出席を受諾してくれたのは総会開始一時間前のことだったのだ。まさに綱渡り。肝を冷やした。

果たして藤山に再建を頼んだのは正解だった。彼は台湾での生産拡大などの新機軸を打ち出し、短時日の間に業績を急回復させていく。その後、藤山は〝製糖王〟と呼ばれるまでになり、藤山コンツェルンを築き上げる。そしてその財力を背景に、息子の藤山愛一郎は岸内閣で外相に就任するなど政界の重鎮となっていく。

だがほっとしたのもつかの間、悲劇が起こる。

総会の三ヵ月後の七月一〇日、東京地裁で日糖事件の一審判決がおり、役員と二三名の国会議員の有罪判決が出た。その翌日、酒匂がピストル自殺を遂げたのだ。

(あの時、厳しく言ったからかもしれんな……)

栄一は唇を噛みしめたが、社会はまだ彼を必要としている。いくら心痛めても、そこで立ち止まることは許されなかった。

多くの役職から退いたものの、

「いくら役目は辞職できても、生きている限り人間は辞職できないからね」

と周囲に語った。

相変わらず助力を頼む人間は引きも切らない。早川徳次《はやかわのりつぐ》もその一人だった。

東京に地下鉄を敷設したいので協力して欲しいという早川の訴えに、

「もう私は引退しているので表には出られないが」

と言いながらも、奥田義人東京市長ほか各方面の要人を紹介してやった。

これまで誰に説明しても相手にしてくれなかったこの計画に、栄一だけは理解を示してくれたのだ。早川は渋沢邸を出たとき、頬を涙がつたうのを禁じ得なかったという。

栄一の後押しのおかげで早川は東京地下鉄道（現在の東京地下鉄）を設立することができ、後年〝地下鉄の父〟と呼ばれるまでになる。

こうした栄一の〝お節介〟は生涯続いたが、引退後の活動の中心となったのは、なんと言っても以前から力を入れていた社会福祉事業だった。

彼はこれを〝富者の本分〟と語っている。

――いかにみずから労苦して築き上げた富にても、これを自己一人の専有物と思うは、大いなる了簡違いである。人は已れ一人のみで何事もでき得るものでなく、国家社会の保護があればこそ、富みかつ栄えて、安全に生活することができるのである。

わが国の社会福祉事業はまだまだ未成熟だったが、困った時でも栄一が関与すると魔法がかかったようにうまく行き始める。その好事例の一つが東京慈恵会だった。

栄養学、疫学の父として、日本よりも海外においてその名が高かった高木兼寛が、明治一四年（一八八一）、福沢諭吉の親友であった松山棟庵（慶應義塾医学所初代校長）と協力して設立した医療福祉団体が東京慈恵会だ。

高木は栄一の主治医にもなるが、彼を一躍有名にしたのが脚気論争だ。脚気はこの当時、結核やコレラ同様、多くの死者を出す国民病であったが、日露戦争では戦死者と同じくらい脚気で病死者を出してしまった。それは脚気の原因を石黒忠悳《いしぐろただのり》陸軍医務局長や森鷗外陸軍軍医総監たちが細菌によるものとしたからだった（余談だが、石黒の長男に農林次官、大臣を歴任し〝農政の神様〟と呼ばれた石黒忠篤《ただあつ》がいるが、歌子の次女光子は彼に嫁いでいる）。

すでに江戸時代から脚気は〝江戸やまい〟と呼ばれ、玄米を食べない江戸っ子に多いとの認識があったにもかかわらず、軍人に白米を供給し続けた。海軍軍医の高木は栄養不足（実際にはビタミン$B_1$の欠乏）であると主張したが黙殺され、多くの犠牲者を出してしまったのだ。

話を戻そう。

病院名を「有志共立東京病院」とした高木らは、早速、有志者からの設立資金を募る活動を開始。明治一七年（一八八四）四月には有栖川宮威仁親王殿下《ありすがわのみやたけひと》が総長に就任し、正式に開院式が挙行された。

皇室や華族の女性が会員となっている婦人慈善会が二度にわたって鹿鳴館でバザーを行い、その収益金によって翌明治一八年（一八八五）、日本初の看護婦教育所である「有志共立東京病院看護婦教育所」も設立され、明治二〇年（一八八七）四月には皇后陛下の御意向により東京慈恵医院と改称された。

実はこのバザーに兼子や娘たちも参加していた。栄一に対する破格の扱いによるものだ。歌子は平民唯一の参加者だったかもしれない。陳重は歌子と結婚して一家を構えるにあたって、栄一同様、敢えて士族でなく平民を選択していたからだ。

当時の医療設備は欧米に比べると格段に劣ったものだった。明治四〇年（一九〇七）頃、有栖川宮妃慰子《やすこ》殿下が洋行された際、現地の病院を視察してショックを受けられ、帰国後、松方正義と井上馨を呼んで、もっと設備を充実させられないかとご相談された。

そして松方も井上も彼に頼むしかないとその場で即答した人物こそ、ほかならぬ渋沢栄一だったのである。妃殿下はよほどこの件に思い入れがおありだったのだろう。歌子と琴子をお召しになった。

「実は東京慈恵医院拡張のことについて渋沢の力添えを望んでいる。ついてはお前方から私の考えを伝えてはくれまいか」

娘たちにまでお言葉があったのだ。皇室に対する崇敬の念の篤い栄一は大車輪で動きはじめた。まず彼は看板として徳川宗家の家達を立て、自身は副会長に就任して会長の徳川家達を支え、実務を担当した。総裁は有栖川宮威仁親王妃慰子殿下である。

こうして明治四〇年七月一九日、社団法人東京慈恵会の設立が認可された。さっそく資金の募集に着手。栄一は実業家団体募金委員長となり、みずから率先して一万円を寄付し、翌四一年（一九〇八）五月までに寄付の総額は三三万余円に達した。

寄付、利子、配当金は東京慈恵医院時代の約五倍である。これで設備を拡充することもでき、以前の二倍の規模となった。卒業式には各界の重鎮が出席するなど面目を一新。大正一〇年（一九二一）には東京慈恵会医科大学へと発展する。

まるで魔法のようだ。栄一はこうして、いろいろなところで魔法をかけ続けたのである。

## 大正デモクラシーと安田の死

明治四五年（一九一二）、尾崎行雄の後任として阪谷芳郎が東京市長に就任する。

当時は官選であり選挙ではない。政府がこれという人物を指名する。阪谷は慎重居士だ。話を受けた際、まずは栄一と陳重に相談し、その後、渋沢同族会でも諮《はか》って受諾を決めた。

阪谷は就任早々、栄一や中野武営東京商業会議所会頭に協力を仰ぎながら、明治天皇の御陵の東京誘致に動きはじめた。

きっかけは陳情だった。兜町の渋沢事務所と東京市長室に、それぞれ日本橋区会議長と麹町区会議長が、

「天皇陵墓を是非東京の地にお願い致したい」

と陳情してきたのだ。

残念ながら御陵は遺言が残っていたため京都桃山の地となったが、御陵に代わるものとして明治神宮建設計画が浮上し、東京市民の願いに応えることにした。内苑こそ国費で建設したが、明治神宮奉賛会理事長に阪谷が就任して寄付を募り、神宮外苑の建設も行っている。栄一がこれを強力に支援したのは言うまでもない。

――理解力あり、記憶力あり、思慮といい、健康といい、社会に立ち得るからは、老人なりとて、空しく月日を送るは、人の本分にもとるものと言わねばならない。

そう語った栄一は、ほとんどの役職から引退したことなど忘れたようによく働いた。日糖事件のようなことがあれば隠居を決め込んでも不思議ではないのだが、彼は

精神的にタフであった。

一つには、明治という時代が終わったことが、少なからず彼を興奮させていたものと思われる。それは日本人全般に言えることであった。大正への改元は、人々に新しい時代の到来を感じさせていたのである。

モボ、モガ（モダンボーイ、モダンガールの略）と呼ばれる奇抜なファッションをした若者が現れ、大正モダニズムと言われる繁栄を謳歌していく。栄一のような天保生まれは〝天保銭〟と呼ばれ、すっかり年寄り扱いである。

だが栄一は、そうした浮ついた風潮に対して次のように警告を発している。

――ある人は、明治の御代は、創業の時代、建設の時代であって、大正の御代は、守成の時代だというが、元来国家の寿命は、永久であって、今の日本は、これから大いに発展を図らねばならぬ幼稚の時代である。しかるに守成時代などと心得るならば、それこそ国の元気が萎縮してしまうから、決して大人を気取って安んじてはならない。

維新から日も浅いのに、そう簡単に欧米に追いつけるはずもない。栄一が戒めた国家全体の楽観的な雰囲気は、やがて厳しい現実に直面していくことになる。

明治から大正に改元したとき、栄一は七二歳になっていた。当時の男性の平均寿命は四〇歳ほどである。まさに七〇歳が古稀の言葉の由来通り〝古来稀《まれ》なり〟という時代だった。だが彼よりも元気かも知れない実業家がいた。二歳年上の安田善次郎である。

安田が浅野総一郎に贈った有名な狂歌がある。

――五〇、六〇は洟《はな》垂《た》れ小僧　男盛りは八、九〇

だが安田は〝男盛り〟を長く楽しむことはできなかったのだ。

大正七年（一九一八）、一部商人の投機的な動きで米価が高騰したことをきっかけに各地で米騒動が勃発。大正九年（一九二〇）二月一一日には普通選挙の実施、治安警察法廃止を求め数万人規模のデモが起きた。いわゆる大正デモクラシーである。

近代化によって生活水準が上がった一方、貧富の差が広がっていたことから、怒りの矛先は新興の資産家へと向かっていき、それはやがて人の命を奪うテロにつながっていく。

大正一〇年（一九二一）九月二八日、大磯にある安田善次郎の別邸寿楽庵に、弁護士風間力衛《かざまりきえ》と名乗る若い男が訪ねてきた。偽名だった。本名を朝日平吾といった。

縁側の籐椅子に腰かけて新聞を読んでいた安田は、朝日が入ってくると、もう一つの椅子に座るよう手でさし示した。朝日は持参してきた活版刷の労働者向けのホテル（労働ホテル）設立趣意書を安田に手渡し、説明が終わると寄付を依頼した。

安田が財布から何枚かの紙幣を取り出し、帰らせようとした瞬間、朝日が刃渡り八寸ほどの白鞘の短刀を抜いて襲いかかってきた。いくら元気だと言っても八二歳の老人だ。若い朝日に敵うはずがない。またたく間に右胸と顔を刺された。

「栄吉！　栄吉！」

安田は必死に別荘番の名を呼んだが、彼はその時、広い庭園の片隅で職人たちと雑談をしていて異変にまったく気づかなかった。

助けが来ぬとわかった彼は、廊下から庭先へと逃れ、さらに裏山に向かって走りだしたが、背後から頸部にとどめの一撃が加えられ力尽きた。午前九時二〇分頃のことであった。

安田の最期を見届けると、朝日は手に持っていた短刀を捨て、かばんの中から用意していた西洋カミソリを取り出すと、応接間の床柱を背にし立ったままの姿勢で喉を搔き切って自決した。

事件を伝える号外が出た時、

「大馬鹿者が殺された！　面白い号外！」

と、わざわざ本所の安田邸の前に立って叫ぶ号外売りがいたという。悲しいほどの悪意である。実際、翌日の『国民新聞』には〝見事に止めを刺し〟という表現が用いられていた。

犯人の朝日平吾は一躍英雄となった。彼の葬儀には全国の労働組合や支援者が、

「安田に負けない葬儀をしよう！」

と言って駆け付けたという。

時の首相原敬《はらたかし》は日記に、

〈安田は世間に同情もなき男なれども兇漢は厭世的に殺意を生じたるものの如し、兇漢は不良の徒にて、特に安田に怨恨等ありし者にはあらざるが如し〉

と冷淡な言葉を記したが、原が山手線大塚駅職員の中岡艮一《なかおかこんいち》に東京駅頭で刺殺されるのは、安田刺殺のわずか二ヵ月後（一一月四日）のことであった。朝日が英雄扱いされたことが引き金になったと言われている。

安田と大変親しかった高橋是清は、

「テロに訴えるという土壌は日本がまだ近代国家でない証だ。安田さんは犠牲者だ」

そう言って嘆いたが、彼もまたこの一五年後、二・二六事件の犠牲になる。

では大正デモクラシーの嵐の中、栄一はどう行動したのか。

まず安田と彼の間には大きな共通点がある。それは会いたいと訪ねてきた人がいたら、めったなことでは断らなかったことである。

大胆なことに安田の事件の後も人と会うのを一向に躊躇しなかったが、テロリストに狙われることは絶えてなかった。それは彼が慈善活動に力を入れ、労働問題にも理解を示していることを世間がみな知っていたからだ。

大正八年（一九一九）、栄一は徳川家達を会長とし、労資協調を目的とした財団法人協調会を発足させ、副会長に就任している。

栄一は労働争議の抑圧を目的として設けられていた治安警察法第一七条撤廃にも賛意を示していたことから、

「渋沢さんは労働運動の片棒を担ぐつもりか！」

と、資本家仲間では裏切り者扱いされることさえあったが、これは慈善活動同様、弱者に対する優しい視線からであった。孫の敬三がマルクス主義に早くから理解を示し、マルクス経済学者の向坂逸郎《さきさかいつろう》を金銭的に支援したことと通底している。

秀雄はこう回想している。

〈大正一四、五年ごろ、長野県岡谷の某製糸会社で女工のストライキがおこった際も、栄一はカンパ資金として二百円ほどの金を送っている（市川房枝氏青淵翁の思い出）。そしてこんな例は他にも多かったに違いない。自宅へたずねてくる名もない未知の青年に対しても、親身になって身の上相談に応じた栄一は、社会的に重大な労資の問題、とりわけ不当にしいたげられる労働者の境遇を、黙って見ていることは出来なかったのである〉（『父　渋沢栄一』渋沢秀雄著）

——人気の来たり、人気の去る所以は、その源を尋ねれば、必ず内に在りて外に在るのではない。己れに在りて人に在るのではない。

という栄一の言葉があるが、彼は不思議と国民の間で人気があった。そのことがおのずと彼をテロから守ったのだ。

## 関東大震災と慶喜伝

大正九年（一九二〇）九月四日、栄一は八〇歳の時、男爵から子爵へと陞爵《しょうしゃく》している。

この二日後には小石川後楽園でアメリカの国会議員団を歓迎する園遊会が催され、

さらにその翌日には芝紅葉館で渡米実業団員主催の歓迎会が行われているが、ここで彼はこれまでの〝バロン（男爵）シブサワ〟ではなく〝ヴァイカウント（子爵）シブサワ〟と紹介されたに違いない。

大礼服姿の栄一

財界人で男爵になった人物には先述した岩崎弥之助、久弥、三井八郎右衛門のほか、大倉喜八郎、藤田伝三郎、鴻池善右衛門、森村市左衛門などがいるが、子爵にまでなったのは渋沢栄一ただ一人である。

だがそれは驚くにはあたらない。爵位は上から公侯伯子男と五段階あるのだ。にもかかわらず、財界の巨星である渋沢栄一が下から二番目の子爵にしかなれなかったことに、筆者はむしろ当時の財界の社会的地位の低さを感じる。

阪谷芳郎は日露戦争の戦費調達の功労で男爵となり、栄一の死後、子爵となっている。穂積陳重も大正四年（一九一五）に男爵になった。確かに彼らの果たした貢献は大きいものがあったが、栄一と肩を並べるものであったかと言えば疑問符がつく。やはり官界、学界の社会的地位の高さゆえだと言えなくもない。

だがもともと官尊民卑の風潮に反発して官を辞した栄一である。そんなことに不満を口にすることもなく、自分のやれることを黙々と果たしていった。そしてまた彼の出番が回ってくるのである。


安田の死の二年後にあたる大正一二年（一九二三）九月一日、南関東を中心にマグニチュード七・九の大地震が発生し、広い範囲にわたって甚大な被害をもたらした。関東大震災である。

栄一は兜町の渋沢事務所で秘書の増田明六と用談中だった。

地震の瞬間、部屋全体が巨人に振られているように大きく揺れ、天井や壁から漆喰《しっくい》が剥がれ落ちて服が真っ白になってしまった。八三歳の栄一に俊敏な動きはできない。机にしがみつくのがやっとである。

揺れが収まったところで増田に手を引かれながら部屋から出ようとした瞬間、第二波が襲ってきた。何とこの地震はマグニチュード七クラスの余震を六回伴ったのである。栄一は一五歳の時に安政の大地震を経験しているが、まさか人生で二度もかかる大地震を経験しようとは思っていなかったろう。

マントルピースの上にあった大鏡が外れて落ち、天井のシャンデリアも落下して大音響と共にガラスの破片を周囲に飛び散らせた。危ないところであった。事務員の井《い》田善之助《だぜんのすけ》も駆けつけ、二人で栄一を抱えるようにしながら屋外に逃れると、車で飛鳥山の自邸に避難した。

建物自体は頑丈な造りだったから崩壊は免れたが、お昼時だったことから至るところで出火し、しばらくすると炎に包まれた。この時の火災により兜町の事務所は書類・帳簿もろとも灰燼に帰してしまう。

ヴェネチアン・ゴシックの美しい建物だったこと以上に、保管していた『論語』コレクションや『渋沢栄一伝』、『徳川慶喜公伝』編纂のための貴重な資料などが燃えてしまったことは痛恨の極み。何故これを持ち出さなかったかと後々まで後悔し続けた。

「自分の不注意、無神経を恥じて、言うさえ腹が立つくらいです」

そう述懐している。

栄一の傘寿と子爵陞爵の祝いを兼ね、渋沢事務所に保管していた資料を収納するため清水組が飛鳥山に青淵文庫を寄贈してくれることが決まっており、震災の二年後に竣工している。装飾タイルや渋沢家の家紋である〝丸に違い柏〟をかたどったステンドグラスが美しく、現在では国の指定重要文化財ともなっている。だがどこか寂しげなのは、貴重な資料を収納するという所期の目的を果たせなかったからなのかも知れない。

飛鳥山に避難しても余震が続いた。

屋敷が倒壊するとひとたまりもない。そこで庭の芝生の上にトタン屋根の小屋を急造し、中に寝具を用意した。軽井沢で避暑をしていた秀雄たちも合流し、栄一を含め皆ここで寝た。

都心を焼け出された群衆が飛鳥山の屋敷の前の道路を途切れることなく歩いていく。朝鮮人が暴動を起こすといったデマも飛んでいたことから、お抱え運転手はピストルを手にして夜通し邸内の警戒に当たってくれた。飛鳥山の邸内の裏には長屋があって五家族ほどが住んでいた。お抱え運転手もその一人だった。

みな不安に眠れぬ夜を過ごしたわけだが、中にはそうでない人間もいた。栄一である。秀雄の回想によると、彼は秀雄の隣に横になるなり、大きないびきをかき始めたという。

〈私は目がさえて眠れない。なるほど大きい仕事をする人は、無駄な神経を使わないものだ。……私はそう思いながら寝がえりばかり打っていた〉（『父　渋沢栄一』渋沢秀雄著）

その翌日、栄一は玄関前に椅子を出してそこに座り、両手をステッキの上に重ねながら大勢の人たちに次々に指図していった。だが家族は心配だ。正雄がこう申し出た。

「大人には一旦血洗島に避難していただき、東京が落ち着いてから復興にご尽力されてはいかがですか？」

すると栄一は皆まで言わせずに一喝した。

「馬鹿なことを！　考えてもわかりそうなものじゃないか。わしのような老人はこんな時にいささかなりとも働いてこそ生きている申し訳がたつようなものだ。それを田舎へゆけなどと卑怯千万な……」

それでもまだ正雄は説得を続けようとしたが、

「もうよしなさい。これしきのことを恐れて八〇年も生きてこられたと思うのか？　あまりと申せば意気地がない。そんなことではものの役に立ちはせんぞ！」

この会話を秀雄は前掲書の中に収録しているが、渋沢栄一の面目躍如たるものがある。

実際、政府も彼のことを頼りにしていた。九月四日午後、内務大臣後藤新平から呼び出しがあった。電話が通じないため、飛鳥山まで騎兵が馬に乗って伝言を届けてきたのだ。

早速官邸に赴くと、

「協調会を通じて罹災者の救護・救済にあたってもらえませんか」

と切り出された。

「承知した」

即断である。

同会は本来、労資間の協調を目指す労働団体であったが、会の目的などにこだわっている場合ではない。財政状態の良い団体はみなこの国難に協力するべきなのだ。火災の被害が大きかった地域を中心に収容所、炊出場、情報案内所、掲示板、臨時病院などをすぐに設置し、罹災者の支援にあたった。

自らも動いた。九月九日、東京商業会議所に約四〇名の実業家を集め、栄一はこう語った。

「今回の大震災は天譴《てんけん》（天から下された罰）なのではないか。帝国の文化は進んだが、それは東京、横浜においてであった。それが全滅した。政治、経済、社会にわたり、果たして天意に背くことはなかったか？　私利私欲に走ってはいなかったか？　そのことを十分考えてみるべきであろう」

栄一は大正という時代の風潮に一貫して懐疑的であった。幕末から続いた志士の時代における、天下国家を一途に思う志が薄れているという焦りが、こうした発言につながったのだ。幸い栄一の忠告にみな真摯に耳を傾けてくれた。

そして栄一はこの場で、民間有志による救護・復興のための組織立ち上げを提案する。

「困窮者への迅速で細やかな配慮は民間だからこそ可能になる。政府に任せておくのではなく、我々で内外の実業家に寄付を呼びかけ、積極的に資金を集めようではないか」

参加者全員が賛同し、大震災善後会が結成されることとなった。九月一一日には貴族院・衆議院議員有志も加入し、早速善後会は寄付金募集と資金配付先調査を開始する。

海の向こうからも助けの手が差し伸べられた。アメリカから義捐金が送られ、震災国債も引き受けてくれるなど、有形無形の援助があった。栄一の蒔いた日米親善の種が実を結んでいたのである。

翌年三月には集まった寄付金を孤児院や託児所の設置、罹災外国人への支援などの救済事業に活用し、弱者の生活を支えた。一時避難所は東京市が作ることになったので、彼らは医療施設を東京に二ヵ所、横浜に一ヵ所設けた。

役割を終えた大震災善後会は、同月解散している。寄付金募集が迅速だっただけではなく、使い道も十分吟味され、かつ配付、実行が早い。わずか半年だ。

新型コロナが蔓延した際の給付金や東日本大震災の時に集まった寄付金がなかなか配付されなかったことと比較すると、ＩＴの発達がどうこうといった問題ではなく、強いリーダーシップを持った人物の存在が国家の危機にいかに大きな役割を果たすかがわかるだろう。

思い出に浸って感傷にふけるのは、洋の東西を問わず老人の常だ。老人らしからぬ活躍を続ける栄一にしても人生を振り返る機会は多くなってきていた。

そんな時、興《きょう》が乗ってくると南宋の勇将岳飛《がくひ》が詠んだ『新淦《しんかん》の蕭寺壁《しょうじへき》に題す』という詩を好んで吟じた。

雄気堂々貫斗牛（雄気堂々斗牛《とぎゅう》を貫き）
誓将直節報君讐（誓って直節をもって君讐《くんしゅう》を報ぜん）
斬除頑悪還車駕（頑悪《がんあく》を斬除《ざんじょ》して車駕《しゃが》をまわさば）
不問登壇万戸侯（問わず登壇《とうだん》の万戸侯《ばんこう》）

南宋の皇帝に忠節を尽くし、金《きん》の侵攻を許した君主の無念を晴らすことができれば、出世など望むところではないという内容だ。城山三郎の『雄気堂々』という小説のタイトルにもなっている。

自分の今日あるのは、若き日の慶喜との出会いのおかげであると今さらながら思う。岳飛と自分を重ね合わせながら、変わらぬ忠誠を誓っていたが、古稀をすぎる頃から、ややもすれば忘れ去られそうになっている慶喜のことを顕彰したいという思いが強くなっていった。

この国が近代化に成功したのは、慶喜が戊辰戦争で早くに恭順したからである。そうでなければ多くの命が失われ、江戸の町は灰燼に帰し、諸外国につけ入る隙を作ったに違いない。

慶喜は維新後も長く〝賊軍の頭領〟の汚名を着せられていたが、明治二一年（一八八八）に従一位に叙せられ一応の名誉回復はされていた。正一位は家康でさえ死後遺贈だから、生前の従一位は十分だが、爵位が最高位である公爵になっていないことが栄一には心残りだった。

そこで彼は一計を案じる。明治三二年（一八九九）六月二七日、曖依村荘に茶室〝無心庵〟が完成した披露を兼ね、慶喜を主客とし、井上馨を招いて茶会を催したのだ。

栄一は茶事にうとく、茶を点《た》てるのも三十数年ぶりであったが、慶喜復権を実現したいという思いから彼が亭主としてこの席を設けたのだ。井上は慶喜とはこの時が初対面。光栄の至りと恐縮しきりであった。栄一の意を受けた井上の尽力により、明治三五年（一九〇二）、慶喜は公爵を授爵する。

昭和四年（一九二九）、人生の幕引きを間近にしていた栄一は敬三たちに向かって、

「茶には一向興味がないし、茶道具類は売ろうじゃないか」

と語ったが、無心庵だけは慶喜との思い出の場所として大切に残した。そんな栄一の思いのこもった無心庵が空襲で焼失してしまったのは、かえすがえすも残念である。

そして栄一はもう一つ、慶喜顕彰のためのプロジェクトを開始する。それが『徳川慶喜公伝』全八巻の刊行だった。

資料収集には学者を動員したが、本文は基本的に自ら筆を執った。もともと栄一は文章家である。年老いても筆力は鈍っていない。すでに引退していたこともあり、集中して取り組みはじめた。

最初のうち、慶喜はあまりいい顔はしなかった。人生に多くの悔いを抱いていたからである。

だが栄一は、皇室を敬い国を思う彼の真の姿を世間に伝えねばならないという確信を持っていた。その気持ちはやがて伝わり、原稿を見せると読んで感想を述べてくれたりしはじめ、ついには編集会議に出席して質問に答えることを一つの楽しみにするようにさえなっていった。

ところが大正二年（一九一三）一一月二二日、慶喜は急逝してしまうのである。

この年は冬が早く訪れ、初雪が降り、道が凍る寒さだった。少し前から風邪気味で、一五日にも飛鳥山の渋沢邸を訪ねてくれるはずだったのを延期していたが、にわかに病状あらたまり、この日の朝四時一〇分、息を引きとった。七六年の生涯だった。

危篤の知らせを聞いて、とるものもとりあえず小石川の徳川邸へと急いだが時すでにおそく、慶喜は薨去《こうきょ》した後。なんとか存命中に初版を献呈したいと願っていたが果たせず、かえすがえすも残念であった。

葬儀は寛永寺内の斎場で神式で行なわれ、谷中墓地に埋葬されることとなった。栄一は葬儀委員総裁として、葬儀のすべてをとりしきった。

慶喜の柩は唐破風型の桧の白木造りで、正面と側面は金色まばゆい葵の定紋が打たれていた。葬列の先頭を行く遺族は狩衣《かりぎぬ》姿に黒烏帽子《えぼし》。遺族のあとには元幕臣たちの列が続いた。葬列の沿道には榊《さかき》や生花がすきまもなく飾られ、人の波で埋まった。江戸火消が一番から十番までそれぞれの組の纏《まとい》を立て装束に身を固めて待ち受ける姿は江戸の昔に戻ったようであった。

その日、東京市役所や市電も弔旗を掲げ、市民は歌舞音曲を遠慮したという。人々は幕府最後の将軍の死を心から哀悼したのである。

栄一は死後も慶喜の側近くにいたいという思いから、谷中の慶喜の墓近くに渋沢家の墓所を購《あがな》っている。

## フィランソロピーの実践者

一万円札の肖像の先輩である福沢諭吉とは、ともに将棋を打つなど交流があったことはすでに述べた。ここでさらにその前の肖像である聖徳太子との縁について触れておきたい。

明治期の廃仏毀釈運動の影響もあって、寺院は荒廃し、経営に行き詰まって宝物を売りに出すところも多かった。聖徳太子が創建し世界最古の木造建築を誇る法隆寺もまた例外ではなかったのだ。

そんな中、奈良に帝国博物館を建設する計画が持ち上がる。彼らに寺宝を売らすことなく博物館に寄託させることで手数料を還元して経営を支えようと、九鬼隆一帝国博物館総長が知恵を絞った結果だった。

大正一〇年（一九二一）は太子没後一三〇〇年にあたる。九鬼の右腕として日本美術の復興にその生涯をかけた岡倉天心は、遠忌《おんき》法要を盛大に迎えるべく立ち上がった。そして大正二年（一九一三）、東京美術学校校長の正木直彦、東大国史学科の黒板勝美助教授などが法隆寺会を結成する。運動の中心だった岡倉は、残念ながらこの年に急逝していた。

基金を集めるにあたって、彼らは定石通り財界の重鎮たる栄一のもとへ依頼に赴いたが、意外にも彼はいい返事をしなかった。

「聖徳太子は崇峻《すしゅん》天皇を殺した蘇我馬子を重用された。そのような人のためには働けない」

かつて学んだ水戸学の考え方である。実は栄一以外にもこのような考え方をする人間は結構いて、当時の聖徳太子の人気はさほど高くなかったのだ。

ここで正木はまるで岡倉が乗り移ったかのような頑張りをみせた。太子による仏教の興隆や外交での功績、そして何より十七条憲法の精神がいかにこの国の支えとなり、皇室存続の礎になったかを一時間ほども語って聞かせたのだ。

栄一は聞く耳を持つ人間だ。正木の言葉に感銘を受け、一転して協力を約束した。

こうして大正五年（一九一六）、聖徳太子一千三百年御忌奉賛会が創設される。栄一は会長に推されたが辞退し、代わりに紀州徳川家一五代当主の徳川頼倫《とくがわよりみち》侯爵に就任してもらった。総裁は久邇宮邦彦《くにのみやくにひこ》親王。栄一は副会長となって汗をかき、目標の二倍近くの寄付金を集めた。

おかげで大正一〇年四月、遠忌法要は盛大に行われ、七日間で二六万人の見物客が集まる大成功を収めた。その後も法隆寺の支援と太子の顕彰を続けようと財団法人聖徳太子奉讃会が発足。栄一はここでも副会長として会の運営を支え続ける。

聖徳太子が初めて紙幣の肖像に採用されたのは昭和五年（一九三〇）の〝乙百円札〟だ。その後、昭和三三年（一九五八）の一万円札に至るまで、四半世紀にわたって紙幣の肖像の顔であり続けたのは、実は栄一の尽力の賜物だったのである。

思えば一万円札の肖像となった聖徳太子と福沢諭吉は、重層的に栄一と似たことを語っている。〝和を以て貴しとなす〟という聖徳太子の精神は栄一の平和主義につながるものだし、福沢の〝独立自尊〟という考え方も栄一の〝士魂商才〟と通底している。

そして栄一は福沢同様、官尊民卑の逆を語った。民こそが尊いのだと。

――政府の役人でも、国会議員でも、実業上より見れば、あたかも影のようなもので、みな実業の反照によって立ち、かつその余光を負うものである。

一万円の肖像として国家の顔となった人たちの思いを噛みしめるだけで、この国の未来が明るいものになる気がしてならない。

栄一は投機を嫌ったが、〝元気振興の急務〟という言葉を用い、リスクをとって新しい事業に挑戦することの大切さを説いてもいる。イノベーションなしに経済の継続的発展はない。老いてなお〝大正維新の覚悟〟（『論語と算盤』渋沢栄一著）の必要性を説き、守りに入らず攻め続けろと次世代の経営者を叱咤し続けた。

だが一方、日本経済の急速な発展の陰で、精神面がますます等閑に付されていることに危機感を抱き始めていた。彼は第一銀行頭取を辞した第二次引退の年（大正五年）、口述筆記で彼の代名詞になる『論語と算盤』を発刊している。

栄一は『論語』を常に携帯し、講演や挨拶などでも、〝君子は義に喩《さと》り、小人は利に喩る〟、〝不義にして富み且《か》つ貴きは、我に於《お》いて浮雲の如し〟、〝利に依《よ》りて行えば怨み多し〟といった言葉を引用しながら、正しい商道徳のあり方を説いた。

八三歳になった大正一二年（一九二三）から大正一四年（一九二五）にかけて行った二松學舎《にしょうがくしゃ》（彼は第三代舎長）での『論語』の講義を『論語講義』として出版する。九五七ページという膨大な量からも、彼の『論語』に対する造詣の深さと、その時の講義の詳細さがうかがえる。

「仁義道徳を実地に行ってみたまえ。商工業を営めばあえて無理な争いをせずとも、利はおのずから懐に入って来る」

まさに説いたのは道徳経済合一説だった。

栄一は引退後、論語や道徳経済合一説の普及以外にも、精神面に関する社会啓蒙活動に力を入れ始める。

フィランソロピーという言葉がある。人類愛に基づく社会奉仕活動のことで、近年その重要性が世界的に注目されつつある。栄一の時代にこの言葉が一般的だったはずはないが、フィランソロピーと聞いた時、筆者は反射的に渋沢栄一を想起した。

彼の社会奉仕活動は救貧事業や医療の充実にはじまり、災害復興、教育の充実、労働環境向上に及び、やがて国境や人種を越えて国際親善などフィランソロピーの語源である人類愛を追求しはじめたのだ。

これには当時の社会的風潮も背景にあった。

明治三八年（一九〇五）には第一回世界エスペラント大会が行われている。ポーランドのザメンホフが考案したエスペラント語を国際補助言語とし、世界中の人間が同じ言語を話すことで共通理解を深め、世界平和を希求しようという運動が動きはじめていたのだ。日本でも宮沢賢治がこのエスペラント運動に熱心だったことが知られている。

栄一はさらに一歩進め、より難しい課題に取り組もうとした。それは宗教対立をなくし世界の人々が等しく信じられる精神のよりどころを見つけようとする運動である。それを彼は〝帰一運動〟と呼んだ。

商人は古来信心深い者が多い。三井、住友、岩崎は稲荷信仰で知られるし、安田や浅野は富山出身ということもあって熱心な浄土真宗の信者だった。

ところが栄一は、〈私は家がよかったせいか、あまり宗教心はない〉（『雨夜譚』渋沢栄一著）と語っている。彼の中ではあくまで『論語』の指し示す道徳こそが心のよりどころだった。

そんな彼が宗教について考えるきっかけは、渋沢邸でのある集まりにあった。

明治四五年（一九一二）四月一一日、「現代思潮界改善之方法」を講ずるため、七名の知識人（井上哲次郎、中島力造、成瀬仁蔵、浮田和民、上田敏、姉崎正治、シドニー・ギューリック）が、飛鳥山の渋沢邸に集まったのだ。

いずれ劣らぬ碩学《せきがく》だ。ギューリックについては後述するが〝青い目の人形〟の立役者である。そんな彼らに栄一は、今の時代に応じた真の心の安らぎを与える宗教について意見を求めてみた。みなそれぞれ思うところを述べてくれたが、なんとなくすっきりしない。そこで今後も継続的に考えていこうということになった。

栄一はある程度自分の意見をすでに持っていた節がある。それを知る手がかりが『青淵百話』の彼の談話の中にある。この会合の二ヵ月前に当たる二月一三日のものとされる。

〈平和も其の極に達すれば互に国家を設けて相争うたりすることは無くなり、遂には全世界を打つて一団とせねばならぬ。又言語も人種の変れる如く異つて居るのは黄金世界でない。何時かは彼の学者一輩に依つて研究されつゝあるエスペラントも、世界語となるの時代が来るかも知れぬ。斯の如く考ふれば、何時か宗教も一色となり、何人にも信仰を持ち得るの時代が来ぬとも言はれぬ。これは果して空想か、それとも実理か。斯く云ふ自分にすら論断することは出来ぬが、一の希望としては、之を何処までも継続して考へて見度いと思ふ〉

この談話のタイトルは「統一的大宗教」。栄一はごく早い時期から、世界中が平和を希求すれば、やがて言語や宗教が統一される日が来るかもしれないとの夢を持っていたのである。それをすぐ世に問わなかったのは、あまりに構想が壮大で軽々に口にするべきではなく、世の叡智を結集する必要があると感じたからであろう。

そして彼は何人もの識者の意見を聞いた上で、明治四五年（一九一二）六月二〇日、帰一協会を設立する。宗教を一つにする、言葉を一つにする、最終的には国境をもなくして人類を一つにする。帰一協会は究極の平和を志向するものであった。

だが参加者の間でも意見は分かれた。

創設メンバーである日本女子大学創設者の成瀬仁蔵は〝孔子教〟という名称まで考え宗教統一を構想していたが、一方で仏教思想家大内《おおうち》青巒《せいらん》（曹洞宗の『修証義』起草者）は、

「そんな突発な事が出来るはずがない」

と強く反対した。

双方の議論を聞いていたある人物が、

「帰一しないという事だけ帰一している」

と冷やかし半分の言を弄《ろう》したため、

「もっと真面目に考えていただきたい」

と栄一がたしなめる場面もあったという（『帰一協会の挑戦と渋沢栄一 グローバル時代の「普遍」をめざして』見城悌治編著）。

帰一協会は栄一の死後も存続したが、第一次世界大戦後のナショナリズムの高揚の中で活動は低迷し、昭和一七年（一九四二）一二月、ついに協会は解散。日本は栄一の恐れていたとおり、自国第一主義と武力による問題解決の時代へと突き進んでいくのである。

## 田園都市構想

栄一が東京の都市計画に情熱を注ぎ続けてきたことについてはすでに述べた。

彼は七〇歳をすぎてなお、理想の街作りへの情熱を棄ててはいなかった。引退して時間ができてから、その情熱に再び火がつくのである。

きっかけは大正四年（一九一五）から翌年にかけて訪米した際、米国人が郊外に広い住宅を持ち、そこから中心街に通勤するライフスタイルを確立していることに感銘を受けたことであった。

日本では都心のウサギ小屋のような狭い住宅に住むか、通勤できない不便な場所に相応の広い家を持つかの二択しかない。そこで、日本にもアメリカのようなライフスタイルを実現させるべく〝田園都市構想〟を抱くに至った。

そこへタイミングよく荏原《えばら》郡開発の話が持ち込まれてくる。現在の品川、大田、目黒区の一帯である。当時はまだ草深い場所だった多摩川台（現在の田園調布）から大岡山や洗足《せんぞく》にかけての四五万坪の土地を買い、目黒から多摩川の近くまで鉄道線（荏原電鉄）を敷設して利便性を高め、理想の郊外住宅地として分譲していこうという計画だ。

〝田園都市構想〟を実現するまたとない機会だと、栄一は大正七年（一九一八）九月、中野武営、服部金太郎、星野錫らに役員に入ってもらい、田園都市株式会社を設立する。

先に鉄道があってその沿線を分譲するというのは阪急電鉄の小林一三《こばやしいちぞう》の先例があったが、田園都市はその逆をやろうとしたのだ。そこに無理があった。たちまち資金繰りに困り、鉄道敷設の免許をとったものの着工の目途すら立たない。

にっちもさっちもいかなくなり、栄一は第一生命保険社長の矢野恒太に再建を頼んだ。だが矢野も門外漢だ。餅は餅屋だということで、小林に支援を依頼した。

ところが小林はにべもなく断ってくる。そもそも大阪にいる小林に東京の不動産の相談をするというのは無理があった。だがこんな難しい案件を頼める人間は日本広しといえども彼以外にない。矢野は粘り、小林は逃げる。最後に矢野は秘策を出してきた。

「渋沢さんにお断りする前に、田園都市と荏原電鉄の重役を第一生命に集めますから、一度彼らを前に話をしてやってくれませんか」

うまいことを言ったものである。

一度首を突っ込んでしまうと後には引けなくなる。やむなく小林は、表に名前を出さず報酬をもらわないという条件で支援を約束した。こうして週末上京して重役会に出席することになった。大正一〇年（一九二一）のことである。

この年、栄一は八一歳。小林は栄一より三三歳年下、矢野は二六歳年下。どちらも子どものようなものだ。関西では〝今太閤〟の名をほしいままにしてきた小林だが、さすがに渋沢栄一は格が違う。矢野の出してくる〝渋沢栄一〟の名がボディーブローのように効いていたのも事実だった。

田園都市の役員の中に栄一の六男秀雄がいた。日本興業銀行を一年半で辞め、田園都市に入ることを条件に、欧米一一ヵ国の住宅事情を視察してきた。

その秀雄が小林に会うため、足繁く宝塚へと通い始めたのだ。欧米で最新の郊外住宅地開発のノウハウを学んでもなお、小林一三という経営者の足元にも及ばないことに気づいたからである。

小林はこのプロジェクトに五島慶太《ごとうけいた》という人物を推薦する。後年、東急の総帥として君臨する人物である。この人材補強が功を奏した。

大正一一年（一九二二）荏原電鉄の専務に就任した五島は、社名を目黒蒲田《かまた》電鉄（後の東急）と改称して鉄道建設に着手すると、わずか一年で見事全線を開通させる。おまけに大正一二年九月一日に起こった関東大震災で都心を焼け出された人々が郊外に移住してきたことで分譲も進み、田園調布は現在のような高級住宅街のイメージを確立していった。

田園都市の経営が安定した頃、秀雄は感謝の気持ちを込めて小林に御礼金を持参した。これまで無給でアドバイスを続けてきた小林だったが、喜んで受け取ってくれたという。

大正一四年（一九二五）、田園調布のはずれに秀雄たちは、宝塚ファミリーランドを模した温泉遊園地多摩川園を開園した。早速栄一は養育院の子どもたちを連れて多摩川園を訪れた。子どもたちが喜んだのは言うまでもない。

栄一の都市計画の最後の夢は、矢野恒太、小林一三、五島慶太、渋沢秀雄といった若い世代が無事形にしてくれたのである。

## 青い目の人形

東京市長時代に栄一と接した〝憲政の神様〟尾崎行雄は、栄一の死後（昭和一〇年）、渋沢栄一の研究を数多く手がけた土屋喬雄のインタビューに答え、こう語っている。

〈あの人は明治年間に私の接触した人の中ではすこぶる偉い方ですよ。もし政界におったら、伊藤、大隈、山県等と雁行《がんこう》すべき人でしょう。あるいはあの方の方が優れておったかも知れぬ。よっぽど偉い人ですよ。あの人は誰にも屈しなかったようです。

元来、井上（馨）に大分引き立てられて井上の知嚢《ちのう》の如くになってしばらく大蔵省におったんですけれど、決して井上等の自由にはならなかったようです。自分の方が優れているとおもったからでしょう。また優れておったに違いありません。まあ大体そんなもんです。私は西郷、大久保、木戸には直接会ったことはありませんが、その他の明治年間の一流人物には大概会っています。その中では、渋沢君は非常に優れておった人で、おそらく西郷、大久保、木戸に較べても劣らないだろうとおもっています。ある点では、渋沢君の方が優れていたかとおもいます。ひどく備った人で、その上度胸と知恵があり、学問にも注意する。大層世間を視る視角が広かった。実業で終始されたが、政治、外交、軍事、何でも見識が通っていたようにおもいます。あとの人は、一方面だけしか知らなかった。政治家は実業を知らず、実業家は政治を知らない。然《しか》るに、渋沢君は各方面に亘《わた》っていた〉（『埼玉の先人　渋沢栄一』韮塚一三郎・金子吉衛著）

絶賛である。

尾崎は東京市長時代、アメリカの首都ワシントンに桜の苗木を贈っているが、その陰には、栄一が親善に尽くしたタフト大統領夫人の歓迎の意向が大きく影響していた。

明治四三年（一九一〇）、最初に贈った二〇〇〇本は長い航海に耐えられず、虫害に侵されていたためすべて焼却処分となった。それでも尾崎はあきらめなかった。植木で有名な兵庫県伊丹市で健康な苗木を作り、燻蒸《くんじょう》して害虫を徹底的に駆除し、満を持して明治四五年（一九一二）、三〇二〇本の苗木を贈った。アメリカの検疫官は、一本も害虫に侵されていないことに驚嘆したという。

こうして無事記念植樹が行われ、その三年後、お礼としてアメリカからハナミズキ六〇本が贈られた。尾崎が贈った桜は今もポトマック川のほとりを彩っている。

そんな日米友好のために尽力した尾崎だからこそ、栄一の偉大さが身にしみてわかったのかもしれない。

栄一は日露戦争前から大正期にかけて四回渡米している。大正五年（一九一六）には日米関係委員会常務委員となり、日本人移民問題の解決に民間の立場から尽力した。

古い付き合いになるウィルソン大統領は栄一の努力を謝し、歓迎の挨拶の中で、

「旅人の足跡は国境をふみならす」

という言葉を引用した。それに対し栄一は、

「わたしは自分の足跡で国境をふみ消したく思います」

と答えたという。

大正一〇年（一九二一）、日英米の海軍軍備比率を決めるワシントン会議が開催されると、八一歳という高齢にもかかわらずオブザーバーとして渡米している。ウィルソンの後任であるハーディング大統領をはじめ、主要閣僚や議員らと会談し、緊張しがちな空気を和《やわ》らげることに一役買った。

この時の訪米には聖路加病院のトイスラーが同行している。彼は〈子爵のもっともすぐれた特長の一つは、いったんなした約束への忠実さである〉と語り、この訪米の際に栄一が見せた驚くべきエピソードを紹介している（『父 渋沢栄一』渋沢秀雄著）。

栄一はこの時、サンフランシスコで数え八三歳となる正月を迎えるのだが、ニューヨークに到着した際、市の有力者数名が彼を午餐会に招待してくれることになった。開催は一二月七日の水曜日と決まり、彼らから頼まれたトイスラーが栄一に招待状を渡す手はずであった。

ところが栄一には火曜日と水曜日の夜にワシントンで〝のっぴきならぬ約束〟があることがわかったのだ。これは困った。トイスラーは栄一のいる前で秘書たちと相談したが、どう考えても無理そうだ。

「せっかくの招待ですがお断りしましょう」

ということで結論が出そうになったのだが、それを聞いていた栄一が、

「時刻表はあるかね」

と言ってきた。

そしてワシントンとニューヨークの間のダイヤを調べさせたのだ。

するとワシントンを午前七時に出発すれば、午後一時ニューヨークへ到着、折りかえし三時にニューヨークを出発すれば、夕方八時にワシントンへ到着することがわかった。時間通り汽車が動いたとしても正味食事の時間は一時間ほどだろう。

しかし栄一は躊躇することなく言った。

「それなら大丈夫だ。招待をお受けしよう」

あわてて秘書が止めに入ったが、間髪入れず、

「この話はこれで終わりだ」

と終止符を打ったのだ。

それでも敢えてトイスラーは諫言した。

「ご招待をお受けいただきたいのはやまやまですが、今は一年でも一番寒い時期です。おまけに子爵はこれ以外にもびっしり予定が入っておられる。それをワシント

ン、ニューヨーク間往復一二時間の旅行を強い、同日に二つも大きな宴席にご出席いただくなどとはお身体のことを考えるとどう考えても無理というものです」

栄一はトイスラーの心のこもった忠告に感謝しながらも静かにこう言った。

「トイスラーさん、私はもう決めたんです。おかげで身体は大丈夫。ご安心下さい」

そこまで言われてはトイスラーも引き下がるほかなかった。

栄一が無理をしてまでいろいろな要路の人に会ったのは、それだけ彼の中に危機感があったということである。

実際、日米関係委員会、太平洋問題調査会の活動を活発化させ、排日運動の沈静化や排日移民法成立の阻止を目指していたが、努力もむなしく大正一三年（一九二四）、排日移民法が成立してしまう。

さしもの彼もこれは応えた。無力感にさいなまれ、これまでの疲れがどっと出た。この年の冬から栄一は病の床につくのである。これまで見てきた通り、彼はしばしば重病を患い、何度か死を覚悟している。この時も周囲に緊張が走った。

そんな時のこと。講談社の雑誌『雄辯《ゆうべん》』に栄一の伝記小説を連載していた大滝鞍馬が病床の栄一を訪ねてきた。大正一四年（一九二五）四月一八日のことである。

無理して押しかけたわけではない。かねて面会謝絶と聞いていたので、題字を書いてもらえないかと駄目元でお願いにきただけだった。ところが栄一は大滝を病床に招き入れ、彼をいたく感激させた。

その時のことを大滝はこう書いている。

〈病室に入った時の私の第一感は、子爵の御衰弱が意外にひどかったことでした。長い間剃《そ》られぬまばらな髯《ひげ》、伸びた頭髪、蒼白な顔、そうしたご容態でありながらも、礼儀正しい子爵は、羽織を着て寝牀の上にすわられ、脇息《きょうそく》にもたれて、かろうじて身体を支えていられました〉(『子爵渋沢栄一』大滝鞍馬著)

栄一はちゃんと連載に目を通しており、いくつか間違いを指摘した。大滝との面談は二時間に及び、そのうち顔色がよくなって身振り手振りが出てきたのみならず、大笑いまでしはじめたという。

気力が肉体を超越している感がある。実際、この時も彼は復活するのだ。

(まだやれることがあるはずだ)

それは執念にも似たものだった。

ここで時間を少し遡る。

栄一は大正四年（一九一五）、現地で排日移民法の成立阻止に取り組んでくれていたシドニー・ギューリックという人物から手紙を受けとっていた。

宣教師としてかつて日本に滞在していたことのあるギューリックは、日本には古くから雛人形や五月人形などの人形文化が根付いていることに着目した。そして友情の印として米国の子どもたちから日本の子どもたちへ人形を贈り、日米親善に役立てたいと申し出てきたのだ。

栄一は大いに賛同し、日本国際児童親善協会を設立。同会の会長として日本側の受け入れ代表となる。

こうして昭和二年（一九二七）一月、日本のひな祭りに合わせ、米国から〝親善人形〟が日本に届けられることとなった。この四年前に起こっていた関東大震災で、日本の子どもたちの多くが人形を失っているに違いないという思いも込められていた。以降に送られたものもあわせると、その数実に一万二〇〇〇体以上に及んだ。

――青い目をしたお人形はアメリカ生まれのセルロイド　日本の港へついたとき一杯涙をうかべてた、という歌詞で知られる童謡「青い目の人形」（野口雨情作詞、本居長世作曲）が大正一〇年（一九二一）に発表され広く愛唱されていたこともあり、この人形たちも〝青い目の人形〟と呼ばれるようになる。

昭和二年三月三日のひな祭り当日には、日本青年館で親善人形歓迎会が催された。舞台上でアメリカ児童代表のペテー・バランタイン嬢が日本児童代表の徳川順子嬢に人形を手渡すセレモニーが行われ、アメリカ大使、日本の文部、外務両大臣なども参列していた。栄一は日本国際児童親善協会の会長として、会場に集まった約一六〇〇名の子どもたちに、親善人形に込めた平和への思いを語った。福々しい栄一の顔は、ひな祭りと言うよりまるでサンタクロースのようだったという。

青い目の人形

日本国際児童親善協会は、親善人形を配布した幼稚園、小学校から基金を募り、日本から〝答礼人形〟として、市松人形五八体をアメリカに贈ることにした。

他の人形より少し大きく作られた答礼人形の代表は、栄一によって〝倭《やまと》日《ひ》出《で》子《こ》〟と命名され、贈呈後はスミソニアン国立自然史博物館で保管されることになった。

〝青い目の人形〟は太平洋戦争の間、敵国に関係するものとされ、その多くが失われたが、人形に罪はないと考えた人たちによって秘かに守られ、約三〇〇体の人形が現存している。あの厳しい戦時下にあって、これだけの人形が守られたことは驚くに値する。

時は流れて平成二三年（二〇一一）三月一一日、東日本大震災により陸前高田市立気仙小学校は最上階まで津波に呑みこまれて全壊したが、流された金庫の中から奇跡的に人形が発見された。その人形の名はスマダニエル・ヘンドレン。〝青い目の人形〟のうちの一体だった。

戦後六六年が経ってから起こった東日本大震災という危機をも乗り越え、今も日米親善の証として大切に保管されている。

こうした栄一の国際平和を求める活動が高く評価され、昭和元年（一九二六）とその翌年の二度、ノーベル平和賞の候補としてノーベル財団に推薦状が出されている。

残念ながら受賞には至らなかったが、社会をよくしようと力の限り〝お節介〟を続けてきた結果、この境地に達したのだ。

## 見事な晩年

長命して寂しいのは友人を先に送らねばならないことだ。

インドの詩人タゴール歓迎会、昭和四年（一九二九）飛鳥山にて

昭和三年（一九二八）四月二二日、大倉喜八郎が逝った。死の四日前、病床に見舞ったが、大倉はすでに話ができず、ただ手を握りあうのみであった。

米寿にすべての企業から手を引いた大倉は、満洲、モンゴルを旅行、三一二一メートルの南アルプスの赤石岳をかごに乗って登り、美術品収集癖が高じて大倉集古館という美術館まで作り、〝人生を楽観し、日々を愉快に〟生きることをモットーに九〇歳の天寿を全うした。財力と強靱な肉体で常人の二倍を生きた人生だった。

そして昭和五年（一九三〇）一一月九日には浅野総一郎が逝った。八二歳だった。

浅野は大倉と違い、最後の最後まで事業に情熱を傾けていた。

晩年の浅野は独走が増え、栄一はむしろブレーキを踏む役割を浅野家から託されることが多かったが、それでも浅野は夢を追い続けた。

昭和三年、群馬県渋川市に東洋一と謳われた水力発電所を建設した彼は、亡き妻サクにちなんで佐久発電所と命名し、その次に着手したのが日本一の大河・信濃川の電源開発だった。

すべてに浅野はスケールが大きい。越後平野を悠然と流れる川筋では高低差が少なく電源開発には非効率だ。そこで彼は信濃川上流から直江津方面にトンネルを掘り、短距離で大きな高低差を生んで大規模発電を行うという途方もない計画を進めていた。

だが彼の死で、その計画も夢に終わった。〝積功院殿偉業総成大居士〟という戒名が、彼の人生の偉大さを雄弁に物語っている。

――人の生涯をして価値あらしむるは、一《いつ》に繫《かか》りてその晩年にある。

とは栄一の言葉だが、大倉、浅野の晩年は見事だった。そして渋沢栄一その人の晩年もまた実に見事である。老いてなお、よく国家のために身を捧げ尽くした。

昭和四年（一九二九）一二月、国家に対する多大なる貢献を賞され、昭和天皇から昼食に招待された。昭和天皇は当時二八歳である。

天皇の右どなりが栄一の席であった。数えで卒寿（九〇歳）を迎えた老人であることを考慮し、食事はやわらかいものが用意された。食卓には二人のほかに宮内省の高官が六人ほど陪席していた。

その席で、栄一は老人にありがちな冗長な昔話をしはじめたのだ。

パリ万博に随行した際、ナポレオン三世が会場で世界を一呑みにするようなおごり高ぶった演説をしたが、その三年後に起こった普仏戦争でドイツに大敗したこと。ヨーロッパに覇を唱えようとして周囲を敵に回したドイツが、今度は第一次世界大戦で大敗したことを話し続けた。

宮内省の高官たちはひやひやして聞いていたが、やがてそれが深い意味のある話であることを理解しはじめる。

時あたかも軍部の力が台頭してきた頃のことである。日清・日露の連勝に驕《おご》り、軍部の暴走に歯止めをかけられるのは、もう天皇一人となってしまった。栄一にはこの国が危険な道を歩み始めていることが見えていて、あえてこの話を天皇陛下のお耳に入れたに違いなかったのだ。

最後に栄一はきっぱりとした口調でこう言った。

「国家の興亡は畢竟《ひっきょう》、その国家の内に原因が隠されているのです」

この言葉で栄一の意図がはっきりとわかると、その場は深い感動に包まれた。昭和天皇も大きくうなずかれていた。


晩年の栄一は老人としては珍しいことに、気が短くなったり怒りっぽくなったりすることは一切なく、年々温厚になっていった。毎朝屈伸運動を欠かさず行ない、一日二食が多く、血圧は低めに維持できていた。小さい字も読め、耳が良く、寒さには弱かったが夏の暑さには強かった。そして日に数千字の文章を書くことを苦にしなかった。


そんな超人でも寄る年波には勝てない。昭和五年（一九三〇）一一月、栄一は再び風邪で寝こむこととなる。これはもう老衰と言ってよく、彼の心臓がその鼓動を止めるまで、ほとんどの時間を病臥して過ごすこととなった。

そんなある日、二〇名ほどの人が栄一に面会を求めてきた。全国方面委員会（現在の民生委員）の代表者たちだった。

面会謝絶だったが念のためと思って報告したところ、顔ぶれを聞いてどうしても会うと言いだした。この頃、歌子をはじめとして同族会の面々は総動員で看護に当たり、敬三もずっと泊まり込み、篤二さえ日参していた。彼ら全員で必死に止めたが言うことを聞かない。

「五分だけですからね」

主治医の林正道も折れ、面会時間を五分だけにするよう念を押して許可を出した。

応接間に通された彼らはみな緊張の面持ちだ。栄一はわざわざ服を着替え、白いひげの伸びた顔で姿を現した。病人然としたその姿にみなぎょっとしたが、訴える方も必死だ。ここぞとばかりに思いのたけをぶつけた。

「いま寒さと飢えに苦しむ窮民が二〇万人おります。政府は救護法という法律を作りましたが予算がないので一向に施行されておりません。どうか渋沢様のお力でなんとかしていただけませんでしょうか」

彼らの訴えにじっと耳を傾けていた栄一は深くうなずいた。

「私はこの年になるまで、及ばずながら社会事業に尽くしてきたつもりです。みなさんのお心持ちは実によくわかります。老いぼれた身体で、どれだけお役に立つか知れませんが、できるだけのことはいたしましょう」

温かい言葉に、来訪者の目には涙が光った。だがそれだけではなかったのだ。ここから彼は仰天の行動に出る。

「すぐ車を用意せよ。大蔵大臣と内務大臣のところに行く!」

必死に止めたが言うことを聞かない。秘書は仕方なく車の準備をし、急いで大蔵大臣と内務大臣に電話をかけた。渋沢栄一が会いたいと言っているのに、取り込んでおりますと言い訳する人間などいない。両大臣はともに気づかって、自分のほうからうかがいますと言ってくれた。

だが栄一はかぶりをふった。

「頼みたい用件があって面会を申し込んだのだ。当方から参上いたしますと答えよ」

風邪をひいている上に真冬である。病気でなくても老人が外出する季節ではない。歌子たちは主治医から命に関わると言って止めてもらおうとしたが、それでも栄一は静かにこう答えた。

「先生のお骨折りでこんな老いぼれが養生しておりますのは、せめてこういう時に役に立ちたいからです。これがもとで私が死んでも、二〇万人の不幸な人たちが救われれば本望です」

返す言葉がなかった。こうして彼は車上の人となった。

この時の尽力もあって救護法は二年後に施行される。だが彼は、その日を見ることはできなかったのである。

病床の中で年を越し、昭和六年（一九三一）の元旦を迎えた。新たな年を迎えた感慨を漢詩に詠んだ。

辛未元旦書感

九十二齢神気新
屠蘇又作太平人
皇恩無限身忘老
稽首朝窓拝紫宸

皇室への敬慕の念が溢れている。若い頃に抱いた尊皇の気持ちは生涯変わらず、一方で攘夷の気持ちは開国どころか世界平和へと向かっていった。そして驚くべきことに、人生最後となるこの年も、世界平和のために尽力し続けるのである。それは、これまで親交を深めてきたアメリカではなく中国に対してであった。

彼にとって中国は大切な孔孟の国である。大正三年（一九一四）に最後の訪中を行った際も、その目的を尋ねられ、

「第一に孔子廟《びょう》、孟子廟を訪れること。これが長年の宿願でした」

と答えている。

実際には七四歳という高齢もあって体調が悪化し、長年の宿願は果たされずに終わり、かねて孫文と温めていた日中合弁の中国興業公司の設立協議や現地視察に終始せざるをえなかったが、中国への思いは変わらなかった。

その中国が未曾有の危機に瀕していたのだ。

前年まで旱魃《かんばつ》に苦しんでいた中国は、昭和六年に入ると一転して異常な長雨が続いていた。例年の三倍ほども台風が襲来。七月に入ってついに揚子江の堤防が決壊すると、黄河、淮河、珠江、松花江といったほかの大河も一斉に氾濫し、なんと中国全土の耕地面積の一七％が冠水する大災害を引き起こした。正確な記録は残っていないが、死者数は約三〇〇〇万人にのぼったとされる。人類が経験した自然災害の中で最大級のものの一つであり、後の三峡ダム建設のきっかけともなっている。

関東大震災の際、中国側が数百万円の義捐金を贈ってくれたことに加え、悪化の一途をたどっていた日中関係改善の思惑もあって、支援の動きは迅速であった。

八月二四日、東京商工会議所が中心となって中華民国水災同情会が設立され、栄一が会長、郷誠之助が委員長に就任する。日華実業協会をはじめ、赤十字社、工業倶楽

中国大洪水義捐金をラジオ放送にて呼びかけ（栄一は前列中央、前列右端は兼子、後列左から二番目は篤二、昭和六年（一九三一））

部その他数多くの団体も参加し、募金活動に協力してくれることになった。

九月五日、副委員長の児玉謙次（横浜正金銀行元頭取）が渋沢邸に栄一を訪ね、ラジオ出演をして栄一から国民に広く募金を呼びかけてはどうかと提案した。

栄一はずっと病臥していた上、七月からは持病である喘息の発作まで起こり、自宅を一歩も出られない日が続いていたが、これを快諾する。

善は急げで明日にでもということになったが、どこで収録するかだ。ＪＯＡＫ（今のＮＨＫ）のスタジオは芝の愛宕山にある。移動は車とはいえ、無理をさせて万一のことがあってはいけない。そこで自宅から全国中継されることとなった。生放送への出演は初めてだったが、本人以上に周囲が緊張に包まれた。

そして放送は九月六日の六時三〇分からと決まった。

風呂に入ってさっぱりし、応接間の安楽椅子にかけて時間のくるのを待った。放送設備はすでにセットされている。

やがて定刻となり、NHKの看板アナウンサーである松田義郎の紹介の言葉とともに「中華民国の水害について」と題した放送が始まった。

周囲の心配をよそに、声はしっかりしていたし歯切れもよかった。同情会の会長となったいきさつから語りはじめ、日中関係の重要さ、関東大震災のときに示された中国人の友情、そして今回の水害の悲惨な状況を伝え、

「是非ご協力いただきたい！」

と力強く訴えた。

喘息のため、

「ヒューヒュー」

という音が時折喉からもれる。

老人が病躯をおして訴えているのだ。そのことが聴取者にひしひしと伝わり、感動

の輪が広がった。この放送を機に、募金に応じてくれる人が一気に増え、お小遣いを節約して一〇銭、二〇銭といったなけなしのお金を寄付してくれる子どもまでいたという。

集まった寄付金をもとに、同情会は天城丸をチャーターし、支援物資を満載して急ぎ船出させた。上海入港は九月二〇日、さらに揚子江を遡上し、被害の中心である武漢へと向かった。

ところが思いがけない事態に直面する。

九月一八日、柳条湖事件が勃発したのだ。満洲事変へと発展する大事件だ。自分たちが未曾有の災害に苦しんでいる時をねらって日本軍が行動に出たと考えるのが自然だろう。中国側は態度を硬化させ、救援物資は受け取れないと言ってきた。

対策を協議したが打つ手はない。やむなく天城丸は門司港へと帰航する。栄一はさぞ残念だったにちがいない。

この話には後日談がある。

彼の死後になる昭和一二年三月、日本経済視察団が中国を訪問した際、蒋介石は挨拶の中で、一〇年前に日本を訪問して栄一に会った想い出を語りはじめた。

その時、栄一は蒋介石に論語を渡し、

「己の欲せざるところを人に施すことなかれ」

という論語の言葉を日中両国関係の基礎にしなければならないと語ったというのだ。

そして蒋は栄一のために三分間の黙祷を捧げたいと言った。

蒋介石からすれば、日本の国民に栄一の言葉をもう一度思い出して欲しいという思いだったのだろうが、この四ヵ月後、盧溝橋事件が起こり、日中戦争に突入する。歴史の皮肉と言わざるをえない。

## 死に臨んでなお国の行く末を思い続けて

昭和六年（一九三一）一〇月に入ると、栄一は腸閉塞を起こしてひどく苦しんだ。内科の入沢達吉、外科の塩田広重といった名医が診察したところ直腸癌のためだとわかった。医師団は手術を勧めたが、栄一は、

「そんなことをしてまで生きながらえたくない」

と言ってごね、明石照男が同族会を代表して説得にあたらねばならなかった。しぶしぶだが了解し、一四日、塩田博士執刀のもと自宅で手術がおこなわれること

になった。手術前日の夜には子や孫が彼を囲み、すこぶる機嫌がよかった。幸せな老人である。

秀雄は以前から〝お読みあげ〟と称し、よく栄一に本や新聞を読んでいた。読んでいるうち、栄一はしばしばいびきをかいて眠りはじめる。

それを見た秀雄が手を抜いて二、三行飛ばして読んだりすると、急に目を開け、

「なに？　おかしいね。そこんとこ、もう一度読んでごらん」

などと言ってくるから油断ならない老人であった。

手術当日、秀雄は三代目柳家小さんの落語の速記録の中から「寝床」「船徳《ふなとく》」「花色木綿」を聞いてもらった。そして笑ってもらった。これが最後の〝お読みあげ〟になった。

手術前も機嫌は良く、

「私は関羽のような豪傑ではありませんから、くれぐれもお手柔らかに願いますよ」

と言って塩田を笑わせた。

手術そのものは成功したが、何分高齢である。一六日からは体温が上がって食欲もなくなってきた。

「私も食べようと苦心するのだが、どうしても喉を通りません。意地をはっているわ

けじゃないから、あしからず思って下さいよ」

栄一は終生こうした冗談を言って場を和ませる人だった。一切文句を言わず、素直でおとなしい病人だった。病名も見通しも一切聞かなかった。もう自らを天命に委ねていたのだろうと秀雄は述懐している。

だが、彼に死の影が迫っていることはだれの目にも明らかだった。

一〇月三一日には、危篤であることが対外的に公表される。一一月に入ると高熱が続き、気管支炎を併発し、意識レベルが低下する日が増えた。それでも一一月八日には急に意識がはっきりし、陶淵明の「帰去来辞」の一節を口ずさみはじめ、一節ごとに注釈をしながら全文を暗唱してみせたという。驚異的な老人である。

面会謝絶とされていたが、敬三はこれが今生の別れになることを覚悟し、佐々木勇之助を呼び枕元で別れの挨拶をしてもらった。

栄一が長命だったため、彼を長く支えてくれていた娘婿の陳重はすでに亡く、阪谷もこの年の六月に軽い脳溢血に襲われて病臥していた。その点、右腕として長く第一銀行頭取と竜門社評議員会長を務めてくれた佐々木には感謝しかない。枕元で最後の別れをする二人の間には万感の思いが交錯していた。

死の三日前、おおぜい見舞客が来ていると聞いた栄一は、最後の力を振り絞って次のような言葉を残した。

「長いあいだお世話になりました。私は一〇〇歳までも生きて働きたいと思っておりましたが、こんどというこんどは、もう起ち上がれそうもありません。これは病気が悪いので、私が悪いのではありません。死んだ後も私は皆さまのご事業やご健康をお守りするつもりでおりますので、どうか今後とも他人行儀にはしてくださらないようお願い申します」

九一歳という高齢になるまで国家にその身を捧げ尽くしてなお、彼は死に臨んでこの国の将来に思いを残していたのだ。圧巻である。

「生き残る我々のほうが、死んでいくおじいさんにリードされている感じだった」

最後は仕事も横に置いて歌子とともにつききりで看病していた敬三は、息子の雅英にそう話したという。

最後の言葉にも悲壮感はなく、くすりと笑いたくなるようなユーモアさえ伝わってくる。病室は不思議なほど明るく静かであった。

何度も危篤と小康状態を繰り返したため、新聞社が誤って〝財界の巨星墜《お》つ〟という訃報の号外を出し、

「このたびはとんだことで……」

とお悔やみを言いにきた来訪者に、

「いえまだ父は生きております」

と家人が訂正し、ばつ悪そうに帰って行くというありえない珍事まで起きた。

そして昭和六年（一九三一）一一月一一日午前一時五〇分、渋沢栄一はついに盛大な人生の幕を閉じた。九一年の生涯だった。

写真が残っているが、病みやつれしている様子はなくむしろふっくらした顔をしている。

「豚は死ぬ時でも太っているよ」

という以前口にした冗談が聞こえてくるようだ。ちょっと眠っているようにしか見えない。実に安らかな死に顔であった。

この日、飛鳥山の邸内は弔問客でごった返した。関係者はみな大忙しである。そして客もやや少なくなった夜遅く、庭の植え込みの陰に見慣れない中年男が紋付き袴姿で端座しているのを家人が発見した。

驚いて訳を聞くと、こんな身の上話をしはじめた。

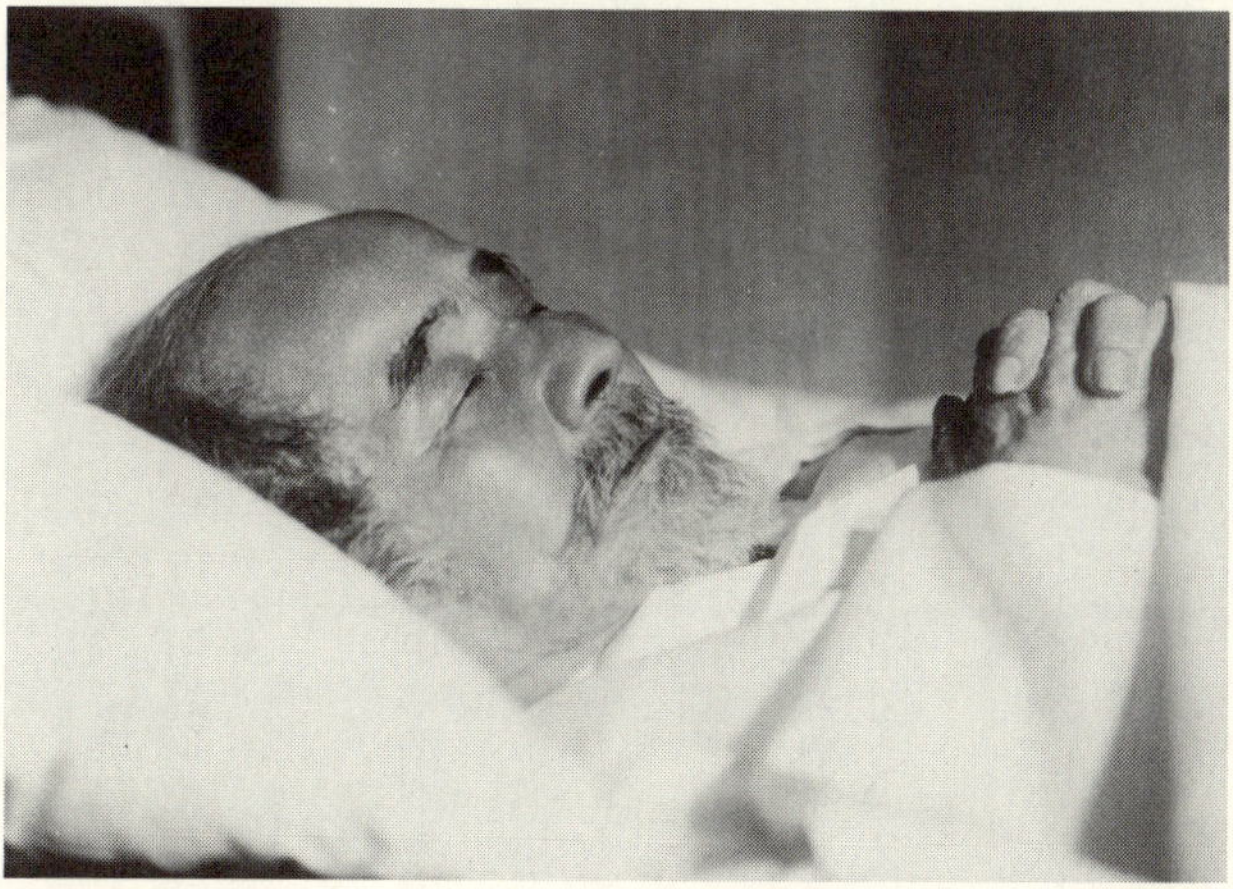
安らかな死に顔

「私はかつて孤児として養育院で育った者です。今はいっぱしに工場を経営させていただいていますが、それにつけても幼い頃、院長から受けた温情が忘れられません。名乗って出るような者でもありませんので、こうして遠くから一人通夜をさせていただいている次第で……」

彼はかつて栄一に、

「自分が親がわりになって面倒を見るから、みなさん安心して勉強しなさい」

と励まされた子どもたちの一人だったのだ。

その話を聞いて遺族は気を利かし、渋沢の棺が安置されている座敷に招じ入れ、心ゆくまで通夜をしてもらったという。

一一月一五日、喪主は敬三で葬儀委員長は佐々木が務め、青山斎場で葬儀が行われた。香典、供花の類いは一切辞退した。それでも祭壇の上には天皇陛下からのお言葉（御沙汰書《ごさたしょ》）や皇室関係の榊、同族会の供花のほか、養育院の子どもたちからの手紙が堆《うずたか》く積まれていた。

徳川慶喜の墓所に近い谷中の渋沢家墓所に埋葬されることになり、沿道には四万人を超える人々が葬列を見送った。その中には、最後まで栄一が校長をしていた日本女子大学の教師や学生たちの姿もあった。

可哀想だったのが歌子である。

六八歳とすでに老境に入っていたが、父親のことを愛してやまない彼女は身を削りながら懸命に看病してきた。精神的にも肉体的にも疲弊しきっていたのだろう。寒中に洗髪したのが原因で風邪を引き、父親の後を追うように二ヵ月半後に他界する。

栄一が亡くなった直後、渋沢家の人間がタクシーに乗った。

すると運転手はそれと知らずに、

「渋沢さんもとうとう亡くなりましたね」

と話しかけてきた。

そして、しみじみとした口調で、

「一度も会ったわけじゃないけど、なんとなくあの人には世話になったって感じがしますね」

と口にしたという。

同じ頃、歌誌『アララギ』に弔歌が載った。死後間もなく、飛鳥山の屋敷の郵便受けに投げ込まれていたものであった。

渋沢栄一翁の逝去を悼む

――資本主義を罪悪視する我なれど　君が一代《ひとよ》は尊くおもほゆ

市井の人も反体制派も、すべての人が渋沢栄一という巨人の足跡を思い、その死を心から悼《いた》んだのだ。

夢なき者は理想なし
理想なき者は信念なし
信念なき者は計画なし
計画なき者は実行なし

実行なき者は成果なし
成果なき者は幸福なし
ゆえに幸福を求むる者は夢なかるべからず

渋沢栄一「夢七訓」

（了）

# あとがき

渋沢栄一が紙幣の肖像となることは、以前からの宿願であった。

企業活動は国富を生みだしながら経営者と従業員を成長させ、雇用を確保することで経済的に彼らの家庭を支え、これからの社会を担う子どもたちを育んでいる。そういう意味では、企業は持続可能な社会の実現にきわめて大きな役割を果たしているのである。

にもかかわらず、ビジネスマンはこれまで紙幣の肖像に採用されてこなかった。士農工商の発想がまだ残っているのではないかと勘ぐりたくもなった。

それだけに、渋沢栄一が新一万円札の顔になると発表があった時は心の底から快哉を叫び、渋沢栄一伝執筆を決意したのである。

新聞連載と単行本発刊を快諾して下さった電気新聞編集局長の間庭正弘様とKADOKAWAの金子拓也様には心よりお礼申し上げたい。長年のご友誼を頂戴している渋沢史料館の井上潤館長にも、大河ドラマが決まってご多忙の中、大変お世話になった。また、筆者のかつての職場であるみずほフィナンシャルグループはもとより、清水建設、帝国ホテル、京阪電鉄など渋沢栄一に関係する企業の皆様から有形無形のご支援を頂戴した。この場を借りて深くお礼申し上げたい。

今こそ我々は渋沢栄一に学ばねばならない。

渋沢は〝実業〟という言葉を使っているが、これは明治期に使われはじめた新語で もともと〝実業《じつごう》〟という仏教語だ。彼はビジネスの世界に存在する〝業《ごう》〟を意識していたからこそ『論語』の説くモラルを重視した。

近年、自分の利益のためには手段を選ばない企業や国家が増えているが、日本国民のモラルはまだまだ高い。渋沢が資本主義をこの国に導入するにあたって〝論語と算盤〟という言葉に象徴されるモラルの必要性を強調しながら枠組みを作っていったことが、この国にとってどれほど幸福なことであったか計り知れない。

なんでも日本が一番だと夜郎自大的なことを言うつもりはないが、我々が渋沢栄一の精神に学ぶだけでなく、それを世界に向けて発信するべき時に来ているのではないかと強く思う。

——優れたものの魂を真似よ

とは渋沢栄一の言葉であるが、本書を通じてこの偉大なる先人の魂の一端なりともお伝えできたらと祈りつつ、満を持して世に送り出したい。

令和二年一二月二日

北　康利

# 渋沢栄一関連年譜

**天保一一年（一八四〇）　〇歳**　二月一三日（新暦三月一六日）、武蔵国榛沢郡血洗島村（現在の埼玉県深谷市血洗島）において父市郎右衛門、母栄の間に生まれる。六月、清とイギリスの間でアヘン戦争勃発。

**弘化四年（一八四七）　七歳**　この頃より尾高惇忠の漢学塾に通いはじめる。

**嘉永六年（一八五三）　一三歳**　五月、父市郎右衛門とともに江戸に出る。六月、ペリー艦隊（黒船）浦賀来航。七月、ロシアのプチャーチン長崎来航。

**嘉永七年・安政元年（一八五四）一四歳**　一月、ペリー再来航。三月、日米和親条約締結。

**安政二年（一八五五）一五歳**　一〇月、安政の大地震発災。藤田東湖水戸藩邸において圧死。

**安政五年（一八五八）一八歳**　六月、日米修好通商条約締結。将軍継嗣家茂に決定。七月江戸でコレラ蔓延。九月、安政の大獄はじまる。一二月、尾高千代と結婚。

**安政六年（一八五九）一九歳**　六月、横浜港開港。

**安政七年（一八六〇）二〇歳**　三月、桜田門外の変。

**文久元年（一八六一）二一歳**　喜作とともに江戸遊学。

**文久二年（一八六二）二二歳**　八月、生麦事件。市太郎誕生（六ヵ月ほどで早世）。

**文久三年（一八六三）二三歳**　五月、長州藩が馬関海峡を封鎖し、アメリカ商船、フランス軍艦、オランダ軍艦を相次いで砲撃。六月、長州藩に四国連合艦隊報復、奇兵隊結成。七月、薩英戦争。八月、天誅組奈良で挙兵するも一ヵ月で壊滅。同月、八・一八政変により長州藩と七卿は都落ち。一〇月、平野国臣が生野の乱を起こすもすぐに壊滅。高崎城を乗っ取り、横浜焼き討ちの計画を立てるも中止。一一月、京都へ出奔。

**文久四年・元治元年**（一八六四）　**二四歳**　二月、喜作とともに一橋家の家臣となる。六月、平岡円四郎暗殺。七月、禁門の変、第一次長州征伐。

**元治二年・慶応元年**（一八六五）　**二五歳**　二月、歩兵取立御用掛を命じられる。三月、阪谷朗廬を訪問。

**慶応二年**（一八六六）　**二六歳**　一月、薩長同盟締結。六月、第二次長州征伐。一二月、徳川慶喜が征夷大将軍になり、栄一、喜作は幕臣となる。

**慶応三年**（一八六七）　**二七歳**　一月、徳川昭武と第二回パリ万博随行のため横浜港出航。孝明天皇崩御。三月、パリ到着。八月、原市之進暗殺。一〇月、大政奉還。一二月、王政復古の大号令。

**慶応四年・明治元年**（一八六八）　**二八歳**　一月、鳥羽伏見の戦い勃発。四月、江戸無血開城。五月、飯能戦争、平九郎自刃。七月、江戸を東京と改称。九月、明治に改元。明治新政府から帰国命令を受けマルセイユ出航。一一月、帰国。一二月、静岡で慶喜に面会、勘定組頭を命じられる。

**明治二年**（一八六九）　**二九歳**　一月、版籍奉還。静岡商法会所設立、頭取就任。二月、新政府が通商司設置。五月、旧幕府軍が五稜郭開城。戊辰戦争終結。一一月、大隈重信から出仕を求められ、民部大蔵省租税正に任命される。同月末、民部大蔵省改正掛掛長兼務。

杉浦譲を東京に呼ぶ。この年、東京遷都が行われる。

**明治三年（一八七〇）　三〇歳**　七月、民部大蔵省が分離。八月、大蔵省制度取調御用掛を兼務。大蔵少丞に昇進。閏一〇月、官営富岡製糸場（開業は一八七二年）事務主任。

**明治四年（一八七一）　三一歳**　一月、郵便制度誕生。五月、租税正、改正掛長のまま大蔵権大丞に昇進。新貨条例。七月、廃藩置県。八月、大蔵大丞昇進。九月、『立会略則』刊行。一一月、父渋沢市郎右衛門没。岩倉使節団出発。一二月、大蔵省紙幣頭就任。

**明治五年（一八七二）　三二歳**　二月、大蔵省少輔事務取扱に昇進。福沢諭吉が『学問のすすめ』初編刊行。銀座大火により、銀座・丸の内・築地周辺が焼け野原となる。一一月、国立銀行条例。

**明治六年（一八七三）　三三歳**　二月、抄紙会社（現在の王子製紙）設立（開業は一八七五年六月）。五月、上司の井上馨の辞職に伴い大蔵省退官。六月、第一国立銀行（現在のみずほ銀行）開業、総監役就任。七月、地租改正法制定（翌年施行）。九月、岩倉具視帰国。一〇月、征韓論により西郷隆盛以下、五参議下野。

**明治七年（一八七四）　三四歳**　一月、母渋沢栄没。板垣退助ら民撰議院設立建白書提出。自由民権運動はじまる。五月、台湾出兵。一一月、東京府知事より共有金取締委嘱。

**明治八年（一八七五）　三五歳**　六月、讒謗律、新聞紙条例。八月、第一国立銀行頭取就任。九月、商法講習所（現在の一橋大学）設立。江華島事件勃発。

**明治九年（一八七六）　三六歳**　二月、日朝修好条規（不平等条約）締結。五月、東京会議所

が東京瓦斯局と改称され、事務長就任（後に取締役会長）。養育院（六月より東京養育院）事務長就任（後に院長）。抄紙会社を製紙会社と改称。七月、三井銀行（現在の三井住友銀行）設立。

**明治一〇年（一八七七）　三七歳**　二月、西南戦争勃発。三野村利左衛門没。四月、東京大学設立。七月、択善会（後の東京銀行集会所、現在の東京銀行協会）設立。八月、杉浦譲没。

**明治一一年（一八七八）　三八歳**　三月、益田孝、大倉喜八郎らと東京商法会議所（現在の東京商工会議所）設立、会頭就任。五月、東京株式取引所（現在の東京証券取引所）設立。大久保利通暗殺。六月、第一国立銀行の支店を韓国・釜山に開設。

**明治一二年（一八七九）　三九歳**　八月、東京海上保険会社（現在の東京海上日動火災保険）設立。来日中のアメリカ前大統領グラント将軍を飛鳥山邸に招き午餐会開催。

**明治一三年（一八八〇）　四〇歳**　一月、博愛社（現在の日本赤十字社）の社員となる。八月、択善会を解散し、九月に東京銀行集会所に改組。

**明治一四年（一八八一）　四一歳**　一月、神田大火発生。日本橋・本所・深川が焼け野原となる。三月、ハワイ国王デヴィッド・カラカウアを飛鳥山邸に招き茶菓を呈す。八月、開拓使官有物払下発表。一〇月、大隈重信参議罷免（明治一四年の政変）。一一月、日本鉄道会社設立（後に取締役）。

**明治一五年（一八八二）　四二歳**　三月、藤田伝三郎・松本重太郎らと大阪紡績会社設立（後に相談役）。七月、妻千代コレラにより死去。東京風帆船会社など三社が合併し、共同運輸会社（現在の日本郵船）設立。一〇月、日本銀行条例により日本銀行設立。

**明治一六年（一八八三）　四三歳**　一月、伊藤兼子（油会所を設立した豪商・伊藤八兵衛の五女）と再婚。四月、深川セメント工場払い下げが浅野総一郎に許可され、浅野セメント工場設立（現在の太平洋セメント）。五月、国立銀行券の発行廃止。一一月、鹿鳴館建設。一二月、得能良介没。

**明治一七年（一八八四）　四四歳**　六月、東京商法講習所が東京商業学校と改称。七月、華族令。一〇月、日本鉄道会社の理事委員就任。

**明治一八年（一八八五）　四五歳**　二月、岩崎弥太郎没。九月、共同運輸会社と郵便汽船三菱会社が合併し、日本郵船発足（後に取締役）。一二月、太政官制度に代わり、内閣制度発足。初代首相に伊藤博文就任。

**明治一九年（一八八六）　四六歳**　四月、竜門社（現在の渋沢栄一記念財団）設立。

**明治二〇年（一八八七）　四七歳**　一〇月、日本煉瓦製造会社設立（後に取締役会長）。一一月、帝国ホテル設立（開業は明治二三年〈一八九〇〉一一月、後に取締役会長）。一二月、東京手形取引所付属交換所設立、創立委員となる。

**明治二一年（一八八八）　四八歳**　一月、札幌麦酒会社設立（後に取締役会長）。九月、東京女学館開校、会計監督就任（後に館長）。

**明治二二年（一八八九）　四九歳**　二月、大日本帝国憲法公布。一〇月、大隈重信爆弾を投げられ重傷を負う。

**明治二三年（一八九〇）　五〇歳**　九月、貴族院議員に任命（翌年一〇月辞任）。

**明治二四年（一八九一）　五一歳**　二月、東京手形取引所付属交換所を解散し、三月に東京

交換所設立、委員長となる。一〇月、東京商工会解散。

**明治二五年**（一八九二）　**五二歳**　六月、佐々木勇之助らと東京貯蓄銀行設立、取締役就任（後に取締役会長）。一二月、伊達宗城の病を見舞うため馬車で移動中暴漢に襲われる。

**明治二六年**（一八九三）　**五三歳**　九月、製紙会社を王子製紙に改称。

**明治二七年**（一八九四）　**五四歳**　一月、東京海上保険株式会社の取締役就任。五月、札幌麦酒株式会社に改称し、取締役会長就任。七月、日清戦争勃発。

**明治二八年**（一八九五）　**五五歳**　四月、日清講和条約（下関条約）が調印され、日清戦争終結。三国干渉により遼東半島の領有権を放棄。

**明治二九年**（一八九六）　**五六歳**　一月、日本精糖株式会社設立（明治三一年〈一八九一〉六月に操業開始）、取締役就任。九月、第一国立銀行が普通銀行に転換し、第一銀行と改称。引き続き頭取。

**明治三〇年**（一八九七）　**五七歳**　一月、法典調査会委員となる。三月、澁澤倉庫部設立。貨幣法制定され、金本位制に復帰。一〇月、パリ博覧会出品組合の委員長となる。

**明治三一年**（一八九八）　**五八歳**　二月、浅野セメント合資会社設立。九月、王子製紙の取締役会長辞任。

**明治三二年**（一八九九）　**五九歳**　一二月、銀行集会所内に東京銀行倶楽部が設置され、委員となる。

**明治三三年**（一九〇〇）　**六〇歳**　五月、男爵授爵。

**明治三四年**（一九〇一）　**六一歳**　一月、第五回内国勧業博覧会の評議員に任命。尾高惇忠没。四月、日本女子大学校（後の日本女子大学）開校、会計監督就任（後に校長）。

**明治三五年**（一九〇二）**六二歳**　一月、日英同盟締結。四月、清韓協会設立、幹事長となる。五月、兼子夫人を同伴し欧米視察。セオドア・ルーズベルト米大統領と会見。九月帰国。

**明治三六年**（一九〇三）**六三歳**　四月、古河市兵衛没。

**明治三七年**（一九〇四）**六四歳**　二月、日露戦争勃発。三月、国府津で転地療養するも、四月に帰京後、肺炎に罹患、長期療養を余儀なくされる。九月、韓国興業設立。

**明治三八年**（一九〇五）**六五歳**　二月、病気を理由に東京商業会議所の会頭辞任。九月、ポーツマス条約締結。この年、フランスにて第一回世界エスペラント大会開催。

**明治三九年**（一九〇六）**六六歳**　二月、東京銀行倶楽部の委員長となる。四月、米サンフランシスコで大地震発災。校舎が全壊し、日本人の子どもたちは公立学校に通うことを認められず、東洋人学校への通学を余儀なくされる（日本人学童排斥事件）。五月、日本精糖の取締役辞任。六月、朝鮮半島視察、七月、帰国。

**明治四〇年**（一九〇七）**六七歳**　二月、帝国劇場設立（後に取締役会長）。

**明治四一年**（一九〇八）**六八歳**　一〇月、中央慈善協会設立、会長に就任。アメリカ太平洋沿岸の商業会議所代表者一行招待。

**明治四二年**（一九〇九）**六九歳**　四月、日糖事件勃発。六月、第一銀行頭取、東京貯蓄銀行会長など七つを除き、すべての役員退任。八月、渡米実業団を組織し、団長としてアメリカ国内を巡歴、タフト米大統領と会見。一〇月、ハルビン駅にて伊藤博文暗殺。

**明治四三年**（一九一〇）　**七〇歳**　八月、韓国併合。

**明治四四年**（一九一一）　**七一歳**　八月、勲一等に叙し瑞宝章を受章。

**明治四五年・大正元年**（一九一二）　**七二歳**　六月、ニューヨーク日本協会協賛会設立、名誉委員長に選出。帰一協会設立。七月、明治天皇崩御。八月、渋沢喜作没。

**大正二年**（一九一三）　**七三歳**　二月、結核予防協会の副会頭就任（後に会頭）。四月、米カリフォルニア州における日本人排斥問題に対処するため日米同志会設立、会長就任。六月、中国興行株式会社の委員長、八月に相談役となる。一〇月、日本実業協会の会長就任。一一月、徳川慶喜薨去。

**大正三年**（一九一四）　**七四歳**　三月、鶴見埋立設立。四月、中国工業株式会社は中日実業株式会社に改称、引き続き相談役。五月、中国訪問。七月、第一次世界大戦勃発。一〇月、連合軍傷病兵救援会の評議員就任。一二月、財団法人明治神宮奉賛会の準備委員長就任（後に副会長）。

**大正四年**（一九一五）　**七五歳**　九月、井上馨没。一〇月、サンフランシスコ万国博覧会のため渡米。ウィルソン米大統領と会見。ルーズベルト元米大統領と再会。一一月、旭日大綬章、大礼記念章受章。

**大正五年**（一九一六）　**七六歳**　二月、日米関係委員会の常務委員就任。七月、第一銀行頭取辞任。九月、『論語と算盤』刊行。一〇月、理化学研究所設立。

**大正六年**（一九一七）　**七七歳**　一月、連合国

傷病兵罹災者慰問会の副総裁就任。二月、日米協会の名誉副会長就任。三月、理化学研究所が財団法人となり、副総裁に選出。九月、米の買い占めで米価が高騰したため暴利取締令。金本位制停止。一一月、天津水害義助会設立、会長就任。

**大正七年（一九一八）　七八歳**　一月、『徳川慶喜公伝』全八巻刊行。五月、聖徳太子一千三百年御忌奉賛会設立、副会長就任。八月、富山で米騒動勃発し全国に波及。シベリア出兵。九月、臨時国民経済調査会設立、委員就任。田園都市株式会社（現在の東急）設立。

**大正八年（一九一九）　七九歳**　一月、華族高齢者として御紋章付銀盃一組と酒肴料を下賜。パリ講和会議はじまる。五月、アメリカ政府からの委嘱で日米船鉄争議の仲介人就任。六月、ヴェルサイユ条約締結され第一次世界大戦終結。七月、臨時財政経済調査会の委員就任。一二月、財団法人協調会設立、副会長就任。

**大正九年（一九二〇）　八〇歳**　一月、国際連盟発足。二月、ベルギー国王より王冠第一等勲章授与。普通選挙法実施、治安警察法廃止を求めて大規模なデモが起きる。三月、日米関係委員協議会開催。四月、日米有志協議会開催。社団法人国際連盟協会設立、会長就任。六月、日華実業協会の会長就任。九月、子爵陞爵。

**大正一〇年（一九二一）　八一歳**　五月、結核予防協会が財団法人となり、会頭就任。九月二八日、安田善次郎、朝日平吾により刺殺。一〇月、排日問題善後策を講ずるため渡米。ハーディング米大統領と会見。

**大正一一年（一九二二）　八二歳**　一月、帰国。

二月、エジソン翁第七十五回誕辰祝賀会の会長となる。

**大正一二年**（一九二三）　**八三歳**　九月、関東大震災発災。大震災善後会設立、副会長就任。帝都復興審議会設立、委員就任。

**大正一三年**（一九二四）　**八四歳**　三月、日仏会館開館、理事長就任。東京女学館の館長就任。七月、アメリカにおいて排日移民法施行。

**大正一四年**（一九二五）　**八五歳**　一〇月、『論語講義』刊行。

**大正一五年・昭和元年**（一九二六）　**八六歳**　三月、太平洋問題調査会の評議員会会長就任。四月、穂積陳重没。八月、日本放送協会設立、顧問就任。一二月、大正天皇崩御。

**昭和二年**（一九二七）　**八七歳**　二月、日本国際児童親善会設立、会長就任。三月、親善人形歓迎会開催。金融恐慌はじまる。

**昭和三年**（一九二八）　**八八歳**　三月、東京帝国大学に新聞研究室設置、基金募集の発起人就任。四月、大倉喜八郎没。九月、帝室博物館復興翼賛会の副会長就任。一〇月、日本航空輸送設立。一一月、旭日桐花大綬章受章。

**昭和四年**（一九二九）　**八九歳**　一〇月、世界恐慌勃発。一一月、中央盲人福祉協会設立、会長就任。

**昭和五年**（一九三〇）　**九〇歳**　一月、金輸出解禁。一一月、浅野総一郎没。

**昭和六年**（一九三一）　**九一歳**　一月、癩予防協会の会頭就任。七月、中国で黄河などが氾濫。八月、中華民国水災同情会設立、会長就任。九月、柳条湖事件勃発（満洲事変）。一一月一一日午前一時五〇分、飛鳥山の自邸にて永眠。

# 渋沢家略系図

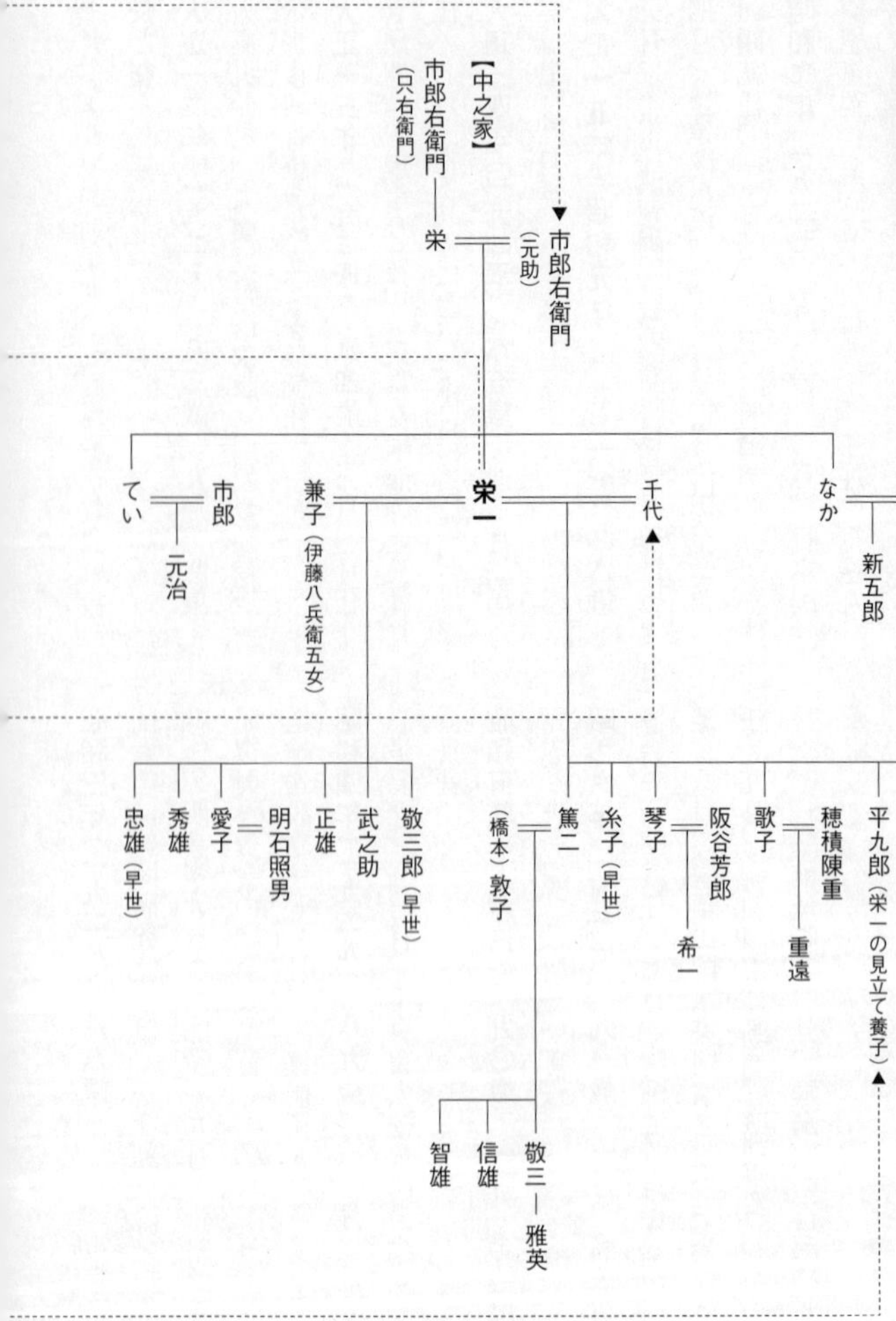
【中之家】
市郎右衛門（元助）
市郎右衛門（只右衛門）
栄
吉岡為三郎
なか
新五郎
千代
栄一
兼子（伊藤八兵衛五女）
市郎
てい
元治
市太郎（早世）
平九郎（栄一の見立て養子）
穂積陳重
歌子
重遠
阪谷芳郎
琴子
希一
糸子（早世）
篤二
（橋本）敦子
敬三
雅英
信雄
智雄
敬三郎（早世）
武之助
正雄
明石照男
愛子
秀雄
忠雄（早世）

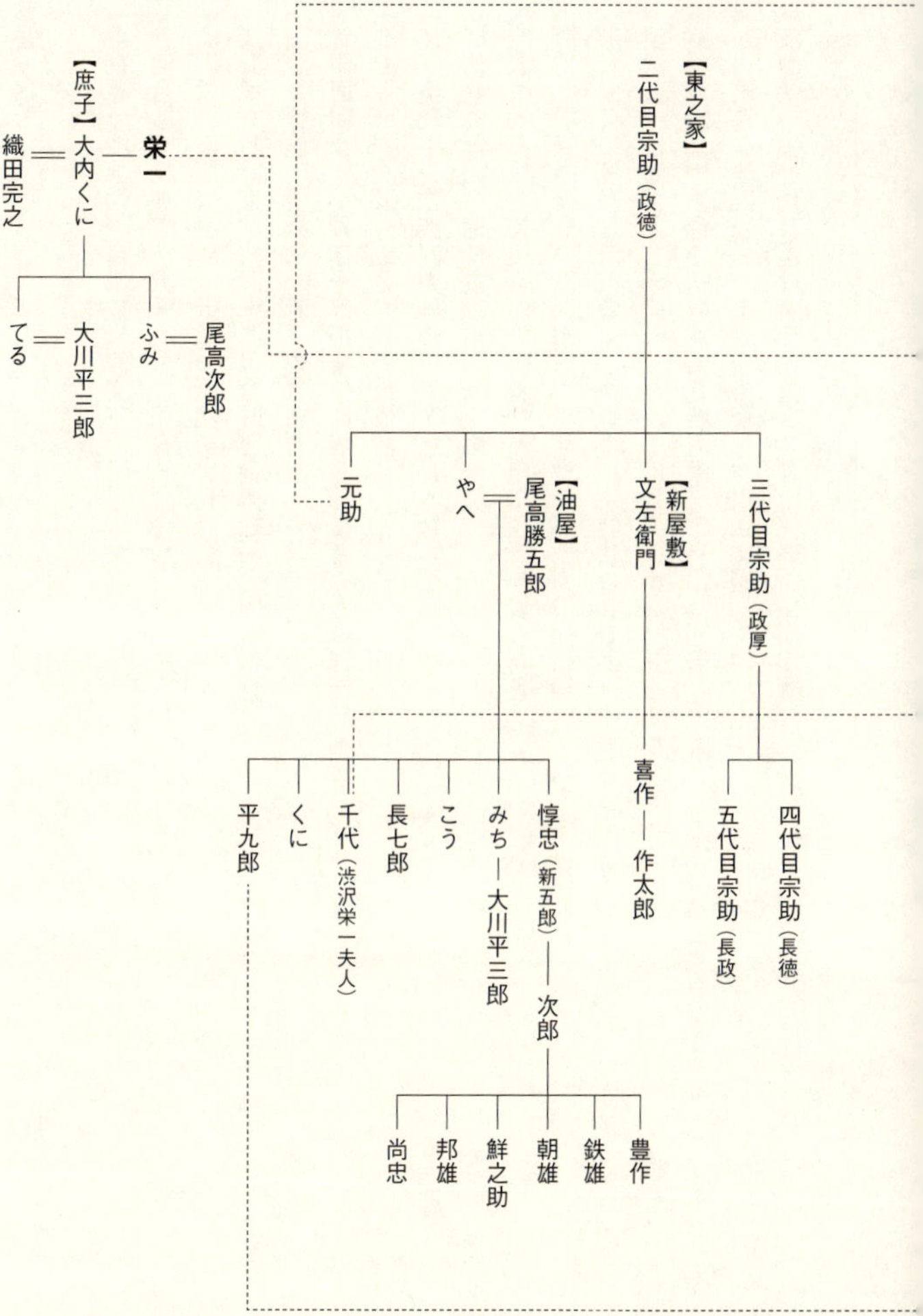
【東之家】
二代目宗助（政徳）
三代目宗助（政厚）
四代目宗助（長徳）
五代目宗助（長政）
【新屋敷】
文左衛門
喜作
作太郎
【油屋】
尾高勝五郎
やへ
惇忠（新五郎）
次郎
豊作
鉄雄
朝雄
鮮之助
邦雄
尚忠
みち
大川平三郎
こう
長七郎
千代（渋沢栄一夫人）
くに
平九郎
元助
栄一
【庶子】
大内くに
織田完之
尾高次郎
ふみ
大川平三郎
てる

# 参考文献

『雨夜譚　渋沢栄一自伝』岩波文庫
『青淵百話　乾坤』渋沢栄一著　国書刊行会
『渋沢栄一伝記資料』渋沢栄一伝記資料刊行会
『渋沢栄一訓言集』渋沢青淵記念財団竜門社編　国書刊行会
『論語と算盤』渋沢栄一著　国書刊行会
『青淵回顧録』小貫修一郎編著　高橋重治編纂　青淵回顧録刊行会
『渋沢栄一』渋沢秀雄著　時事通信社
『父　渋沢栄一』渋沢秀雄著　実業之日本社
『穂積歌子日記』穂積重行編　みすず書房
『渋沢栄一　社会起業家の先駆者』島田昌和著　岩波新書
『記憶と記録のなかの渋沢栄一』平井雄一郎・高田知和編　法政大学出版局
『帰一協会の挑戦と渋沢栄一　グローバル時代の「普遍」をめざして』見城悌治編著　ミネルヴァ書房
『渋沢栄一は漢学とどう関わったか』町泉寿郎編著　ミネルヴァ書房
『第一（国立）銀行の朝鮮進出と渋沢栄一』島田昌和著　文京女子大学経営論集9（1）
『人物叢書　渋沢栄一』土屋喬雄著　吉川弘文館
『渋沢栄一―近代日本社会の創造者』井上潤著　山川出版社
『渋沢栄一評伝』生駒粂造著　有楽社

『名士奇聞録』嬌溢生著　実業之日本社
『徳川慶喜最後の寵臣　渋沢栄一』渋沢華子著　国書刊行会
『子爵渋沢栄一』大滝鞍馬著　渋沢子爵伝記刊行会
『埼玉の先人　渋沢栄一』韮塚一三郎・金子吉衛著　さきたま出版会
『回想の澁澤龍彦』澁澤龍彦全集編集委員会編　河出書房新社
『渋沢栄一を知る事典』公益財団法人渋沢栄一記念財団編　東京堂出版
『太平洋にかける橋―渋沢栄一の生涯』渋沢雅英著　不二出版
『渋沢栄一　近代の創造』山本七平著　祥伝社
『雄気堂々』城山三郎著　新潮文庫
『渋沢栄一　上下』鹿島茂著　文藝春秋
『渋沢家三代』佐野眞一著　文春新書
『渋沢栄一』今井博昭著　幻冬舎新書
『渋沢栄一伝』幸田露伴著　岩波書店
『渋沢栄一碑文集』山口律雄・清水惣之助共編　博字堂
『新藍香翁』塚原蓼州原著　吉岡重三現代文訳　青淵澁沢栄一記念事業協賛会
『プリンス昭武の欧州紀行』宮永孝著　山川出版社
『徳川昭武幕末滞欧日記』宮地正人監修　山川出版社
『明治豪商の夫人』岩崎徂堂著　大学館
『弊風一斑　蓄妾の実例』黒岩涙香著　社会思想社

『第一銀行小史――九十八年の歩み』第一勧業銀行資料展示室編　第一勧業銀行資料展示室
『清水建設百八十年』清水建設編纂　清水建設
『京阪百年のあゆみ』京阪電気鉄道経営統括室経営政策担当編　京阪電気鉄道
『木戸孝允日記』東京大学出版会
『鴻爪痕』前島密著　市島謙吉編　前島会
『三野村利左衛門伝』三野村清一郎著　三野村合名会社
『大隈重信自叙伝』早稲田大学編　岩波文庫
『井上馨　開明的ナショナリズム』堀雅昭著　弦書房
『江藤新平と明治維新』鈴木鶴子著　朝日新聞社
『海山越えて　維新の善能吏・杉浦譲』加藤雅彦著　山梨日日新聞社
『濱口梧陵と海を渡った先駆者たち』白岩昌和著　和歌山大学紀州経済史文化史研究所紀要
『由利公正伝』三岡丈夫編　光融館
『児島惟謙』田畑忍著　吉川弘文館
『明治一法学者の出発』穂積重行著　岩波書店
『隠居論』穂積陳重著　日本経済評論社
『阪谷芳郎』西尾林太郎著　吉川弘文館
『阪谷芳郎　東京市長日記』尚友倶楽部・櫻井良樹編　芙蓉書房出版
『渋沢敬三と竜門社』大谷明史著　勉誠出版
『渋沢敬三著作集　第5巻』網野善彦ほか編　平凡社

『渋沢敬三氏金融史談』日本銀行調査局編
『前島密―前島密自叙伝』前島密著　日本図書センター
『前島密の構想力』加来耕三著　つちや書店
『知られざる前島密』小林正義著　郵研社
『岩崎弥太郎　海坊主と恐れられた男』鍋島高明著　河出書房新社
『岩崎弥太郎』武田晴人著　ミネルヴァ書房
『岩崎彌太郎』伊井直行著　講談社現代新書
『大倉喜八郎―日本実業家列伝―4』木村毅著　実業之日本社
『大倉喜八郎の豪快なる生涯』砂川幸雄著　草思社文庫
『明治を食いつくした男　大倉喜八郎』岡田和裕著　産経新聞出版
『その男、はかりしれず―日本の近代をつくった男浅野総一郎伝』新田純子著　サンマーク出版
『経済雑誌ダイヤモンド』（一九二九年五月一日号）大川平三郎インタビュー
『政商の誕生』小林正彬著　東洋経済新報社
『三井銀行五十年史』三井銀行編　三井銀行
『三井銀行八十年史』三井銀行八十年史編纂委員会編　三井銀行
『鐘紡百年史』鐘紡社史編纂室編　鐘紡
『企業革命家・中上川彦次郎　近代三井を作った男』松尾博志著　ＰＨＰ研究所
『中上川彦次郎の華麗な生涯』砂川幸雄著　草思社
『池田成彬伝』今村武雄著　慶應通信

『財界回顧』池田成彬著　柳沢健編　図書出版社
『ケース・スタディー 日本の企業家史』法政大学産業情報センター・宇田川勝編著　文眞堂
『ケース・スタディー 戦後日本の企業家活動』法政大学イノベーション・マネジメント研究センター・宇田川勝編著　文眞堂
『ケースブック 日本の企業家活動』宇田川勝編著　有斐閣
『財界回顧 故人今人 続』池田成彬述・柳沢健編　三笠文庫
『歴史の立会人』由井常彦・武田晴人編　日本経済評論社
『日本近代史の再構築』伊藤隆編　山川出版社
『興国安民法の研究』村田宇一郎著　宝文館
『明治国家の政策と思想』犬塚孝明編　吉川弘文館
『明治大正見聞史』生方敏郎著　中央公論新社
『明治事物起源』石井研堂著　春陽堂
『大蔵省百二十年史』森木亮・礒崎史郎編　経済懇話会
『秩禄処分』落合弘樹著　中公新書
『財界人物我観』福沢桃介著　ダイヤモンド社
『私ヲ去リ、公ニ就ク　渋沢栄一と銀行業』渋沢史料館編　渋沢史料館
『渋沢栄一渡仏一五〇年　渋沢栄一、パリ万国博覧会へ行く』渋沢史料館編　渋沢史料館
『江戸・東京を造った人々』（1、2）「東京人」編集室編　ちくま学芸文庫
『日本近代思想大系8経済構想』加藤周一ほか編　中村政則ほか校注　岩波書店

『講座・日本技術の社会史　第三巻　紡織』永原慶二ほか編　日本評論社
『製紙業の100年』日本経営史研究所編　王子製紙
『近代紡績のススメ　渋沢栄一と東洋紡』渋沢史料館編　渋沢史料館
『日本紡績史』飯島幡司著　創元社
『紡績業の比較経営史研究』米川伸一著　有斐閣
『養育院八十年史』東京都養育院編　東京都養育院
『北区の歴史　はじめの一歩』北区立中央図書館編　北区立中央図書館
『江戸のリッチモンド　あこがれの王子・飛鳥山展』北区飛鳥山博物館編　北区飛鳥山博物館
『講座・日本技術の社会史　別巻2　人物篇　近代』永原慶二ほか編　日本評論社
『渋沢栄一と中国』田彤編　于臣訳　不二出版
『値段の明治大正昭和風俗史　上』週刊朝日編　朝日文庫
『九鬼と天心　明治のドン・ジュアンたち』北康利著　PHP研究所
『西郷隆盛　命もいらず名もいらず』北康利著　WAC出版
『銀行王　安田善次郎　陰徳を積む』北康利著　新潮文庫
『日本を創った男たち』北康利著　致知出版社
『名銀行家列伝　社会を支えた〝公器〟の系譜』北康利著　金融財政事情研究会

著者紹介

**北 康利**（きた　やすとし）

昭和35年12月24日愛知県名古屋市生まれ。東京大学法学部卒業後、富士銀行入行。資産証券化の専門家として富士証券投資戦略部長、みずほ証券財務開発部長等を歴任。平成20年6月末でみずほ証券退職。本格的に作家活動に入る。

著書に『白洲次郎 占領を背負った男』（第14回山本七平賞受賞）、『福沢諭吉 国を支えて国を頼らず』『吉田茂 ポピュリズムに背を向けて』『佐治敬三と開高健 最強のふたり』（以上、講談社）、『陰徳を積む——銀行王・安田善次郎伝』（新潮社）、『松下幸之助 経営の神様とよばれた男』『稲盛和夫伝』（以上、PHP研究所）、『西郷隆盛 命もいらず名もいらず』（WAC）、『胆斗の人 太田垣士郎——黒四（クロヨン）で龍になった男』（文藝春秋）、『本多静六——若者よ、人生に投資せよ』（実業之日本社）、『ブラジャーで天下をとった男　ワコール創業者塚本幸一』（プレジデント社）などがある。

本書は、電気新聞での連載「士魂商才　渋沢栄一」に加筆・修正を加え、2021年2月にKADOKAWAから刊行された『乃公出でずんば　渋沢栄一伝』を改題したものである。

ＰＨＰ文庫　渋沢栄一伝　すぐれたものの魂を真似よ

2025年3月2日　第1版第1刷

| | |
|---|---|
| 著　者 | 北　康利 |
| 発行者 | 永田貴之 |
| 発行所 | 株式会社ＰＨＰ研究所 |
| 東京本部 | 〒135-8137 江東区豊洲5-6-52 |
| | ビジネス・教養出版部 ☎03-3520-9617(編集) |
| | 普及部 ☎03-3520-9630(販売) |
| 京都本部 | 〒601-8411 京都市南区西九条北ノ内町11 |
| PHP INTERFACE | https://www.php.co.jp/ |
| 組　版 | 有限会社エヴリ・シンク |
| 印刷所 | 株式会社光邦 |
| 製本所 | 東京美術紙工協業組合 |


ISBN978-4-569-90477-1

PHP文庫

# 私の行き方 考え方

わが半生の記録

松下幸之助 著

自らの生い立ちから丁稚奉公、松下電器（現パナソニック）の創業、そして会社が進展していく昭和8年までの数多くのエピソードを交えながら事業成功の秘訣を語る半生の記。

PHP文庫

# 松下幸之助 経営の神様とよばれた男

北 康利 著

なぜ松下幸之助だけが「経営の神様」とよばれるのか？ その決断と行動の理念を、彼の人生を辿りつつ鮮やかに追体験できる傑作人物評伝。

PHP文庫

# 稲盛和夫伝

利他の心を永久に

北 康利 著

京セラを世界的企業に育てあげ、晩年は経営破綻したＪＡＬを再建に導いた稀代の経営者・稲盛和夫。彼の生涯を綴った唯一の完全評伝。